2019 年度教育部高校思想政治工作创新发展中心（东北师范大学）资助育人专项课题"新时代教育工作根本方针指引下的高校资助育人体系建设研究"研究成果。

U0724218

新时代高校资助育人体系
实效性探索与研究

申 钊 著

吉林大学出版社

·长春·

图书在版编目(CIP)数据

新时代高校资助育人体系实效性探索与研究 / 申钊著. —
长春：吉林大学出版社，2020.12
ISBN 978-7-5692-7905-4

Ⅰ. ①新… Ⅱ. ①申… Ⅲ. ①高等学校－助学金－教
育体系－研究－中国 Ⅳ. ① G649.22

中国版本图书馆 CIP 数据核字 (2020) 第 251400 号

书　　名：新时代高校资助育人体系实效性探索与研究
　　　　　XINSHIDAI GAOXIAO ZIZHU YUREN TIXI SHIXIAOXING TANSUO YU YANJIU

作　者：申　钊　著
策划编辑：邵宇彤
责任编辑：王　洋
责任校对：宋睿文
装帧设计：优盛文化
出版发行：吉林大学出版社
社　　址：长春市人民大街4059号
邮政编码：130021
发行电话：0431-89580028/29/21
网　　址：http://www.jlup.com.cn
电子邮箱：jdcbs@jlu.edu.cn
印　　刷：定州启航印刷有限公司
成品尺寸：170mm×240mm　　16开
印　　张：13.25
字　　数：240千字
版　　次：2020年12月第1版
印　　次：2021年1月第1次
书　　号：ISBN 978-7-5692-7905-4
定　　价：62.00元

　　高校资助育人体系是我国扶贫工作中的重要一环，也是新时代高校资助工作的重要抓手。自 2007 年我国高校资助育人体系形成以来，我国资助育人工作取得了丰硕的成果。然而近年来，在资助育人实践中暴露出来的不足也颇为显著。2020 年是我国全面建成小康社会的关键之年，在这一历史新时代，我国高校资助育人体系面临着前所未有的提升实效性和精准性的挑战。

　　本书第一章，从国外高校资助育人理论入手，对国外高校资助育人模式进行研究与分析，并着重分析了国外高校资助育人对我国资助育人体系的借鉴意义。第二章，从我国高校资助育人政策的发展与演变入手，详细分析了我国高校资助育人政策的发展历程与取得的成就，并系统介绍了我国高校资助育人体系的构成特点、内容和科学依据，并对现阶段我国高校资助育人工作中存在的问题与原因进行了分析与研究。第三章，从高校资助工作育人功能的角度着重对高校资助育人功能的理论基础、特点及原则，以及主要内容和制约因素、对策进行了详细分析与研究。第四章，从高校资助育人制度的角度对高校资助育人制度的理论基础、我国资助育人制度的优缺点及资助育人制度的作用、对策进行了较深入的分析与研究。第五章，从高校资助育人的德育功能角度对高校资助育人的德育功能内涵及特点、发展历程与现状，以及高校资助育人工作中德育功能建设的影响因素和建设路径进行了详细分析与研究。第六章，从高校资助育人的精准化角度，对高校资助育人精准化的概念、政策及理论进行了阐释，并对高校资助育人精准化的现状、存在的问题、改革和实现路径进行了详细分析与研究。第七章，从高校资助育人的保障机制入手，对新时代高校资助育人的模式、保障机制及技术支持进行了分析与研究。第八章，从高校资助育人的实效性角度，对高校资助育人的思想引导、环境创建及政策体系完善三个方面对如何提升高校资助育人实效进行了详细的探索与研究。

　　本书语言平实、质朴、观点清晰明了，注重理论与实践相结合。本书适用于高校辅导员、班主任、高校资助育人工作的相关工作人员，以及对高校资助育人工作感兴趣的读者。由于笔力有限，书中观点或有遗漏，欢迎广大读者斧正。

目 录

第一章 国外高校资助育人体系的理论与模式研究

我国高校资助育人体系起步较晚，了解国外高校资助育人体系的理论基础与资助模式，有利于我国高校资助育人工作的开展。

第一节 国内外高校资助育人的理论概述

高校资助育人是以资助为基础，以育人为导向，以德育为先导的一种资助育人方法。当前，世界各国为了大力发展高等教育，强化人才培养，促使教育机会均等，均花费了大量人力与物力构建高校资助育人体系，使家庭经济困难的学生也可以得到上大学的机会。本节主要通过对高校资助育人的相关概念以及理论依据的阐释，对国外高校资助育人理论进行概述。

一、资助育人的相关概念

在了解高校资助育人的政策及理论之前，应先对高校资助育人的有关概念进行了解。

其一，资助。

"资助"一词包含"资"和"助"两个语素，在《辞海》中具有两层含义。第一层含义是提供帮助，强调实施帮助的动作和行为；第二层含义是资金的帮扶与援助。高校资助育人体系中的"资助"应取第二层含义。资助作为一个词语包含资助者、受资助者及资助的目的。高校资助助人体系中的资助者具有多主体的特点，包括政府、高校、社会上的公益组织、企业及基金会或个人等；受资助者则多为家庭经济困难的在校大学生；资助目的主要包括两个方面，一方面为了解决家庭经济困难学生入学难的问题，确保每位考上大学的学生均有机会接受高等教育，促进教育公平与社会的和谐发展，另一方面通过资助行为可以帮助受资助学生消除自卑感，树立自信心，充分感受到政府、高校及社会对自己的关爱，从而培养受资助学生健全的人格、崇高的思想道德，以及爱党、爱国、爱校、感恩社会等情感，激发和培养受资助学生自强不息的精神，全面提升受资助对象的综合素质。资助的方式具有多样化的特点，包括贷款资助、奖学金资助、学费的减免、勤工助学金资助等。从资助方式上来看，可以分为直接资助和间接资助、现金资助与非现金资助、偿还性资助与无偿资助等多种分类形式。其中，直接资助，即指助学贷款和学费减免等直接的、具有针对性的缓解学生经济困难的形式。间接资助则是指通过奖学金、勤工助学、隐性补助等形式，给予家庭经济困难的学生一定的金钱，有效缓解学生的经济状况。现金资助则是指助学贷款、奖学金、勤工助学及隐性补助等以现金方式给予学生的资助。非现金资助则主要指精神资助。偿还性资助主要指助学贷款的资助的形式。非偿还性资助则主要指奖学金、勤工助学金、困难补助金、隐性资助等形式。

其二，资助育人。

高校资助育人体系中，资助只是一种手段，其根本目的是育人。高校资助育人的内涵即促进受资助学生德、智、体、美全面发展。资助育人的目的及功能主要包括五个方面。

第一，资助育人的目的之一即全面提升高校受资助对象的整体素质。高校资助育人的功能不仅体现在对受资助学生的物质扶助上，更体现在对受资助学生精神层面的帮助。通过帮助受资助学生解决经济困难问题，为受资助学生提供更高的、更广阔的学习平台，提升受资助学生的文化知识素养，以及个人技术能力；同时还可以对受资助学生的道德品格进行培养，全面提升受资助对象的文化和道德素质。第二，资助育人的价值引导功能。高校大学生正处于世界观、价值观和人生观的形成时期，大学生群体，尤其是贫困大学生群体，走出相对较为封闭的高中，走进开放的大学环境后，受到各式各样价值观的影响，极易产生价值观模糊或偏差现象。针对这种情况，我国高校在开设思想道德课程之余，还对受资助对象在资助过程中给予诸多关怀和帮助，并通过多元化的资助途径帮助受资助对象树立正确的价值观念，从而体现出资助育人的价值引导作用。第三，资助育人可以充分激发学生的认知情感。受资助学生在接受资助的同时，能够充分体会到政府、高校、社会对自己的关心与爱护，而这种认知会激发受资助群体的感恩心理，这种感恩心理又会进一步激发学生在情感和道德方面的认知，从而使受资助学生不断端正自己的行为，并形成良好的道德品质，甚至会在合适的时机回报社会，将爱心传递下去。第四，资助育人增强学生的心理抗挫功能。家庭经济困难的学生走进大学后，由于自身综合素质与经济方面与其他学生之间存在的巨大差异，常常使他们产生巨大的心理压力。随着近年来资助方式的多样化，资助团队除了对家庭经济困难的学生进行经济帮扶和资助，减轻他们的经济压力之外，更加关心受资助学生的心理压力，充分了解受资助学生的心理变化，帮助受资助学生形成良好的心理品质，增强受资助学生的心理承受能力和抗挫能力。第五，资助育人可以培育和增强学生的品格塑造功能。所谓品格塑造是指资助者通过开展形式多样的资助活动，将资助与育人结合起来，加强对资助对象道德的修养和品格的塑造，培养他们的高尚品格，以及感恩之心，塑造他们的优良品质。

其三，立德树人。

立德树人中的"立德"一词出自《左传》"大上有立德，其次有立功，其次有立言，虽久不废，此之谓不朽"。"树人"一词出自《管子》"一年之计，莫如树谷；终身之计，莫如树人"。[①]2012年我国党的十八大指出："把立德树人作为教育的根本任务，培养德智体美全面发展的社会主义建设者和接班人。"[②]首次提出"立德树人"的教育任务，立德树人不仅要求传授学生知识、培养学生能力，还要求培养学生树立正确的世界观、人生观和价值观。高校资助育人即是在为学生解决经济困难的同时，关爱学生、关注学生成才。家庭经济困难的学生多来自贫困山区，这些地方的学生与其他学生，尤其是城市学生相比，不仅经济上存在较大差距，另外，在知识水平和能力水平上也存在着较大差距。家庭经济困难的学生从小除接受正规的学校教育外，较少有能力学习其他特长，培养其他能力。而城市中家境较富裕的学生则从小学习各种特长班，其综合素质和能力相对于贫困大学生更加突出，这在无形中使得贫困大学生在就业时面临的就业压力更加严峻。为此，高校资助育人体系中的立德树人不仅要让贫困大学生能够上得起学，还要使他们能够"上好学，成好才"。因此，一方面应建立和健全家庭困难在校大学生的教育、管理和服务的长效机制，从经济、学习和生活等方面全面关注和关怀贫困学生，并加强对贫困大学生的思想引导和道德培养，鼓励贫困大学生自立自强，通过发奋学习，掌握科学知识和能力，最终改变自己和家庭的命运。另一方面，从政治上对家庭困难的大学生加强引导，深入细致地做好思想政治教育工作，构建长效育人机制。

---

① 康岳. 我国高校资助育人实效性研究 [D]. 陕西师范大学，2018：10.
② 胡锦涛. 在改善民生和创新管理中加强社会建设 [N]. 光明日报，2012（03）：10.

二、资助育人的理论依据

资助育人体系是基于人的需要理论、人的全面发展理论、马斯洛需求层次理论、教育成本分担理论、教育公平理论等理论的基础之上发展起来的。

(一)人的需要理论

人的需要理论最早是由马克思在《德意志意识形态》中提出的，马克思指出："在任何情况下，个人总是'从自己出发的'，由于他们的需要及他们求得满足的方式把他们联系起来，所以他们必然要发生相互关系。"[①] 马克思关于人的需要的理论并没集中整理，而是分散于其多部著作之中，然而马克思关于人的需要理论却具有其内在的逻辑联系，马克思关于人的需要理论的内涵主要包括以下几个方面。

首先，马克思指出需要是人的本性。马克思认为人的自然属性和社会属性，以及思维属性共同决定着人的需要的产生和变化。从人的自然属性来看，人类是现实中客观存在的自然存在物，人类和动物一样需要进行吃、喝等行为，同时也需要依靠大自然的阳光、空气、水和食物等来维持自身生命机体的需要。人的自然属性决定了人离不开自然界，同时人的自然需要也取材于自然界。人还具有社会属性。马克思认为人不仅对自然存在需要，还存在对他人以及对社会的需要，并指出"每一个人的需要的满足都依赖于整个世界"。[②] 人既有与动物相同的自然属性，同时作为自由有意识的活动的存在物，人又因为独特的思维属性与自然动物区分开来："有意识的生命活动把人同动物的生命活动直接区别开来。"人类懂得将思维转化为现实，按照内心的尺度进行生产，满足自己的追求。

其次，马克思指出需要催生了人的劳动实践。马克思指出："任何人如果不同时为了自己的某种需要和为了这种需要的器官而做事，他就什么也不做。"[③] 马克思认为是人的需要激发了人的劳动热情，人往往先通过劳动创造出自己的需要对象，然后通过消费满足自己的需要。人们在从事生产劳动的过程中不仅能够满足人的物质需求，还可以满足人的精神需求。人类对精神的需求一方面是通过精神上的创造完成的，另一方面则是通过物质化的手段来完成的，人对精神需求的满足过程即是生产过程，因此，可以说人的需要是推动人

---

① 袁贵仁. 马克思主义人学理论研究 [M]. 北京：北京师范大学出版社，2017：4.
② 袁贵仁. 马克思主义人学理论研究 [M]. 北京：北京师范大学出版社，2017：5.
③ 袁贵仁. 马克思主义人学理论研究 [M]. 北京：北京师范大学出版社，2017：5.

类进行生产的主要动因。在生产过程中，生产力水平是人类改造自然，满足自身需求的限制因素，同时也代表着人们利用自然满足自身需要的程度。

最后，马克思指出人类的高层次需要的满足是以低层次需要的满足为基础的。马克思认为人的需要具有无限发展性，人的需要的发展性与满足人的需要的生产能力的有限性是一对永恒矛盾，这一矛盾推动了社会生产力的发展与社会的进步。根据人的需要的作用可以把人的需要细分为生存需要、享受需要和发展需要三个层次，其中，人的生存需要是满足人的享受需要和人的发展需要的基础。即人类只有在满足了衣、食、住、行等基本生存需求后，才有追求享受与发展的条件。另外，从人类需求的发展性特点来看，人类对享受需求与发展需求的追求也体现了人类需求的无限发展性。除此之外，人类的需求根据主体的不同还可以分为个体需求与社会需求。个体需求是满足社会需求的前提，而对社会需求的追求与满足则可以为个体需要的满足创造更加良好的环境。

高校资助育人理念即是以马克思关于人的需要理论为依据，首先满足贫困大学生的生存需要，通过贷款、减免学费等形式，满足受资助贫困学生的学费、住宿费等需求；然后通过勤工助学、隐性补助等形式满足受资助学生的日常学习和生活需求。此外，通过奖学金等激发学生的发展需求，通过层层递进的需求满足，培养受资助学生身心全面发展。

（二）人的全面发展理论

人的全面发展理论是指马克思的人的全面发展理论，包括人的需要的全面发展、人的能力的全面发展、人的社会关系的全面发展、人的自由个性的全面发展，以及人的自身文化素质的全面发展。人的需要理论上文中已经进行了详细阐述，这里不再赘述。

人的能力的全面发展是指社会是一个载体，人的能力是在社会实践中逐渐得到提高的。人从事一切社会活动的基础即是具有一定的能力，人的能力中的体力和脑力是所有能力中必不可少的两个要素，人只有同时具备体力和脑力才能为人的全面发展提供保障。人不仅具有体力和脑力，还具有自然能力及社会能力。人的自然能力即是与动物一样具有的、与生俱来的生命力，与动物相比，人的自然能力更具有能力性。人的社会能力是指人在社会实践过程中形成的生产能力、政治能力、知识能力及人的意志、品德、情感等方面的能力。

人的社会关系的全面发展是基于人的本质属性，人的本质属性是社会关系的总和，处于社会关系中的人，其发展程度受到社会关系发展程度的影响。人是社会发展的产物，具有社会性的特点，个人无法离开社会群体而独自发展。个体在社会中参与社会活动的积极性，以及活动范围的扩大，与生产力的发展与社会进步有着十分密切的关系。社会生产力越发达，个体参与社会活动的积极性越高，而个体在社会中的活动直接促使人的社会关系的全面丰富，社会关系的拓展使得人与人之间的交往越来越频繁和紧密，并且提升了各民族和各地域之间的交往，从而促进了社会的包容性和开放性。人是社会的产物，具有社会性的特点，每个人的发展都离不开社会环境。社会交往是人与人之间信息传递、感悟沟通等全方位发展的必要媒介，随着个体在社会交往的范围不断扩大，交往的层次不断深入，个人的能力也会得到全面发展。

人的自由个性的全面发展是指每个人都是社会中的独立的个体，具备与众不同的个性。马克思认为：充分发挥人的自身个性，实现人的个性的全面发展是共产主义社会的目标。[①] 人与动物最显著的区别即在于人具有主观能动性，能够通过对自身及社会环境的改造，使个体得到更好的发展。马克思认为：人的劳动及通过劳动而生产的产品是人的个性和主体性的物化，人在劳动过程中对生命的肯定也是对个性的肯定。[②] 人的个性随着主体性的增强而增强，而随着个体主体性的增强，个人的主体性的充分发挥使得个人的差异性和独特性也更强，而个体的差异性和独特性正是个体区别于他人的最重要的体现。马克思认为人的自由个性的全面发展主要表现个人所具备的潜在本能、创造本性等精神特质的充分发挥，个人身心的和谐发展及个人人格独立性的不断加强和尊严的不断彰显。[③]

人的自身素质的全面发展，是人的全面发展理论的重要组成部分。素质是一种看不见摸不着的东西，是人的内在品质，同时也是人对自身和外界看法的集中体现。人的素质具体可以分为自然素质和社会素质两个方面，其中社会素质又包括人的思想道德素质和科学文化素质。在人的发展中，思想道德素质和科学文化素质十分重要，它们决定着人的价值观和人生观。而人的自身文化素质的高低反映了人的发展程度与社会发展程度的高低，只有将人的自身文化素质和思想道德素质与人的需要、人的能力及人的社会关系和人的个性的全面发展联系起来，全面重视个人文化素质的培养，才能达到促进人的全面发展的最终目的。

高校资助育人以人的全面发展理论作为依托，对受资助对象的培养目标提出了新的要求，并倡导在思想道德修养、科学文化水平和身心健康发展等方面

① 孙宇. 马克思人的全面发展理论研究 [D]. 辽宁师范大学，2013：22.
② 孙宇. 马克思人的全面发展理论研究 [D]. 辽宁师范大学，2013：23.
③ 孙宇. 马克思人的全面发展理论研究 [D]. 辽宁师范大学，2013：22.

加强对大学生的培养和考察，以便将受资助学生培养成全面综合发展的人才，使大学生的能力得到全面发展。

（三）马斯洛需求层次理论

马斯洛需求层次理论是由美国心理学家亚伯拉罕·马斯洛提出的。马斯洛认为：人类的价值体系中存在两种需要，一类是沿生物谱系上升方向逐渐变弱的本能或冲动，称为低级需要和生理需要；一类是随生物进化而逐渐显现的潜能需要，称为高级需要。① 马斯洛认为个体身上潜藏着五种层次的需求，即生理需求、安全需求、归属与爱的需求、尊重需求、自我实现的需求。这五种不同层次的需要可以细分低级需要和高级需要两种类型，其中，生理需求、安全需求和归属与爱的需求均属于低级需求，低级需求对外界条件的依赖度较高，只要外界条件满足就可以达到。高级需求则是指尊重需求和自我实现的需求，这两种需求不能只依赖于外部条件，而是通过内部因素才能够满足。

这些不同层次的需求在不同时期表现出来，从人的需求出发能够研究人的行为，可以抓住问题的关键。人的需求是逐渐从低级向高级不断发展的，这种发展过程符合人的需求的一般规律。马斯洛还指出人的五种不同层次的需求在不同时期所表现出来的迫切程度不同，在同一时期，人的最迫切的需求是激励个体行动的主要原因和动力。一般来说，低级需求只要实现或满足后，其在人激励人的行为中的优势地位就会降低，被高级需求取代。人对高级需求是无止境的。在同一时期，一个人可能会产生多种需求，然而只有一种需求占支配地位，并对人的行为起决定作用。

马斯洛的人的需求理论揭示了人类发展中的、具有普遍意义的动力机制。高校资助体系以马斯洛需求理论为依托和指导，通过为家庭经济困难的学生提供学费和住宿费贷款、减免等措施，满足家庭经济困难学生的生存需求。这种保障学生生存的需求是家庭经济困难学生进一步发展，以及产生新的高层次需求的基础。高校资助家庭经济困难的学生上学，为学生提供接受高等教育的机会，是尊重学生高层精神需求的表现，资助行为中包含着人类独特的精神需求，并为满足学生的精神享受提供必要条件。受资助学生的发展也是高校资助育人的目标，高校资助行为不仅改善了学生的基本生存和学习条件，同时资助的过程也是育人的过程，对学生的思想行为素质及心理健康素质，为学生的发展提供必要保障。

（四）教育成本分担理论

教育成本分担理论是于 1986 年由英国著名教育经济学家约翰斯通根据当

---

① 路西．心理学的故事 心理学就是这么有趣 [M]．北京：中国华侨出版社，2015：34．

时的社会环境提出的。20 世纪 70 年代，世界各国的经济出现了增速放缓、通货膨胀，而且收入差距加大等种种问题，许多国家和政府不得不减少教育财政支出，在这种情况下，高等教育的发展速度放缓，面临着十分艰难的环境。约翰斯通在这样的背景下提出了教育成本分担理论。约翰斯通的教育成本分担理论的基本内涵为："谁受益，谁付钱。"约翰斯通认为：高等教育成本包含了教学成本、学生生活成本和学生放弃的收入。高等教育在培育人才的过程中，需要巨大投入，而这些投入成本一般由国家、高校、家庭、学生、纳税人来共同承担。学生处于求学阶段，大多数学生在接受高等教育时都不具备经济负担能力，因此，其学费与生活费通常由家庭负担。教育成本分担理论在实际执行中既要考虑学生在接受高等教育后从中获得的经济和社会利益，同时也要考虑学生的家庭经济状况及学生和家庭在承担高等教育成本中的实际能力。按照这一理论，收益多的家庭承担的教育成本相对较多，收益少的家庭其在高等教育中承担的成本也相对较少。

约翰斯通的教育成本分担理论为高校资助育人提供了科学依据，根据该理论的"谁受益，谁付钱"原则，每一位适龄学生，无论家庭贫富，只要自愿并通过相关考试后，均可以接受高等教育。而部分低收入的家庭的学生在上学期间可以接受国家、高校、纳税人等多种群体的资助，为贫困学生入学读书奠定了基础。根据教育成本分担理论，高等教育成本的分担可以通过过去的成本、现在的成本以及未来的成本共同承担教育成本。在校大学生所在的家庭可以通过为学生支付在校期间的学费和住宿费来保障学生的生活；学生在校期间则可以通过勤工俭学和银行贷款来分担教育成本，确保在大学期间的学习与生活；除此之外，高校还可以通过基金会、助学金等方面对家庭困难的学生给予关爱。高等教育的分担可以有效解决家庭经济困难学生上学期间的教育成本问题，不仅能够使家庭经济困难的学生获得上大学的宝贵机会，同时还为其提供了获得发展综合素质的机会。

（五）教育公平理论

教育公平理论包括教育权利平等理论和教育机会均等理论两个方面。其中，教育权利平等是政治、经济领域的平等权利在教育领域的延伸。世界各国多位学者都曾致力于提倡教育平等理论。我国哲学家和教育家孔子早在两千多年前就提出了有教无类的理论。国外古希腊雅典时期，柏拉图即提出了实施初等义务教育的观点，亚里士多德也曾提出通过法律保证自由公民权利的观点。17 世纪时期，捷克教育家夸美纽斯提出了"人人都应该知道关于人的一切事项"的观点。18 世纪末期，西方一些国家将教育公平思想应用于立法之中。

19世纪，马克思在谈到教育公平时，提出了教育是人类发展的正常条件和每一个公民的真正利益的观点。美国哲学家罗尔斯提出了著名的"公平三原则"理论，即每个人都有获得最广泛的、与他人相同的自由；人所获得不均等待遇的职务、地位应该对所有人开放，应使社会中最少受惠者获得最大利益。[①] 罗尔斯的这些思想中均表达了教育公平的思想。而这一理论也是高校资助育人的基础理论，是确保家庭贫困学生得以入学学习并改变命运的基础。

教育机会均等理论是由美国学者詹姆斯·科尔曼在美国国会提交的《关于教育机会平等》的报告中提出的。教育机会均等是指每个社会成员在自然、社会或文化方面的不利条件均可以在教育中得到补偿。科尔曼认为，社会成员，不论其种族、民族、性别、宗教信仰、经济地位和政治地位等方面有何不同，都可以享有同等的受教育机会。教育机会均等包含着消除教育歧视和教育不公的双重含义。

教育公平包括起点公平、过程公平、结果公平三个方面。起点公平是指每位公民均有接受教育的权利；过程公平就是政府通过出台相关政策维护个人或群体平等接受教育质量的公平，保证通过个人来选择合适的教育；结果公平就是最终体现在学生的学业成就上的公平，一般接受大学教育常被视为结果平等的目标。[②] 该理论作为理论依据应用于高校资助育人体系中，为资助育人提供了理论基础。

第二节　国外高校资助育人的模式与特点

国外高校资助是伴随着近代大学教育的崛起而出现的，1108年巴黎创建了专门为大学生提供帮助的"学院"。之后，随着世界各国高等教育事业的不断发展，各国高等教育资助理念随着时代的发展不断进行调整，逐渐建立了较为完善的资助育人理念。

一、国外高校资助理念的历史发展

本节在这里主要对欧美等西方国家高校资助理念的发展进行研究。西方国家的高校资助理念形成于近代大学成立初期，高校资助理念的演变可以划分为五个阶段。

---

① 谢更兴. 我国高校贫困生资助体系研究 [D]. 天津大学，2009：8.
② 谢更兴. 我国高校贫困生资助体系研究 [D]. 天津大学，2009：9.

（一）第一阶段："为宗教培养人才"理念

中世纪时期，西方所立的近代大学大多是为宗教服务的，这些大学生一般由宗教控制，而当时社会上的富商、贵族、教士，甚至王室等出于对宗教的虔诚及敬畏，常以"慈善"的名义为教会创办的高校中的贫困学生提供资助，以帮助他们顺利完成学业。由于中世纪时期，大部分高等院校均为教会所创办，其目的是为教会培养人才，其中大部分为宗教神职，即教士。因此，这一时期，学生接受"慈善"资助的前提是对教会及宗教的忠诚，愿意在毕业后承担起对宗教的义务。中世纪时期，西方大学持有这种资助理念的多为欧洲大学，其中，19世纪时期，牛津和剑桥两所欧洲较古老的学校对人才的培养理念是为给教会和政府培养服务人员。由此可见，中世纪大学对西方高等教育的深远影响。西方高等教育中的"慈善"理念与"服务宗教"理念的影响也十分深远，奠定了西方高校贫困生资助理论的基础。

（二）第二阶段："为国家利益培养人才"理念

18世纪末期，托马斯·杰斐逊在美洲新大陆提出了"生而平等"的理念，并指明高校对家庭经济困难学生的资助是"为了国家利益，资助贫寒学生，培养精英人才"。"生而平等"的理论肯定了每一位公民所享有的受教育的权利，在这一时期，高等教育开始逐渐走出中世纪教会大学的藩篱，走向现代大学，"为宗教培养人才"的贫困大学生资助理念被"为国家利益培养人才"的理念所代替。由于18世纪时期，大学教育属于精英教育阶段，只有少数精英阶层才能进入大学学习。杰斐逊的"为国家利益培养人才"的理念建立在其所提出的"自然贵族"理念之上。杰斐逊提出，自然贵族生而平等，他们作为为人民谋福祉和捍卫国家政权的主要力量，"在他们的家庭没有能力承担教育费用的时候，政府应该为其提供免费教育，用公共经费去发现和教育这些人"[①]。杰斐逊的这一理念的提出是以使那些出身贫寒的自然贵族能够胜任国家政权和保卫人民自由福祉的重任为目的的，这种从国家利益角度资助贫困学生的理念在西方大学生资助发展史上，甚至高等教育发展史上具有十分重要的里程碑式的意义。

（三）第三阶段："培养工农专家与干部"理念

"培养工农专家与干部"理念主要是20世纪初期，苏维埃联邦共和国成立后的社会主义大学生资助理念。苏维埃联邦共和国成立后，为了保障工农群体受教育的权利，同时也为了培养工农出身的专家和干部，苏维埃政府将对全体公民实施平等的和尽可能更高的教育作为"最高目标"，在全国范围内推行

---

① 桂富强. 我国高校贫困生发展性资助理念及管理体系研究 [D]. 西南交通大学，2009：25.

"免费高等教育＋助学金"的资助模式。1918年，列宁在《人民委员会关于俄罗斯联邦高等学校招生问题的决定草案》中指出："人民委员会……保证每个人都有升学的机会……首先必须招收无产阶级和贫苦农民出身的人，并普遍发给他们助学金。"之后，列宁又通过公开声明指出："每个人，不论民族、性别，只要年满16岁，都能成为高等学校的学生……今后，俄罗斯社会主义苏维埃联邦共和国废除一切高等学校的学费。"[①] 这种"培养工农专家与干部"的理念对社会主义国家的贫困学生资助理念产生了不可忽视的影响。

（四）第四阶段："人力资本投资"理念

20世纪40年代，第二次世界大战后，西方各国对高校家庭经济困难学生的各种资助理念进行了融合、发展和重构。欧美等西方国家的教育者在对本国资助政策进行反思的同时，对苏联时期的高校资助理念进行了考察，并与之前的高校资助理念进行了融合，之后在教育公平的基础上提出了"人力资本投资"理念。第二次世界大战后，随着第三次科技革命的兴起，高等教育作为培养人才的重要途径，被世界各国所重视。随着高等教育的发展，高等教育逐渐从少数人可以享受的精英教育向大众教育转变，教育公平成为各国高等教育发展的基石、依据及教育目标。许多国家在陆续颁布了促进教育机会均等的资助政策，而"人力资本投资"理念则是人力资本理论在教育公平的基础上形成的资助领域的反映。20世纪60年代，舒尔茨和贝克尔分别出版了《人力资本投资》《人力资本》，明确教育作为一种人力资本投资，既强调个人效益，也强调外溢的社会效益，是比其他资本投资回报更高、更有价值的投资，对贫困学生给予资助应构成国家投资的重要组成部分。[②] "人力投资资本"理念提出后，各国对高等教育的投入大幅上升。20世纪六七十年代西方国家形成了对贫困大学生的资助模式，许多学校和学院纷纷以大额的奖学金、助学金等不需偿还的形式资助大学生，并且贫困大学生的资助额度不断上升，尤其是发展中国家的财政支持力度不断提高，使得资助贫困大学生成为一种高等教育的"公理"。

（五）第五阶段："高等教育成本分担"理念

进入20世纪80年代后，随着欧美等国家经济的大幅衰退，西方国家普遍对教育采取财政紧缩政策。与此同时，世界高等教育的发展又处于不断地扩张规模的状况，在这种情形下，西方各国开始建立新的适应经济发展和高等教

---

① 桂富强. 我国高校贫困生发展性资助理念及管理体系研究 [D]. 西南交通大学，2009：26.
② 桂富强. 我国高校贫困生发展性资助理念及管理体系研究 [D]. 西南交通大学，2009：27.

育需求的财政支持理念。美国教育学家约翰斯通提出的"高等教育成本分担"理论受到西方各国的欢迎，成为影响世界各国资助模式改革的全新资助理念。自20世纪80年代开始，西方各国开始逐渐调整贫困大学生资助体系，助学金的比例大幅减少，贷学金的比例增加，同时，各国开始建立起较为健全的奖学金制度。进入21世纪后，一些原来坚持实施免费高等教育政策的欧洲国家也开始引入"高等教育成本分担"理论，以此弥补公共高等教育资金的不足，使得该理论成为世界各国高等教育资助的普遍理论。

二、各国高等教育资助模式及其特点

20世纪四五十年代，随着世界各国高等教育的发展及收费模式的发展，逐渐形成了三种资助模式，即助学金资助模式、贷学金资助模式、混合资助模式。本节主要对美国、英国和日本三个国家的高等教育资助模式进行分析，并对其特点进行总结。

（一）美国高等教育资助模式及其特点

美国高等教育资助体系正式起源于1944年。1944年，美国罗斯福政府颁布了《军人权利法案》，这一法案涉及美国政府的资助政策，被许多学者认为是美国资助政策的起源。从资助范围来看，这一法案只涉及退役军人的资助问题，然而从其影响来看，其对美国大学生资助政策的建立产生了极为深远的影响。之后，经过不断发展与演进，最终形成了混合资助模式。美国高等教育资助模式的混合资助方式呈现出鲜明的多元化特点，资助体系较为完善。美国的混合资助模式无论在资助主体、资助资金及资助方式上均呈现出多元化的特点。具体来看，美国资助模式的多元化主要表现在以下三个方面。

其一，资助主体的多元化特点。

美国高等教育资助体系的综合性资助模式自20世纪80年代以来，以"高等教育成本分担"理论为依据，确立了政府、贫困家庭和个人、高校及纳税人四个资助主体。其中，针对不同大学生的实际情况，美国高校还会适时为贫困学生定制"资助包"，以使得需求不同的高校贫困生根据其实际情况定制不同的资助方案。近年来，随着美国高等教育资助模式的不断完善，美国高等教育的资助范围不再仅限于家庭经济困难的学生，而是进一步扩大到品学兼优的学生，为品学兼优的学生的发展性需求提供相应的资助。据有关学者统计，美国超过半数以上的学生接受过不同类型的资助，而美国高等教育的资助范围及资助金额均在世界高等教育资助体系中占有极其特殊的地位。

其二，资助资金来源多元化特点。

美国高等教育资助模式中的资金来源十分广泛，既包括联邦政府拨款、州政府资金，又包括学校基金、民间捐赠等方式。其中，联邦政府拨款在资助模式中占有主导地位，也是美国高等教育资助模式中资助金的主要来源，联邦政府拨款又可以细分为联邦政府直接出资及受联邦政府担保资金两种方式，其中各联邦州政府的直接拨款比例在所有资助金额中所占比例较小，仅用于支付为在本州上大学的学生提供基础资助及学校的基础建设和日常维护、办公费用。学校基金则是指学校设立的用于资助学生的经费。此外，民间捐赠方式在美国高等教育资助体系中所占比例较大，也是最为普遍的一种资金来源模式，民间捐赠具体又可以细分为公司捐赠、慈善机构捐赠、社会团体捐赠等形式，民间捐赠的总金额与州政府的拨款金额大体相当。

其三，资助方式的多元化特点。

近年来，随着美国高等教育资助体系的发展与完善，美国形成了多元化的资助方式，具体包括助学金、奖学金、贷学金、工读计划和联邦税收补贴等在内的多层次体系。

首先，助学金。助学金是美国高等教育资助体系中的一种主要方式，在整个美国高等教育资助体系中占有十分重要的地位。美国高等教育资助体系中的助学金还是一种无偿资助方式，用以帮助家庭经济困难的在校大学生支付学费和杂费。助学金的发放通常以美国高等院校的"家庭经济状况调查"为依据。较为具有代表性的联邦助学金有助学金、补助教育机会助学金和教师助学金。其中，联邦佩尔助学金设立于1965年，是美国最大的助学金项目，也是美国大学生受资助的前提与基础。在美国，近30%的在校本科生享受过联邦佩尔助学金的资助。联邦补助教育机会助学金始创于1965年，是一项针对家庭经济困难本科生设立的资助金，也是联邦佩尔助学金的补充资金，其与佩尔助学金相比，资助范围较小，资助数额则受到同年其他模式资助数额的影响。教师助学金始创于2007年，是一项针对师范在校生群体及教师的资助，并且要求获得者履行一定的教育义务。

其次，奖学金。奖学金是美国高等教育资助体系的重要组成方式之一，旨在对某方面有特殊天赋或才能，以及学习成绩优异的家庭经济困难的学生进行资助。美国高等教育资助体系中的奖学金具体可以分为两种类型，即服务型奖学金和非服务型奖学金。其中，影响较大的为设立于2006年的学术竞争奖学金和全国SMART奖学金。这两项奖学金的获得者必须为当年佩尔助学金的获得者，后者多资助在中学时期就在物理、工程、生物、计算机等学科领域展露天赋或才能同专业三、四年级的大学生。除了联邦政府设立的奖学金之外，美国各个州政府、学校及民间团体还设有多种不同形式的奖学金。这些奖学金项目多针对优秀贫困生设计，一方面，解决了他们所面临的经济困难问题，使他们得以与其他同龄人一样获得上大学的机会；另一方面，有针对性地培养了贫困生的特长，为国家培养了优秀人才。

再次，贷学金。贷学金是美国高等教育资助体系的重要组成方式之一，主要目的是帮助家庭经济困难的学生解决学费和生活费的经济问题。贷学金不同于助学金和奖学金的无偿性质，作为一种"推延付费性"资助方式，由学生或家庭承担还本付息的责任。当前美国高等教育资助体系中较有影响的贷学金包括联邦帕金斯贷学金、联邦家庭教育贷学金和联邦直接学生贷学金。其中，联邦帕金斯贷学金初创于1958年，是由联邦政府和学校共同出资的一种满足经济困难学生需求的贷学金。联邦家庭教育贷学金项目多由联邦政府或私人机构提供担保，由银行或私人贷款机构提供资金的贷学金形式。联邦直接学生贷学金项目始于1994年，由联邦教育部直接管理和发放，资金来源主要为联邦教育部。

最后，工读项目和联邦税收补贴。工读项目始创于1965年，是美国联邦政府通过高校为家庭经济困难的本科生提供在校或校外社区服务和工作的机会，以获得不低于联邦政府规定的最低工资标准的数额。联邦税收补贴项目始创于1997年，即通过退税或免税的方式给予纳税人一定的补贴，是家庭用于支付子女的教育费用。这种形式多使收入较高的家庭成为受益者。

其四，资助管理的规范化特点。

美国高等教育资助体系中的资助方式和资金来源虽然十分多元，在实践中经历了长期的探索后，美国高等教育资助体系形成了管理层次清晰，分工合理、职权明确、高效精准的学生资助运行机制。其中，美国高等教育资助体系中的资助申请方式十分简便，只要填写一张申请表，附上父母的完税证明即可申请资助。高校资助办公室在接收学生的申请证明后，往往会对学生的申请进行严格审查，并出具书面通知告知学生审查情况。为了保证大学生所受资助的公平性与合理性，美国政府针对各种需求的学生推出了资源包政策，为学生提供与其经济困难程度或发展计划相符的最佳组合的资助。此外，针对不同形式的贷学金，美国政府还制定了灵活多样的还款政策和方案，这些还款方案中既包括标准还款计划，也包括延长还款计划和渐增还款计划、按收入比例还款计划，使不同学生可以根据自身情况确定还款方式。

其五，有效的监督机制和严厉的惩罚机制。

为了保持资助的公平性和合理性，减少资助风险，美国高等教育资助体系还在成熟而完善的信用体系基础上制定了有效的监督机制，如果大学生申请贷款且到期后未按规定归还，那么将会有损于其个人信用记录，对其今后的贷款额度产生直接影响。除此之外，大学生一旦拖欠贷款，还会受到各种形式的严厉惩罚，并且会使学生所属高校受到惩罚，以此减少贷学金的资助风险。

（二）英国高等教育资助模式及其特点

英国高等教育有着悠久的、辉煌的历史，英国高等教育资助模式为免费教育与助学金相结合的模式。

1900 年之前，英国对大学生实行免费教育模式，不仅对学生的学费和生活费提供资助，还为大学提供免费医疗和社会保险。1900 年至 20 世纪 80 年代期间，英国采取"免费教育与助学金相结合"的资助模式。在大学生上学期间，政府为所有高校大学生提供助学拨款，免除所有大学生的学费，并且给家庭经济困难的学生提供经济资助。这种模式的特点是每位大学生不仅能够得到高质量的免费教育，而且还能为家庭经济困难的学生提供生活上和学习上的帮助，使大学生在就读期间免除了后顾之忧，毕业后大学生也不必偿还任何费用。英国的这种高等教育资助模式曾在一段时间内风靡世界，然而随着高等教育规模的扩大，这种资助模式为政府财政带来了极大的压力，而且免费就读政策也不利于提高学生学习的自主性。因此，20 世纪 90 年代前后，英国高等教育资助体系逐渐进行了改革。

2003 年，英国教育与技能部大臣查尔斯·克拉克向议会提交了《高等教育的未来》白皮书，该书提出了自 2006 年 9 月起英国开始实施新的缴费标准及实施新的大学生资助政策的建议，对英国的高等教育资助政策进行改革。之后，经过数年，自 2006 年 9 月开始，英国高等教育资助体系进行了全面改革，改革后的英国资助体系由四个方面组成。

首先，实施差异收费及先上学后付费的学费政策。英国教育部官员强调，根据有关数据统计，英国境内接受高等教育的人与没有上过大学的群体相比，大约多获得 10 万英镑的收入，因此，论证并提出了高等教育应该是收费教育的原则，并根据"高等教育成本分担"理论确立了对每位学生收费 25% 左右的高等教育成本的方案，各院校各学科可以根据教育成本具体确定收费标准，规定一旦学费超出一定限额后，限额之外的收费应用于学生资助。另外，为了确保让每一位适龄青年上得起大学，英国政府提出了"先上学、后付费"的理念，允许所有学生贷款上大学，并在学生工作后，获得了一定的个人回报后再偿还助学贷款。

其次，建立完善的助学贷款体系。英国高等教育资助体系改革后，向混合式资助模式发展，建立体系完善、操作方便的助学贷款体系。英国的助学贷款方式不同于美国或其他国家的由高校审查和办理，而是所有助学贷款和学生生活补助均由贷款公司办理，该贷款公司专门为学生贷款提供服务，并负责全英大学生的政府资助的学生贷款及学生贷款信息的管理，以确保受资助学生按时归还贷款。英国大学生申请贷款的程序十分简单，可以直接向当地政府有关部门申请，也可以在网上进行申请。而英国助学贷款的还款政策则为按比例还款，学生申请助学贷款后，负责贷款的公司会将学生所申请的学费贷款直接转给学生所在的大学，而不经过学生，每位高校大学生都有权申请学费贷款，以确保家庭经济困难的学生能够实现上大学的目标。除了学费贷款之外，助学贷款中还包括生活费贷款，这项贷款是一项根据学生家庭贫困程度为学生提供的贷款，一般家庭经济越困难的学生获得生活费贷款的额度越低，这是由于贫困学生除了申请生活补助贷款和学费贷款之外，还可以申请奖学金或助学金等其他资助。

再次，英国高等教育资助贷款中的助学金、奖学金以及勤工助学方式。其中，助学金是英国高等教育资助贷款中的主要方式之一，英国助学金又称生活费助学金，是专门针对家庭经济困难的学生设立的一种帮助他们解决部分学习生活困难的资助。英国政府希望生活费助学金能够为 45% 以下的本科学生提供数量不等的资助，生活助学金的发放额度根据学生的家庭生活贫困程度而确定，具体可以分为五等，最为贫困的学生所获得的生活费助学金可以占其生活费用的 40% 左右。按照这一比例，贫困学生无法完全依靠生活费助学金解决所有生活难题，因此，每位获得助学金的同学还需要通过贷款来满足所有的生活费需求。除此之外，英国高等教育资助体系还向特殊学生群体提供"特殊助学金""残疾学生助学金""学生子女税收减免""教师培训津贴""健康护理津贴"等资助。其中，教师培训津贴专门针对小学教育专业的师范生，其他本科专业学生毕业后接受"本科后教师教育证书课程"的学生也可以享受减免学费和教师培训津贴的资助。英国高校的奖学金体制层次十分鲜明，包括面向本科生的奖学金、面向硕士研究生的奖学金、面向博士研究生的奖学金，以及面向留学生的高额奖学金等。英国高校的勤工助学金分为校内岗位和校外岗位，采取因岗位选人和因需选人的原则，学生根据自己的兴趣和能力自主选择勤工助学方式。

最后，健全而完善的还款机制。英国高等教育资助体系中针对学生贷款，设立了由税收部门管理的助学贷款还款系统，该系统设立了专门的学生贷款加收机构，通过税收系统回收贷款。这种回收贷款的方法，一方面，保证了学生的还贷信息处于同一系统之内，保证了信息的完整、贷款回收和新贷款资金的来源，防止学生因不按时归还贷款而对贷款机构所造成的损失；另一方面，有效节约了贷款回收工作的运作成本。

（三）日本高等教育资助模式及其特点

日本是一个十分重视高等教育的国家，日本政府尤其注重对高等教育的扶持，并建立了较为完善的资助体系。日本高等教育资助模式主要为"收费 + 贷学金"模式。

日本高等教育自 20 世纪 60 年代进入高等教育大众化阶段，高校毛入学率甚至已达到高等教育普及阶段。日本高校根据办学主体的不同，可以分为国立大学、公立大学和私立大学三种类型，日本的私立大学十分兴盛，其数量可占日本高校总数量的 2/3。不同类型的大学收费标准也不相同，私立大学的学费普遍较其他两种类型更加昂贵。据有关学者统计，日本私立大学的本科收费大约为 30 万至 60 万元人民币，其高昂程度令人咋舌。然而，与高昂的高等教育费用相对应的则是日本家庭收入长期呈现出停滞或下滑态势。尤其是近年来，随着日本国内物价水平的提高，以及经济增速缓慢，日本社会的贫富差距日益加大，贫困家庭越来越多。在这种高额收费和社会经济的发展环境下，日本高等教育仍然取得了高速发展，这主要得益于日本相对完善的高等教育资助体系。日本高等教育资助体系的特点如下。

首先，日本高等教育资助体系中的育英奖学金制度。日本在全国范围内推行贷学金资助办法。早在 1943 年，日本政府为了振兴教育、实现教育机会均等，设立了财团法人大日本育英会，其目的在于为贫困学生提供经济援助。育英会奖学金名为奖学金，实为贷学金，由日本育英基金会管理。育英基金会是一个公法人团体，是专门为国家管理育英奖学金事业的独立机构。根据《日本育英会法》规定，该基金会中的所有职员均为公务员构成，这些人在任职期间不能从事营利性活动，为保障贷学金的公平与公正奠定了基础。育英会奖学金兼有奖学金和贷学金两个特点，以借贷方式为家庭经济困难的学生提供扶助。育英奖学金具体又分为无息贷款和低息贷款两种方式，其中，无息贷款针对家庭经济困难的大学生，学生毕业后按照相关规定按时归还本金即可。有息贷款则是针对所有学生，学生每年的有息贷款额度为其学费的 30%。日本助学贷款的还款期限一般为 10—20 年，其中，公立学院学生的还款期限一般较私立学院学生较短。育英会奖学金制度是日本大学生资助制度的核心。2004 年，育英会奖学金制度更名为贫困学生支援机构，2006 年 10 月，育英奖学金由专门的学生支援机构进行运营和管理。由于管理较为完善，日本助学贷款的回收率较为良好，可谓世界上助学贷款回收率最高的国家。除此之外，根据《日本育英会施行令》的有关规定，大学生在毕业一年内进入教育机构或公立科研机构从事非营利性工作的人，可以享受"无息助学贷款政策"，毕业后连续五年在教育或公立科研机构工作的，可减免全部贷款，如果不足五年，则进行部分减免。学生毕业后，如果提前还清贷款也可以享受一定的减免折扣。

其次，日本高等教育资助体系中的国民生活金融公库教育贷款制度。日本高校中的育英会贷款只能为学生提供学费的 30% 的贷款，为了覆盖所有学生的贷款需求，日本许多银行、信用社等商业机构纷纷开设教育贷款业务。日本国民生活金融公库开设的"国家教育贷款"，是日本国内影响较大的教育贷款。日本国民生活金融公库初设于 1949 年，是一个由政府全额出资的政策发生金融机构，这一机构旨在为有无法从银行或融资机构获取融资的中小企业和创业人员提供援助。1978 年开始，日本国民生活金融公库开始面向低收入家庭提供教育贷款。日本国民生活金融公库的支援对象不是学生本人，而是经济困难的学生家长。其申请条件是家庭年收入低于 990 万日元（约为 64 万人民币）即可申请。这种贷款为日本的育英会奖学会制度进行了良好的补充。

最后，日本高等教育资助体系中的其他制度。除了贷学金之外，日本国内还存在 3000 多个团体设立的各种形式的奖学金，这些奖学金大多为各地方自治体或民间设立的，其主要面向家庭经济困难，但学习成绩优异的当地学生。这些奖学金有的属于无偿资助，有的属于较低利益的贷款形式。除此之外，许多企业或公益机构还设立了各种形式的无偿奖学金。许多高校内部还设立有名目繁多的、针对本校家庭经济困难学生的校内奖学金。从日本高等教育资助体系来看，这些名目繁多的高校奖学金成为日本高等教育资助体系中重要的组成部分，尤其是各种无偿奖学金，因为其独特的赠予性质，在经济困难的学生中广受欢迎，在激励大学生发奋学习方面起着极其重要的作用。

第三节　国外高校资助育人对我国的借鉴意义

国外高校资助育人体系为我国高校资助育人体系的发展与完善提供了诸多借鉴。

一、国外高校大学生资助模式的总体特点

国外高校大学生资助模式的总体特点包括以下几个方面。

（一）国外高校大学生资助项目的精准化

从美国、英国及日本等西方国家的高校大学生资助育人体系来看，绝大多数国家已经形成了一套符合国情的资助模式。例如，美国高校资助育人模式属于混合式资助模式，英国高校资助育人模式经历了从免费资助向混合式资助模式的转变，而日本则形成了以贷学金为主的偿还性资助与无偿性资助相结合的资助模式。一些国家通过专门的立法将资助模式固定下来，使得资助项目越来越朝着多样化的方向发展。从高校大学生资助主体来看，大多形成了多元化的资助主体。其中，欧美等西方国家由于中世纪以来形成的慈善资助方式，企业、私人基金或公益机构等组织设立了名目繁多的奖学金，这些奖学金大多奖励家庭经济困难的品学兼优的学生，帮助其顺利完成学业。近年来，奖学金的资助范围逐渐向所有在校学习成绩优异的学生扩展。然而，美国境内的奖学金虽然种类繁多，由于其名额有限，因此，在整个高校资助育人体系中所占比例较小。而欧洲以英国和德国为代表的国家的奖学金名额还受到人数的限制。

除了奖学金，贷学金模式在国外西方各国高校资助育人体系中均占有主体地位。不同国家根据不同的国情设立了多种形式的贷学金种类及偿还模式。美国的贷学金制度经历了长期发展后形成了以贷学金为主，其他资助方式为辅的资助体系，美国的贷学金大多为有息贷款，在学生满足一定条件的基础上可以免除全部或部分利益。英国自 20 世纪 90 年代颁布学生贷款法以来，使用有偿贷学金的模式取代了原有的免费教育模式。日本则通过设立专门机构，为家庭经济困难的学生或家庭提供有息贷款服务，除了日本政府设立的贷学金之外，日本银行、金融机构等还设立了名目繁多的贷学金资助方式，并辅之以无偿赠予的奖学金和勤工助学等方式。

从整体上来看，国外高校资助育人体系的精准性较强。以日本高校学生资助育人体系为例，其形成了以政府为主导的多元化资助模式，对学生的资助具有较高的精准性。日本高校家庭经济困难的学生在申请日本学生支援机构奖学金，即育英会奖学金时，每位学生的贷款比例一般不超过学费的30%；而日本国民生活金融公库所提供的国家教育贷款则是面向低收入家庭投放的教育贷款，教育贷款的上限为每人不超过 200 万日元。这种多元化限额贷款在有效保证学生入学学习的平等机会外，还有效防止了过度资助。日本高校学生资助育人体系中以有偿贷学金为主，其他资助方式为辅的方式极大地激发了学生的学习动

力,以争取免费奖学金的名额。又如,美国高校资助育人体系以助学金和贷学金为主,并兼之以奖学金和勤工助学等方式。其中,奖学金的获得者一般为当年佩尔助学金的获得者,奖学金和助学金的金额并不能完全支付学生的学费和生活费,而必须辅之以贷学金等其他资助方式,有效提高了资助的精准性。

(二)国外高校大学生资助方式的多样化与灵活性

西方国家高校资助育人体系中的资助方式呈现出多样化的特点。美国高校资助育人体系在长期的摸索中形成了一种极具特色的资助方式,即根据学生的具体需求为学生提供不同的"资源包"资助方式。近年来,欧洲各国在打破了原有的免费高等教育后,也逐渐朝着满足学生多种需求的"资源包"方式发展。我国学者张民选曾对国外高校资助体系进行了详细调研后,提出国外高校资助方式主要包括八种类型,本文结合美国高校资助育人方式中的"资源包",将美国高校资助方式分为以下几种类型。

第一种类型为无偿助学金,这是一种面向家庭经济困难的学生无条件投放的资助形式;第二种类型是奖学金形式,主要面向家庭经济困难,品学兼优,在学生综合排名中位于前列的学生;第三种形式即勤工助学资助或科研项目资助,这种方式为国家向高校拨款用以支付学生在勤工俭学或从事科研类项目中的资助;第四种形式即在学生提交资助申请后,对学生的家庭经济情况进行实际调查和走访,确定一些学生家庭贫困情况后,根据其贫困程度为其提供一部分临时补助金;第五种形式,即由政府提供担保,向学生投放贷款,用以支付学费或生活费;第六种形式,即由公共基金向学生提供低于市场利率的具有偿还性质的贷款;第七种形式即通过工读形式或税收政策,对家庭经济困难的学生给予一定资助。除此之外,针对教师等专业还提供了专门的奖学金,用以对在毕业后提供一定年限的教师服务的补偿。当大学生提出资助申请后,美国高校有关资助部门会根据学生的具体情况,为其选择最具效率的"资源包"形式,这种形式使得美国高校的资助方式十分灵活且多样化,既保障了每位大学生获得公平教育的权利,又从大学生的实际出发,满足了大学生的各种资助需求,在一定程度上提高了教育效率,避免了教育资助资源的浪费。

例如,英国自20世纪90年代实行高校资助方式改革后,实行"先入学后收费"的模式,在向高校学生提供助学贷款时,将助学贷款细分为学费贷款和生活费贷款,学费贷款直接针对学生所在高校和所在专业为学生提供适合的贷款金额,而生活费贷款则根据学生家庭贫困程度,并结合受资助大学生所在大学的生活费标准,以及住校等原则综合评估学生的生活费贷款金额。在确保学生的学习和生活得到保障的同时,也不造成资助金额的浪费,对于家庭生活十分贫困的学生，在为其提供生活费贷款的同时，还会为其提供一定的助学金服务和勤工助学服务。除此之外，英国还针对不同特殊群体设立了特殊津贴服务，根据每位学生的实际情况为其提供适合的资助方式，其灵活性和多样性可见一斑。

（三）国外高校大学生资助管理的规范化与标准化

国外高校资助管理体系的规范化和标准化较强，为了规范学生的资助管理，一些国家颁布了专门的法律，还有一些国家通过立法明确了各种资助方式的比例最高限额，并对违反资助规定的行为确立了处罚形式。一些国家还设立了专门的资助管理机构对资助工作进行管理，使其更加专业化和标准化。

以美国高校资助体系的管理来看，美国联邦教育部和州教育委员会均设立了学生资助管理办公室，此外，各高校也设立了学生资助管理办公室，这三级资助管理机构的具体职责又有所不同，形成了分工明确、职权清晰、层次分明、高效完善的学生资助运行机制。美国高校的资助申请十分简便，无论申请联邦政府的资助还是州政府的资助，均只需提供填写表格并附上父母的完税证明即可。之后，大学生所在高校资助办公室会对学生的申请进行严格审查，只有通过审查的学生才能获得具体的资助。学生通过审查后，联邦政府或州政府会根据大学生的家庭困难程度为其规划最佳组合的资助包。具体来说，根据三个公式对大学生所受资助进行严格核算，即计算大学生的上学成本，根据不同学校和不同专业及距离大学生家庭的距离进行计算；计算"预期家庭贡献"；计算学生"经济资助需要"，这种精细化的评审方法，所得出的大学生资助方式资源包既保障了大学生上大学的权利，同时又不浪费教育资助资源。除此之外，针对大学生的助学贷款，美国政府一方面制定了灵活的还款方案，另一方面，还设立了有效监督体制和严厉的惩罚措施。

社会信用体系与大学生贷款政策相结合，根据大学生的信用记录进行评级，其信用状况直接与其今后的购车、购房等相挂钩，以此使绝大多数大学生出于维持自己良好信用记录的目的而按时还款。除了信用记录之外，针对大学生拖欠贷款的行为，美国政府还设立了严苛的惩罚措施，不仅免除受资助大学生延期还款的资格，还会直接通知其单位，强制扣除其一定比例的工资，用以抵消拖欠的贷款；针对恶意拖欠贷款的行为，会通过法院申请对其进行强制执行。除了对拖欠贷款学生的惩罚之外，如果高校学生拖欠贷款的比例达到 40% 或连续三年拖欠率达到 25%，那么该校学生即失去贷款资格，通过这种制度加强高校对学生贷款前的审查和贷款后的管理，以降低助学贷款的拖欠率。

例如，日本高校资助体系中设立了专门的日本学生支援机构奖金，不仅对日本学生支援机构的各级职业的身份进行了明确规定，专门负责学生助学贷款的发放与加收，以及留学生支援和其他学生生活支援事务。日本学生支援机构奖金针对日本国内国立大学、公立大学、私立大学的性质及学费总金额而为不同学生发放适合的助学贷款，此外，大专、本科、研究生和博士生的资助金额也不相同，学生可以根据情况进行具体申请。由于日本在申请贷款时必须提供担保，针对一些贫困的单亲家庭，日本学生支援机构还设立了担保人制度，由日本国际教育支援协会统一为学生提供担保。针对贷款返还，日本学生支援机构规定受贷款资助的学生在贷款终止时必须提交《返还誓约书》并提供担保人的担保资料，学生毕业六个月后开始偿还贷款，最长偿还期限为20年。除此之外，日本学生支援机构还针对在校成绩特别优异的研究生设立了免还制度，经过有关机构认定后，可以免除这部分学生的全部或部分贷款义务。除此之外，毕业后自愿从事教师或公益政府研究工作的学生也可以获得免除贷款偿还义务。如果学生毕业后因为升学、失业或生病等原因暂时无力偿还贷款的，可以申请延缓偿还时间。除此之外，由国际教育支援协会做担保的学生，在出现拖欠贷款等情形时，则由国际教育支援协会负责向学生追讨贷款。总而言之，日本等西方国家高校大学生资助管理的规范化与标准化，一方面提高了学生资助的公平与效率，另一方面有效避免了拖欠贷款的行为，对我国高校资助育人体系有着极其重要的借鉴意义。

二、国外高校资助育人体系与我国高校资助育人体系的差异

国外高校资助育人体系对我国资助育人体系的完善和发展具有重要的借鉴意义。

国外高校资助育人体系与我国资助育人体系的区别主要表现在以下几个方面。

其一，高校资助育人体系资助比重的差异。

当前，包括中国在内的绝大多数高校均形成了一套包括贷学金、奖学金、助学金等在内的混合式资助模式。与国外的资助育人体系相比，我国高校资助育人体系中的资助比例为无偿资助项目远大于有偿资助。我国高校资助育人体系由奖学金、贷学金、助学金、学费减免、隐性资助等多种项目组成。其中，奖学金、学费减免、隐性资助等形式均为无偿资助项目，有偿资助项目中的国家助学贷款是一种无息贷款，学生毕业后，只需偿还本金即可。而国外高校资助育人体系中有偿贷款的资助比例远远大于无偿贷款。以日本为例，日本的高

校资助体系中贷学金占主体地位，奖学金和勤工助学金所占比重相对小得多，而且贷学金大多需要还本付息。美国高校资助体系中的学生贷款在整个资助体系中所占比重也较大，贷学金同样需要还本付息，只有在学生符合严苛的条件时，才会适度减免利息或贷款金。除了贷学金之外，国外高校资助体系中的奖学金的获得也并不是一件容易的事，而是附加了许多条件，奖学金的获得者不仅需要具备优异的学习成绩，还需要参加社会实践活动，并需要以工带读，提供志愿服务等作为前提。我国学生的奖学金评定则相对较为简单，只要学生提供贫困证明，并且在班级中表现优秀即可获得，较之国外的奖学金资助更加容易。从实践效果上来看，国外高校资助体系中以有偿性贷款为主的资助方式，以及奖学金评定条件的严格程度，在一定基础上促进了国外高校学生的竞争意识，激发了学生的责任感和发奋图强的精神。而我国高等教育资助体系中的无偿贷款项目远大于有偿贷款项目的现状，固然在一定程度上确保了高等教育的公平性，不让每一位学生由于家庭经济困难而辍学的目标，却不利于培育学生的良好道德与品质，易引发贫困生资格造假，学生难以形成对社会、国家和高校的正面、积极情感的现象。

其二，高校资助育人体系价值取向的差异。

国外高校资助育人体系中的资助功能重视学生无论贫富都能获得上大学的权利，同时在资助中关注学生的学业水平和综合素质，即国外高校资助育人体系更加侧重"评优"功能。这一点从西方高校奖学金、贷学金、助学金的获得，以及贷学金的减免制度上即可看出。以美国高校资助体系为例，助学金主要面向家庭经济困难的学生，并根据学生的家庭经济状况给予一定额度的助学金。美国奖学金在发放时通常会较为全面地考查学生在学术、艺术、体育及各种潜能方面的能力，而家庭贫困与否则成为一个次要因素。此外，美国高校奖学金的比例在整个资助体系中所占比例十分有限，占主导地位的为贷学金。美国学生只要符合申请需求，即可申请贷学金，然而贷学金的还款方式却有许多选择。普通受资助的学生可以根据自己毕业后的方向选择贷学金的还款方式。除此之外，受资助的学生如果学习成绩优异或在学校期间获得学术上的突破，或者毕业后从事教师等岗位的工作，则受助学生可以享受免息或贷学金减免政策。

除了以上几个方面之外，国外高校资助体系的"奖优"功能还体现在国外高校的资助方式上，仍以美国高校资助体系为例。美国高校为经济困难的学生提供资助时，多根据学生的需求，经过多步骤计算后，为其提供基本可以满足学生日常生活和消费需求的资助金额，甚至包括学生的交通费等都包括在内，帮助学生解决后顾之忧，全身心地投入到学习和实践中。而中国高校资助育人体系与国外高校资助育人体系相比更侧重于"助困"的功能。

我国高校资助育人体系中的贷学金本身为无息贷款，旨在减轻家庭经济困难求学者的负担，我国所设立的国家励志奖学金等一般多面向经济困难的学生群体发放，品学兼优往往只能作为第二条件。除此之外，由于我国高校资助育人体系处于初步建成和正在完善阶段，我国现有资助项目的设置及资源的分配等仍存在不合理现象，资助项目多采用"一刀切"的原则，较少注意到学生的个体差异化需求，导致虽然投入了大量资金，然而我国高校资助体系却仍未完全满足学生的日常经济需求。尤其是对贫困学生的发展方面，仍然存在着一定的欠缺。

三、国外高校资助育人体系对我国资助育人体系的借鉴意义

我国高校资助育人体系是在不断发展中建立起来的，目前还处于不断发展之中。与国外高等教育建设相比，我国现代高等教育的起步较晚，高校资助政策的推行及资助体系的成立时间也相对较晚，国外高校资助育人体系对我国资助育人体系的完善与改革具有一定的积极借鉴意义。

（一）不断拓宽资助主体和资助项目的多元化

纵观国外高校资助育人体系中的资助主体，大多具有资助主体多元化的特点。例如，欧美等国家自中世纪以来，人们就养成了以慈善之名资助教育的惯例。以美国高校资助体系为例，美国高校资助主体呈现出多元化的趋势，联邦政府、州政府及高校之外，社会力量的资助在整个资助体系中所占的比例较大。企业、个人捐赠通过奖学金、助学金、捐赠、勤工助学岗位，以及贷学金等形式为学生提供资助。中国高校资助育人体系中的资助主体以政府为主，奖学金和助学金由政府财政直接拨款，贷学金也由国家进行担保，我国社会上的一些企业、公益机构或个人等也会向学生提供资助，但是这部分资助在我国高校资助体系中所占比例较小。以勤工助学岗位为例，社会上的企业为高校贫困生提供的岗位数量较少，难以满足高校贫困生的实际需求，另外，社会上的许多企业为学生提供岗位只是将贫困学生当作廉价劳动力，随意克扣贫困生工资的现象屡见不鲜。近年来，随着我国高等教育逐渐向普及化阶段迈进，越来越多的贫困家庭的子女走进大学，而国家财政拨款资金有限，不能完全解决所有家庭经济困难的学生的需求，因而我国高校资助育人体系应不断拓宽资助主体，适度增加社会资本在高校资助中的比重。

从资助项目的灵活性和多样性来看，国外高校资助育人体系中的资助方式

更加灵活多样。例如，欧美等国家在高校资助育人体系中形成了"资源包"的资助方式，使得高校内凡有需要的学生均可根据实际情况申请适合的资助资源。除了资助包之外，对获得贷学金资助的学生，还可以根据学生毕业后的选择及具体的就业情况，为贫困生提供多种形式的还款方式。

（二）不断提高资助育人的精准性

国外高校资助育人体系中对资助对象资格认定建立了严格的评定指标体系。例如，美国高校资助育人体系中的学生提请资助申请后，其所在学校资助办公室即会对其进行资格审查，审查中制定了十分详细的指标，其中包括申请学生的家庭经济收入情况、家庭所在区域等。贫困学生通过审查后，高校资助办公室还会针对学生的所学专业、日常消费情况及其家庭成员的职业背景、是否是单亲家庭、学生缴纳学费等情况对学生的贫困程度进行分级，然后根据学生所在的贫困等级为学生提供多种形式的资助"资源包"。在美国高校资助体系中，贷学金又可以细分为学费贷学金和生活费贷学金，贫困程度不同的学生可以根据自己的实际需要申请不同用途的贷学金。学费贷学金一般不会直接发放到学生手中，而是直接付给学校，生活费贷学金则根据学生所在城市的消费水平，以及交通费用等确定。这种量化的资助方式既能为学生提供保障其学习和生活的资助，也能兼具资助公平，提高了资助的经济效率和资助的精准性。

我国高校现有资助体系对资助对象采用的是"一刀切"的资助方式。所学专业与所在学校统一为学生提供每年不超过 6000 元的助学贷款，奖学金的资助对象与学生是否获得其他形式的资助无关，仅凭借学生的成绩作为考察项目，同一个学生可以同时获得贷款、奖学金或学费减免等形式的资助，这些资助可能会超出学生的实际需要，同时，一些贫困学生却因为种种原因得不到资助，依然承受着较大的经济压力。因此，我国高校资助育人体系可以借鉴国外高校资助体系，建立精准化的资助方式，避免资助资源分配不均的情况。

（三）不断规范资助的立法和管理

我国高校资助育人体系当前的助学资助贷款的违约率较高，许多学生毕业后因为各种情况无法按时归还贷款，更有一些学生故意违约，导致我国高校助学贷款还贷率低。与我国高校助学贷款还贷率相比，西方一些国家的高校还贷率则相对较高。究其原因，一方面，国外高校资助育人体系建立了较为完善的法律法规，以及健全的信用体系；另一方面，国外高校资助育人体系的管理相对更加严格。以日本高校资助育人体系为例，日本为了规范资助体系不仅成立了大名鼎鼎的"育英会奖学金"，而且通过立法建立了一系列政策法规，出台了《日本育英会法》《日本育英会法施行令》等。为了方便对资助学生的管理，日本还成立了独立机构——日本学生服务组织，这一组织专门负责学生贷款系统的管理。从学生家庭贫困状况的资格审核到资助额度，再到还款方式及违约状况等均有着严格的规定。例如，日本人贷款建立有完善的担保人机制，每位学生毕业时均需签保证书，并按照规定还款。如果贷款人找不到担保人，则由日本政府设立的专门机构为其提供担保，并负责使其按时还贷。这种规范化的管理使得日本助学贷款的回收率大大提高，成为全球助学贷款回收率最高的国家。

又如，美国高校资助育人体系在立法的基础上，建立了世界上最为完备的财政援助体系。早在 1958 年美国就颁布了《国防教育法》，并根据法律设立了"国防贷学金"和"国防奖学金"；1965 年出台了《高等教育法》；1978 年出台了《中等收入学生家庭资助法》等，之后随着社会经济的发展及高等教育发展水平的提高，又对《高等教育法》进行了数次修订，使得美国资助政策的法治化水平越来越高。在此基础上，美国不断加强资助体系的规范化管理，建立了贫困学生的精准识别程序，在精准识别贫困生的基础上对其进行资助。此外，美国将贷款人的信息与税务申报制度联系起来，通过掌握公民个税缴纳情况，评估学生的家庭基本状况，通过这种规范化的程序对贷款还款进行严苛管理。我国高校资助育人体系可以借鉴国外资助立法和规范化的资助管理，进一步提高资助的法制化管理，提高资助的公平性和效率性，提升高校助学贷款还款率。

（四）不断提高资助的育人功能

国外高校资助育人体系在对学生进行资助的同时，通过精准考评和规范管理，还加强了育人功能与目标。高校资助育人体系中，资助过程即是育人过程，这一理论同样适用于国外高校资助育人体系。国外高校资助体系在目标管理和教育成本分担理论的前提下，既确保了高校教育资助的公平性，突出了对家庭经济困难学生的关心与帮助，同时也反映了社会效应，突显出教育效率，此外，解决了学生的实际困难后，有利于改善学生的经济状况、心理健康状况及整体素质等方面，提升高校资助体系中的"育人"效果。国外高校的资助育人体系中的教育成本分担理论指出，高校资助本着"谁受益，谁付钱"的原则，学生通过有息助学贷款和无息助学贷款承担学费和生活费。与此同时，国家通过严格的奖学金政策，对学习成绩靠前、社会实践出众、综合素质较强的学生给予免费资助，以及贷学金免息，甚至减免等福利，有利于培养高校受资助学生的感恩情绪，激发他们奋发学习的动力，从而达到在整体上提高学生素质的教育目标。

我国高校资助育人体系则以"助困"为主，采用无息贷款的政策，帮助学生减轻经济困难所带来的种种压力，以及还贷时的压力，同时采用奖学金和助学金，以及学费减免、隐性资助等政策，使家庭经济困难的学生得到帮扶，然而，由于我国当前高校资助育人体系中并非建立起贫困生的规范、有效的甄别机制，易产生贫困生资格造假现象，使真正应该受到资助的贫困生的资助名额被挤占。除此之外，"一刀切"的资助方式不利于提高高校资助效率和资助精准化，易产生个别学生的资助金额远远超出其实际需要，而另一些学生的资助却远远未达到解决其实际学习与生活中的经济困难的现象，造成资助资源的浪费和资助目标不达标的现象，从而引发我国高校资助体系中的一系列"育人"不良后果。因此，我国高校资助育人体系一方面应加强对学生的思想品德教育，另一方面应借鉴国外高校资助育人的方式，在提高资助体系的精准化和规范管理的基础上对学生的思想道德建设进行引导，以达到"以资促育"的效果。

综上所述，国外高校资助育人体系对我国资助育人体系的完善与发展提供了一定的借鉴思路。值得强调的是，在借鉴国外高校资助育人体系中成功经验的基础上，既要结合我国的具体国情，顺应国内经济发展和教育改革的趋势，又要与世界各国高校资助育人政策的改革与发展相一致，不能盲目地生搬硬套，也不能无所顾忌地照搬照抄，应该在反思我国现阶段高校资助育人体系缺点的基础上，有针对性地借鉴、融合与创新。

第二章　我国高校资助育人的构成体系及特点

习近平同志在十九大报告中指出："青年兴则国家兴，青年强则国家强。青年一代有理想、有本领、有担当，国家就有前途，民族就有希望。"[①] 高等院校承担着为国家培养高端人才的重任，对于家庭经济困难的学生而言，国家完善的资助政策能够帮助他们解决现实中的困难，让他们有机会与其他学子一样接受高等教育，享受国家高等教育资源，并顺利完成学业。我国党和政府十分关注高校家庭经济困难的学子的学习和健康成长。自新中国成立以来，我国陆续出台了一系列政策，并逐渐形成了一套完整的高校资助育人体系。本章主要从我国高校资助育人政策的发展历程与取得的成就、我国高校资助育人体系的构成，以及我国高校资助育人工作存在的问题与原因等方面详细分析我国高校资助育人的构成体系及其特点。

第一节　我国高校资助育人政策的发展历程与取得的成就

中国高等教育资助学生的制度历史悠久。早在古代封建社会时期，历朝历代政府即拨款建立了国子监、府州县学及书院等高等教育制度，对就读的学生采取"教养合一"的办学模式。清末民初，我国现代高等教育机构成立以来，政府初步建立了高等教育学生资助制度，制定了公费、贷学金与奖学金制度，对新中国成立后的高校资助育人制度起到了一定的参考和借鉴作用，积累了一定的经验与教训。新中国成立以来，中国高校资助育人政策逐步完善，并取得了一定成就。

---

① 习近平. 决胜全面建成小康社会夺取新时代中国特色社会主义伟大胜利——在中国共产党第十九次全国代表大会上的报告 [M]. 北京：人民出版社，2017：16.

一、中国高校收费制度的演变

中国高等教育体制自新中国成立以来，经历了多次重大变革。从中国高校收费制度的演变来看，大致经历了从免费制度到收费制度的发展与演变。中国高校收费制度的演变大体可以分为三个阶段。

第一阶段，中国高校免费教育实行阶段。新中国成立后，我国十分重视高等教育，并制定了一系列发展高等教育的重大举措。自 1950 年开始，我国借鉴苏联高等教育的经验，开始实施公费助学政策。自新中国成立至 1977 年改革开放前，近 30 年中，我国高等教育制度均属于义务教育，实行"统包、统分、免费入学、毕业分配"的招生制度。这种高校免费教育制度的实行与当时我国所实行的计划经济体制有着直接关系。

第二阶段，中国高校收费教育兴起阶段。自 1978 年我国实施改革开放政策以来，我国的计划经济体制逐渐被市场经济体制所取代，为了适应社会经济体制变革，我国高等教育免费制度发生了改变，逐步走向收费教育制度。1985 年，我国中共中央颁发了《中共中央关于教育体制改革的决定》，文件指出：高校在计划招生之外，可以再招收少量自费生，自费生需要向高校交纳一定数量的培养费。自此，我国高等教育拉开了收费的序幕。1989 年，我国国家教委联合教育相关部门共同出台了《关于普通高等学校收取学杂费和住宿费的规定》，明确规定学生就读普通高等学校时应缴纳 100—300 元学费。1990 年 7 月 9 日，中国原国家教委联合人事部、国家计委、公安部、商业部共同颁布了《普通高等学校招收自费生暂行规定》，该文件对我国高校自费生招生办法及缴费标准进行了明确规定，进一步提高了学生个人在高等教育成本中所占份额。之后，我国高等教育制度中对高校学生收费陆续出台了一系列文件。1992 年 6 月，原国家教委联合财政部和物价局发布了《关于进一步完善普通高等学校收费制度的通知》，在该通知中我国废除了全国统一制度普通高等学校收费标准和收费办法，各省、市、自治区开始根据各地经济发展情况确定高校各项收费标准，与此同时，各地高等院校的收费标准进一步提高，高等院校学费在高校各项收费中所占比例大大提高。1994 年，我国国家教委开始在全国范围内试行招生并轨制度，将"国家计划""委培生""自费生"三者的招生、录取及收费标准统一起来，确定了同一专业、同一学校的学生按照同一标准缴纳学费的制度。1997 年，我国高校全面实行并轨制，自此，我国高等教育形成了普通高校所有学校统一缴纳学费，个人与家庭承担部分教育成本的缴费制度。

第三阶段，中国高校收费教育的逐步完善阶段。20 世纪 90 年代以来，我国高等教育实行改革，并于 20 世纪 90 年代末开始实行高校扩招政策，使我国高等教育逐步从精英教育迈向大众教育阶段。为了适应我国高等教育阶段化发展，也为了兼顾教育公平，我国陆续出台了一些政策，进一步完善了我国高校收费教育。1996 年 12 月，我国教育部联合国家计委和财政部颁布了《高等学校收费管理暂行办法》，该文件中指出高等学校在制定学费时应综合当地经济发展水平及当地居民的经济承受能力、当地办学条件等因素，合理制定学费标准，不同地区、不同专业，以及不同层次的高等学校收费制度可以进行一定程度的调整，以有所区别。2000 年 6 月，我国教育部再次联合国家计委和财政部颁发通知，进一步强调高等教育收费的属地化原则，并确定高校收费标准应根据每年日常运行费用、财政拨款及当地经济发展和居民承受能力等综合确定，进一步完善了我国高等教育的成本补偿制度。为了保证高等教育的公平性原则，我国在完善高等教育成本补偿制度的同时，逐步建立起高校资助育人体系。

二、中国高等教育资助政策的发展历程

新中国成立以来，随着我国高等教育学费制度的变迁，我国高校资助育人政策也逐步形成与完善。纵观我国高等教育资助育人政策的发展历程，可以分细分为五个阶段。

（一）第一阶段：人民助学金阶段

新中国成立后，党和政府为了发展高等教育事业，制定了一系列发展政策，其中包括高校治学体制、行政管理体制、投资、学位、学生资助制度等。1952 年 7 月 8 日，我国颁布了《政务院关于调整全国高等学校中等学校学生人民助学金的通知》，该通知指出："现在为着积极改进青年学生健康状况，并逐步统一学生待遇标准，决定将全国高等学校及中等学校学生的公费制一律改为人民助学金制，并对原有人民助学金的标准作适当的调整。"[①] 该通知还就人民助学金的等级评定、标准及享受人群进行了严格规定，强调全国各地各地区、同类学校的人民助学金采取统一标准。

1952 年 7 月 23 日，教育部颁发了《关于调整全国各类学校教职工工资及助学金标准的通知》，明确指出："在废除学费的前提下，将全国高等学校及

---

① 国务院法制办公室. 中华人民共和国法规汇编 1953—1955 第 2 卷 第 2 版 [M]. 北京：中国法制出版社，2014：35.

中等学校学生的公费制一律改为人民助学金。"① 这两个通知的颁布为人民助学金在我国的实行奠定了制度基础，并在全国范围内拉开了免费上大学的序幕。免费助学金的提出，与新中国成立初期对高等建设人才的需求有关。新中国成立后，百废待兴，迫切需要一批高等教育人才投入国家的发展和建设之中，因此，国家以人民助学金制度鼓励有能力考上大学的人安心就读。同时，由于当时国家实施计划经济体制，高等教育作为精英教育，参加考试及就读人数较少，国家财政负担得起。在这种情况下，人民助学金的实施符合当时的社会历史条件。

20 世纪 50 年代，人民助学金制度确定后，在实施过程中，又根据国际国内形势的变化和发展进行了多次重大调整，对高校学生的资助标准、资助范围、资助学生比例及资助对象等进行了多方面调整。1955 年，高等教育部等部门相继颁发了《关于制定高等学校一般人民助学金分地区标准的通知》《全国高等学校一般学生人民助学金实施办法的指示》，这两个文件中对人民助学金实施的具体范围和标准进行了规定，同时明确提出对工农家庭出身的学生提供必要的物质保证。此外，自 1955 年 10 月起，我国规定除高等师范院校外，人民助学金的发放范围从全体学生缩小为部分学生，其中明确规定家庭富裕的学生不再发放助学金，根据家庭经济情况，部分学生实施减免部分伙食费，而对经济特别困难的学生则可另行申请补助。

进入 20 世纪 60 年代后，在经历了三年自然灾害后，1964 年，我国国民经济发展水平略微好转，人民生活水平较前几年相比略微提高，然而从整体上来看，这一时期我国人民的总体生活水平仍处于较低水平，许多高校学生的生活十分贫困。1964 年，我国相关部门对人民助学金的发放标准和发放范围进行了调整，一方面提高了高等院校学生的伙食费，另一方面则对师范类和非师范类学生的资助比例进行了调整，增加了受资助学生的比例。除针对师范生和一般非师范生进行调整外，我国人民助学金的发放政策制定上还充分考虑到特殊群体的人民助学金发放问题，并作出了相关制度规定。新中国成立后，高校学生的构成除正常考生外，还包括调干生这一特殊群体。所谓调干生是指新中国成立初期，部分学生经有关部门筛选进入高等学校学习。这些学生在进入大学前已参加工作，拥有部分工资收入，或为供给制、公费制的资助对象，有的还承担一定的家庭负担，这类学生的助学金标准普遍高于同类和同地区的学

---

① 国务院法制办公室编 . 中华人民共和国法规汇编 1953-1955 第 2 卷 第 2 版 [M]. 北京：中国法制出版社，2014：36.

生。针对调干生群体，我国高等教育部及相关部门分别于 1955 年和 1957 年颁发政策，对调干生的人民助学金的领取和发放办法另行规定，并于 1957 年取消了入学新生中调干生的助学金待遇，但保留了调干生申请一般人民助学金的权利。

人民助学金制度自 1952 年开始实施，直到 1983 年废除，在我国高等教育史上存在长达 30 余年。在人民助学金的支持下，我国高等学校吸引了一大批青年学子入校，毕业后经由国家分配走上了工作岗位，在各自的工作岗位上为我国的建设和发展作出了一定贡献。然而，在人民助学金的实施过程中，其缺点也相继表现出来，青年学生在人民助学金的资助下完成高等教育学业后，服从国家安排走上工作岗位，在一定程度上忽略了学生的自身利益，剥夺了学生自由选择职业的权利。与此同时，人民助学金的实施范围较广，资助金额较大，在一定程度上加重了我国的教育负担，在人民助学金实施中还出现了教育资源利用率低等现象。1978 年改革开放后，随着我国经济的迅速发展，人民生活水平的提高，我国人民对高等教育的需求也越来越普遍，然而国家财力投入有限，导致高等教育经费出现严重短缺的现象。因此，随着我国国内经济形势的变化，以及我国高等教育发展阶段的变化，人民助学金制度已不再适应我国这一阶段的发展，高等学校收费制度的出现成为历史的必然。

（二）第二阶段：人民助学金向奖学金过渡阶段

1983 年 7 月，我国教育部和财政部联合下发通知，在人民助学金的基础上设立了人民奖学金制度，标志着我国新一轮高校学生资助制度的改革。这一时期的高校收费模式的特征为人民助学金制度逐渐走向式微，人民奖学金制度诞生。早在 1955 年，我国教育部等有关部门就曾提出人民奖学金制度，并计划于 1956 年开始逐步将人民助学金制度向奖学金制度过渡。1983 年 7 月 11日，我国教育部与财政部联合发布了文件，同意设立奖学金。相关文件尽管对新中国成立以来的人民助学金制度进行了沿袭，却缩小了人民助学金的资助范围，也打破了国家"一刀切"的人民助学金的单一资助模式，增加了人民奖学金制度。这对我国高校资助育人体系的构建具有重要意义。这一时期，人民助学金与人民奖学金比例相比，仍然占绝大多数。然而，尽管人民奖学金所占比例较小，在当时平均主义思想仍占主流地位的时代却起到了良好的鼓励和调动学生积极性的作用。1986 年，我国人民助学金制度被正式废止，被奖学金制度与学生贷款制度代替。

（三）第三阶段：奖学金与贷学金并存阶段

自改革开放以来，随着我国社会经济的快速发展，以及国外现代高等教育资助育人理念的影响，我国高校资助育人体系开始进行一系列改革。自 1886 年我国存在 30 多年的人民助学金制度被正式废止后，我国开始构建适应时代发展和教育制度变革的资助育人体系。1987 年，我国国家教委和财政部酝酿并提出了高等学校学生资助改革报告，同年 7 月，我国正式颁布了《普通高等学校本、专科学生实行奖学金制度的办法》和《普通高等学校行本、专科实行贷款制度的办法》，这两个文件中规定，同年 9 月入学的普通高等学校新生实行助学贷款制度，从原来的人民助学金与人民奖学金并存时代过渡到奖学金与贷学金并存时期。这一时期我国国家奖学金分为三类，即优秀奖学金、专业奖学金和定向奖学金，分别奖励学校各年级和各专业中全面发展的优秀学生，包括考入师范、农林、体育、民族等特定专业的学生；定向奖学金则面向立志毕业后到边疆、经济困难地区和艰苦行业工作的学生。学生贷款则针对家庭经济困难，在上学期间不能部分或全部解决在校学习期间费用的学生，学生贷款属于无息贷款，贷款人数比例控制在学生总人数的 30% 左右，每人每年不超过 300 元。高等学校学生奖学金和贷学金并存时期存在的时间较短。1989 年，我国高等教育收费制度发生了重大变革，开始实施计划外大学生收费制度，这一制度的实行意味着我国曾在较长时间内实行的"免费上大学"制度成为历史，而我国的高等教育成本由原来的国家主要承担，转变为国家、学校和学生个人及家庭共同承担。国家对高校的投入则向科研、教学等方面倾斜，以提升我国高等教育质量，促进我国高等教育制度稳定健康发展。

国家奖学金和国家贷学金制度虽然存在时间较短，然而在我国高校资助育人的历史发展方面却具有十分重要的作用。这一时期的高校资助育人体系突破了我国高校学生资助制度"扶贫济困"的单一功能模式，具有鲜明的人才激励和人才引导作用，是新中国高校资助育人制度的质的变化。这一时期，我国高校资助育人模式虽然发生了较大变化，然而由于我国高校学生资助拨款的总金额没有产生根本性的变化，仅在资助支付的方式和结构上产生了一些变化，奖学金和助学金的来源较为单，以及有关条款设置的不合理等原因，导致高校奖学金和贷学金的实际发放不能满足高校贫困生的需求。

（四）第四阶段：奖学金、贷学金、助学金、勤工俭学及减免学费等多元化资助育人措施初步实施阶段

20 世纪 80 年代末至 90 年代初，随着我国社会主义计划经济体制向社会主义市场经济体制全面变革，我国高等学校收费制度发生了重大变革。1989 年，我国国家教委和财政部正式颁布相关文件，其中指出，除师范专业外，国家计划招生内的其他专业开始收取学费与住宿费。1994 年，我国国家教委管辖的 37 所大学中的"自费生""委培生"的招生、录取和收费开始实施统一标准。我国高校收费的全面并轨标志着我国正式全面进入真正意义上的缴费上大学时期,个人、家庭承担大部分教育成本。高等学校全面收费制度的改革使得我国原来实行的奖学金与贷学金并存的资助育人体系难以适应社会经济发展和高等学校教育发展的新形势,我国高等学校资助育人体系发生了较大变化。

20 世纪 80 年代末,我国除设立的三种奖学金类型外,国家针对家庭困难的高校学生陆续推出了多种资助方式。1993 年,我国针对高校学生中家庭收入低于当地居民最低生活标准线的特困生设立了专门的特困补助金;1994 年,我国出台了《关于普通高等学校设立勤工助学基金的通知》,在全国范围内设立了高等学校勤工助学基金;1995 年,原国家教委出台了《关于对普通高等学校经济困难学生减免学杂费有关事项的通知》规定了为确保经济困难学生不失学而对其进行学杂费减免事宜;1999 年我国教育部与中国人民银行、财政部等有关机构共同发布了《关于国家助学贷款的管理规定(试行)》,该规定指出,自 1999 年 9 月 1 日起,我国将在北京、上海、天津、重庆、武汉、沈阳、西安、南京等 8 个城市中试行国家助学贷款政策,为家庭经济困难的学生提供无息贷款,以帮助学生解决学习和生活中的实际经济困难。自此,我国正式建立起了奖学金、贷学金、勤工助学基金、特困补助、学费减免在内的高校资助育人体系。

我国奖、贷、助、补、减多元化高校资助育人体系的建立适应了当时我国社会经济和高校教育制度的变革,在一定程度上缓解了我国高校教育中存在着上学难的问题,极大地扩大了受资助学生的资助范围,提升了教育公平,有效降低了高校失学率。然而,由于这一时期高等教育国家助学贷款政策还处于试行阶段,在具体实施中出现的问题较多,例如,还款机制不健全、还款不及时、拖欠助学贷款等现象十分严重,而国家助学贷款实施中的这些不良现象在一定程度上阻碍了我国高校资助育人体系的发展和完善。

(五)第五阶段:我国高校资助育人体系不断完善阶段

20 世纪末、21 世纪初期,随着我国社会经济的持续快速发展,我国对高等教育人才的需求量大幅上升,为了满足对高等教育人才的需求,1999 年 6 月 16 日,原国家计划发展委员会和教育部联合发出紧急通知,在 1999 年,中国高等教育在年初扩招 23 万人的基础上,再扩大招生 33.7 万人,使 1999 年普通高等学校增幅达 42%。进入 21 世纪后,我国高等学校继续延续大规模扩招政策,使我国逐渐从高等教育精英教育阶段迈入高等教育普及阶段。该轮高校扩招使我国数百万学生享受到了高等教育机会,有力地满足了我国社会公众对高等教育的渴求及社会对高等教育人才的需要，同时极大地提高了我国高等教育的公平性，推动了我国综合国力和国际竞争力的快速提高。

高校扩招政策的实施使得我国在校大学生人数大幅增加，为我国高校资助育人体系的进一步完善与发展奠定了基础。2002 年，在国家奖学金制度试行 3 年后，我国正式出台了《国家奖学金实施办法》，在全国范围内大规模实施国家奖学金制度，同时加大了对品学兼优的高校贫困生的资助力度。2004 年，国务院有关部门对国家助学贷款政策的实施机制、风险防范及组织领导等进行了进一步调整和规范。2005 年 7 月，我国教育部发布《关于切实做好 2005 年高等学校新生入学"绿色通道"工作的紧急通知》，针对高校家庭困难的学生开通入学"绿色通道"，通过先办理入学手续，然后核实具体情况，最后采取措施予以资助的方式，切实保障家庭经济困难的学生顺利入学，减少高校贫困学生的失学率。2007 年 7 月，我国财政部和教育部接连下发了《普通本科高校、高等职业学校国家奖学金管理暂行办法》《普通本科高校、高等职业学校国家励志奖学金管理暂行办法》《普通本科高校、高等职业学校国家助学金管理暂行办法》《高等学校勤工助学管理办法》，以及《教育部财政部关于认真做好高等学校家庭经济困难学生认定工作的指导意见》《关于建立健全普通本科高校、高等职业学校和中等职业学校家庭经济困难学生资助政策体系的意见》等多个文件，进一步完善了我国高校资助体系。2009 年，我国启动基层就业学费补偿贷款代偿制度，进一步完善了国家助学金制度。

2010 年，我国颁布了《国家中长期教育改革和发展规划纲要（2010-2020）》后，又出台了一系列高等学校学生资助政策和措施，形成了包括国家奖学金和助学金、国家助学贷款、基层就业学费补偿、贷款代偿、应征入伍国家资助、师范生免费教育、新生入学资助、退役士兵学费资助、勤工助学、校内奖学金和助学金、困难补助、伙食补贴、学费减免及新生入学"绿色通道"等在内的"多元混合"的资助政策体系，极大地增强了对我国高等学校贫困学生的支持，提高了我国高等教育的公平性。2012 年，我国研究生国家奖学金政策实施，进一步加强了对研究生贫困群体的资助。同年，我国启动高校新生入学资助项目，这一项目的实施使我国对贫困学生的资助实现了从入学到学习期间，以及全时段覆盖。2014 年，我国研究生学业奖学金制度实施。2016 年，我国教育部发布的《2015 年中国学生资助发展报告》中指出，我国高校资助学生人数呈逐渐扩大的趋势；覆盖人群呈现出逐步增加的趋势，从高校在校贫困大学生逐步扩展到应征入伍在校大学生、退役士兵、基层就业大学毕业生，以及直招士官大学生等特殊人群。同时，从普通本专科学生扩大到研究生群体。这一时期，我国高校资助体系还呈现出资助资金来源的多元化，以及政府在资助体系中的主导地位明显降低，有偿资助、无偿资助、奖励资助综合发展等特征，对我国高校毕业生的就业趋势进行了有效引导，激励并吸引我国高校学生投身国防建设，还培养和鼓励人才到乡村基础学校从事教学。

三、中国高校资助育人的主要成就

中国高校资助政策实施数十年来，不断完善资助体系，同时着力在育人方面下功夫，充分发挥资助政策对资助对象所产生的积极影响，培养资助对象成才，通过不断拓展思想政治教育渠道，培育学生树立正确的思想道德观，缓解学生因经济困难而产生的心理压力，激发学生的爱党爱国之情，激励学生克服困难、不断攀登，促进学生身心健康发展。

（一）不断拓展高校学生思想政治教育渠道

高等教育是关系到国家未来发展前景的教育，高等教育在培养大学生时，不仅重视大学生的知识能力，更重视大学生的思想政治素质。大学生的思想素质水平决定着其未来发展的方向，同时对其知识能力的提升及其他素质的发展均起着十分重要的作用。高校资助育人工作并非简单地对家庭困难的大学生实施经济资助，而是通过在为大学生解决实际困难的同时，积极提升大学生的思想政治素质，对大学生进行全方位的关注和关爱。改革开放以来，我国高校资助政策和资助体系越来越完善，越来越多的学生通过各种资助渠道和资助方式感受到了党和政府的支持和关爱。而这种支持与关爱可以使大学生从内心深处认同和支持党和国家的方针政策，激发大学生对党和国家的热爱和拥护之情，这一点正是我国高校资助育人政策的核心和要旨所在。从数十年来中国高校资助育人的成果来看，大部分家庭困难的学生在受到资助后，均具有良好的思想道德品质，对党和国家的方针政策积极拥护，许多受资助的大学生通过申请入党、积极参与社会公益活动等形式回报国家和社会，具有积极向上的良好道德品质。当然，在受资助的大学生中也不乏一些学生因贫困而产生一系列思想问题，例如，崇尚"金钱至上"、对党和政府产生不良抵触心理，或思想懒散、自信心不足等。这些问题对我国高校资助育人工作提出了新的要求，即在资助贫困大学生时，将"扶贫"与"扶智"相结合，加强高校学生的思想教育，通过拓展思想政治教育渠道帮助大学生树立正确的人生观、世界观和价值观，培养大学生的爱党、爱国情怀。

（二）缓解学生因经济困难而产生的心理压力

大学生心理健康教育是大学生思想政治教育中的重要内容。近年来，我国高校越来越重视大学生的心理健康教育，注重培养大学生自尊、自爱、自律、自强的优良品质与良好的承受挫折、克服困难的品质。许多高校大学生由于家庭经济困难，在刚入学时易产生内心敏感、自卑、孤僻等心理现象，在学习和生活中缺乏自信，不利于学生的学习和生活，长此以往，必然影响此类大学生的成长与成才。面对贫困大学生的这种心理状况，我国高校资助育人政策不断完善，帮助贫困大学生缓解心理压力，树立自信。例如，我国高校资助育人体系为经济困难的大学生开设了"绿色通道"，使考上大学的学生先入学后办贷款，既缓解了大学生担忧无法上学的焦虑心理，同时这种及时帮助又锻炼了大学生的意志，使大学生懂得在面对困难时，只要积极应对就能渡过难关，培养了大学生面对困难时的抗挫折能力。此外，针对我国高校一些大学生由于公开接受资助而承受较强的心理压力，近年来，我国高校的资助方式逐渐多样化，并以隐性资助的方式减轻心理敏感学生的心理压力，呵护受资助学生的自尊心和自信心，使他们以更加自信的态度学习与生活。此外，高校资助育人体系中的勤工俭学政策不仅能够极大地改善贫困学生的经济状况，还能激发受资助学生的主观能动性，让他们学会更好地与他人沟通并建立良好的人际关系，同时，勤工俭学活动还可以锻炼大学生多方面的能力，有利于培养受资助大学生的综合素质，为受资助大学生毕业后尽快适应社会，在工作岗位上创造价值奠定基础。

（三）培养学生树立回馈社会的积极价值观

大学时期是学生价值观、人生观和世界观形成的重要时期，家庭经济贫困的大学生大多出身于贫困山村，他们进入大学后受到社会上各种思想和诱惑的影响，易形成不良价值观。高校资助政策则可以为贫困山村中心怀理想的大学生提供与他人平等接受高等教育的机会，使他们能够有机会实现心中的理想。针对大学生所面临的社会中的种种不良诱惑，高校资助平台以多种方式加强大学生的思想政治教育，使大学生在面对不良诱惑时能够保持本心，树立正确的价值观和思想意识；使大学生充分感受到国家和学校、社会各界的关心和帮助，激发大学生的爱国主义情怀和集体主义意识。与此同时，通过多样化的资助方式，让受资助的大学生在充分感受到集体关爱的同时，树立感恩意识和情怀，培养受资助的大学生的高度社会责任感，将所获得的爱心传递下去。例如，受国家资助的师范生在毕业生在毕业后返回家乡从事基础教育工作，就是一种积极回报社会的方式。更多受资助的大学生则选择以更加积极的方式从事工作，在实践中发挥自己的价值，并以力所能及的方式从事公益工作，将爱心传递下去。

（四）激励学生克服困难，培养不断攀登的精神

高校贫困大学生多出身于偏远山区，这些大学生一般具有较强的克服困难的毅力及勤奋好学的精神。我国高校资助政策为他们提供了上大学的机会，以及实现理想的平台，使他们能够克服因家庭贫困带来的不利因素，在更高的平台上发挥聪明才智。我国高校资助政策中的国家励志奖学金制度就是为品学兼优的家庭经济困难的学生设立的，激励在校贫困大学生积极发挥聪明才智，勤奋刻苦，不断进取，获得国家励志奖学金的学生不仅能够直接缓解经济上的困难，还能够在学习上建立自信，获得精神上的自我认同感和满足感，从而进一步激发学生对知识的渴求、通过自我努力改变人生的渴求，激励贫困大学生面对学习上的困难，不退缩、不害怕，而是积极发挥学习的主观能动性和创新精神，在学术和学业上不断攀升。除此之外，国家励志奖学金的获得并非由国家无条件资助，而是贫困学生通过刻苦学习，在与其他学生的竞争中取得的，是依靠学生踏实认真的学习换来的，有利于培养贫困学生树立踏实、肯干的良好品质，有利于提升学生的综合素质。

第二节　我国高校资助育人体系的构成

高校资助项目并非是中国高校特有的现象，而是世界各国普遍实施的一种高等教育政策。我国高校资助育人体系经过数十年的发展，已经形成了"奖、贷、勤、补、减"为主的资助政策，并针对高校贫困学生的新特点出台了隐性资助政策，初步形成了较为完善的资助育人体系。

一、我国高校资助育人体系特点

我国高校资助育人体系是以公平原则与效率原则为基础，以所资助的贫困大学生的身心发展为目标，采用现代管理思想和管理方法建立起来的。具体而言，我国高校资助育人体系的特点主要表现在以下三个方面。

（一）我国高校资助育人体系以公平和效率为原则

公平和效率是人类社会中颇具普适意义的价值观和社会价值追求，也是推动社会发展的动力和源泉。公平和效率是一对抽象概念，两者之间存在着千丝万缕的关系，形成了一种辩证统一的相对运动。效率是实现公平的物质基础，公平是效率提高的伦理基础，两者互为前提与目的，相互促进，从而保持

一种动态的平衡关系。我国高校资助育人以公平和效率为原则。从我国高校资助政策的发展史来看，我国高校资助方式在相当长一段的时期内单纯强调公平原则。例如，改革开放前，我国曾一度实施公费上大学政策，凡是大学学生无论贫富均可享受到人民助学金。又如，我国实施国家助学贷款政策前期，由于处于摸索阶段，其中多个环节还未理顺，其时我国高校贫困生资助体系尚不完善，贫困生在资助保障乏力的前提下，推出了"教育机会均等"的政策，强调贫困大学生接受资助的公平性原则。这一原则在当时的环境下起到了维持高校和社会稳定的重要作用。当前，我国高校资助育人体系基本构建成功后，仍然坚持教育资助的公平原则，并提出了"决不让一名学生因家庭经济困难而辍学"的基本目标。正是在这一公平原则的基础上，我国高校资助育人体系取得了重大成果，有力地落实了我国的教育公平原则，基本实现了"不让一个学生因家庭经济困难而失学"的目标。

当前，随着我国社会的迅速发展，我国人民的生活水平较之以前有了较大转变，因此，我国高校资助育人体系在强调公平的基础上，也开始追求教育效率，即强调"教育机会均等前提下的教育收益最大化"。高校资助育人体系对教育效率的追求是建立在公平的基础之上的，进而在提升教育资助效率的基础上实现更大范围的教育公平。我国高校资助育人体系中的公平主要涉及两个方面，一方面是指提高大学资助育人资源配置效率，在"奖、助、贷、勤、补"的体系基础上建立合理的资金分配方案，摒弃传统的经验式资金分配方式，代之以突出某个单项资助措施的策略，以使我国高校资助资源使用率达到最优。例如，加大国家励志奖学金额度，以激发学生的拼搏精神和创新精神，提高学生的综合素质。另一方面，对贫困学生的保障性基础资金和发展性资金进行测算，在保障贫困学生的基础资金资助的前提下，提高发展性资金补助，以满足贫困学生的发展性需求，促进贫困学生的身心全面发展。在此基础上，我国高校资助育人体系坚持起点公平、规则公平和结果公平的公平与效率并存的原则，既确保了"不让一个学生因家庭经济困难而失学"的目标，又实现了资助效率的最大化。

（二）我国高校资助育人体系以贫困大学生的身心发展为目标

我国高校资助育人体系既追求资助的公平性，也追求资助的效率性；不仅保障学生的基本生活和学习所需，同时又根据资助对象的个人能力、主观积极性、创新能力等增加资助对象获得资助的可能性，促进资助对象朝着全面发展的方面前进。我国高校资助育人体系中，资助对象的全面发展不仅包括智力的发展，还包括体力、个性及社会交往能力等各个方面的能力与素质的发展。我国高校贫困生与其他普通学生相比，除了经济条件之外，无论是智力还是体力等各方面的能力均不逊色于普通学生，与普通学生相比并不存在本质的差异。因此，我国高校受资助学生的发展目标应与其他普通学生的发展目标一致，即促进学生"德、智、体、美、劳"全面发展，使学生成长为一名合格的社会主义建设接班人。此外，受资助对象面对贫困的家境，在受到资助后，往往会激发出较强的学习意志，希望通过自身的努力改变家境，而这一点也会在一定程度上推动高校受资助贫困学生的全面发展。

我国高校资助育人体系在对高校贫困生进行资助的同时，十分关注资助对象的心理发展和道德教育状况。我国高校贫困生面对自身窘迫的家境，常常会产生自卑心理。这一心理不仅不利于学生的学习，也不利于学生的交往、沟通等能力的提高。有的高校每次对学生进行资助时，总是在课堂让受资助学生自己站起来认领资助，这种方式常常使正处于青春期的大学生产生一种耻辱感和自卑感。针对这种情况，我国高校近年来在资助方式上增加了隐性资助方式，使受资助对象避免了在公开场合领取资助的尴尬，更好地保护了受资助对象的自尊心，有利于使受资助对象重新树立自信。此外，我国高校资助体系中的大学生贷款资助是一种无息贷款，其意在帮助无能力支付大学学费的贫困大学生顺利完成学业。受资助的大学生在工作后的规定年限内应按照合同约定陆续归还贷款。对此，我国高校资助育人体系通过多种途径加强高校学生的思想道德培养，培养大学生的爱党、爱国及诚信意识。因此，我国高校资助育人体系在实践中坚持以贫困大学生的身心发展为目标，确保了受资助对象的全面发展，提高了受资助对象的综合素质与能力。

（三）我国高校资助育人体系以现代化的管理思想和管理方法为基础

高校资助育人体系是一个十分复杂的体系，其不仅仅是对学生提供金钱或物质资助以帮助学生顺利完成学业，还需要借助资助方式，激励资助对象，使资助对象获得身心共同发展。一般来说，高校资助育人体系不仅要处理数以百万计的学生的贷款或其他财务申请，还要将高达数十亿金额贷款或其他资助金额公平而有效率地分配给在校贫困生，同时规范有关财务资助的规则和条例，并加强受资助对象及其家庭在获得资助方面的教育，还需确保获得贷款的受资助的学生按时还贷并保证不拖欠贷款等。这些庞杂的工作需要建立科学合理的管理系统，以现代化的管理思想和管理方法进行系统管理。

从现代管理思维来看，我国高校资助育人体系在确定资助对象时，应从以下几个方面入手。首先，确定需要资助的对象。按照我国高校资助育人体系的原则，每一位因家庭经济困难而交不起学费的学生均应被确定为我国高校资助育人体系的资助对象。确立资助对象后，还应确保每名资助对象均能从资助体系中获得最基本的学习和生活条件。其次，坚持并落实高校资助育人体系的公平性和效率性并存的原则，确保资助对象中智力较高、创新精神突出、个体发展较好的人能够获得更多、更好的资助资源。再次，确保资助对象受资助的过程即是育人的过程。我国高校的资助育人体系并不完全等同于社会上的免费求助行为，而是着眼于受资助对象的身心全面发展，确保受资助对象实现德、智、体、美、劳全面发展。此外，我国高校资助育人体系还需确保资助行为的规范化、程序化和人本化，在资助过程中，注意保护受资助对象的身心健康发展。

在高校资助育人活动中落实以上原则，需从以下两个管理方法着手。一方面，建立健全高校资助育人体系中的各级各类管理制度。即根据我国现有资助育人体系，建立健全勤工助学制度、国家助学贷款制度、生活贷款制度、国家奖学金制度，等等。除此之外，还应全面掌握受资助对象的年度个人学习和发展情况，以及年度个人受资助情况，并对受资助对象的资助情况与发展情况进行对比分析，以确保受资助对象的发展朝着理想的方向前进。从总体上确保我国高校资助育人制度的科学性、规范性及合理性。另一方面，应从高校资助育人体系的资助流程入手，通过对贫困生资助管理的全过程进行科学、系统的规划，确保我国高校资助育人体系从横向上能够科学规划各个资助项目的管理流程，并确保各个资助项目之间相互支撑，共同形成资助合力。从纵向上来看，应该科学规划贫困生受资助的管理流程，确保我国资助系统既能满足受资助对象的一般要求，又能满足受资助对象的特殊要求。

二、我国高校资助育人体系建立的科学依据

我国高校资助育人体系并非一蹴而就，而是经历了一个逐渐完善的过程，在这一过程中，我国高校资助育人体系在一定的科学依据基础上建立起来。本节主要从政治学两个视角分析高校资助育人体系的依据。

（一）高校资助育人体系的政治学依据：科学发展观

自 2003 年党的十六届三中全会提出科学发展观的概念以来，高校资助育人体系在构建中即以科学发展观为依托，坚持以人为本，构建了独特的价值体系。高校资助育人体系中的科学发展观主要体现在以下几个方面。

首先，高校资助育人体系的资助理念与科学发展观理念相统一。科学发展观理念的核心是"以人为本"，即从人的角度出发，围绕人的全面发展进行规划与行动。高校资助育人体系的目的是以资助对象为中心，全面促进资助对象

的身心发展。高校资助育人体系从家庭贫困大学生的实际需要出发，为其提供必要的资助，以帮助受资助对象获得与其他学生平等的上大学校的机会。这一过程中，始终坚持"以人为本"，强调"为人性"和"属人性"的原则，从资助对象的基础需要出发，强调人是一切价值的根据、标准和归宿。在具体资助过程中，充分尊重资助对象的意愿，资助方式多元化不仅有直接贷款的方式，还可以通过勤工助学、国家励志奖学金等形式，以一种"润物细无声"式的隐性资助方式维护受资助对象的自尊心和自信心。

其次，高校资助育人体系的发展观与科学发展观理念相统一。科学发展观倡导在"以人为本"的前提下，坚持全面、协调、可持续的发展。高校资助育人体系着眼于资助对象的德、智、体、美、劳全面发展的同时，还关注资助对象的心理健康和思想道德理念的发展，在资助中强调育人。除此之外，我国高校资助育人体系在为贫困学生提供生活和学习的基本保障之外，还及时对资助对象的实际学习状况、个人能力发展水平，以及个人特长等进行测评，对资助对象的年度个人发展能力作出公平、客观的评价，并根据测评结果为具有发展潜力的资助对象提供发展性支持资助，让有能力的资助对象在解除后顾之忧的前提下充分发挥主观能力性，实现全面自由发展。

最后，高校资助育人体系与科学发展的统筹发展理念相统一。科学发展观倡导"统筹城乡发展、统筹区域发展、统筹经济社会发展、统筹人与自然和谐发展、统筹国内发展和对外开放"的方针。我国高校资助育人体系也坚持统筹发展观，随着我国高校资助育人体系的初步完善，我国高校对贫困大学生的资助理念摒弃了传统的以发放补助、贷款和助学金的标准形成的资助体系评价尺度，代之以资助对象为主体的资助行为反馈、调节和约束机制。这种着眼于资助对象发展的理念是以对资助体系中的贷款、勤工助学金、奖学金等的统筹作为前提进行运行的。综上所述，我国高校资助育人体系与科学发展观是根本一致的，符合科学发展观以人为本，全面、协调、可持续的发展理念，符合现阶段我国的总体发展趋势。

（二）高校资助育人体系的教育经济学依据：教育公平与教育效率的动态平衡

教育经济学建立在教育的终极目的与教育所受的生存状况的制约之间的矛盾性的基础上，其主要研究教育参与者群体如何以最小成本获得最大效用，实现最大发展。① 教育经济学的研究内容主要有教育的"生产性"；教育投资与

---

① 张庆祥. 教育资源配置效率研究 [J]. 鸡西大学学报，2004（02）：12.

国民生产总值、国民收入、财政支出之间的比例关系；教育投资在各类教育内部结构中的合理分配；教育投资的经济效益。现阶段，我国高等教育正处于大众教育阶段，即将迈入普及教育阶段。因此，高等教育作为一种公共产品，既具有社会效益，也具有个人收益。从教育经济学的视角来看，在倡导教育公平的前提下，高等教育还应兼具教育效率。

高等教育公平包括两个方面的主要内容：一方面，每位公民在法律保障下享有同等的接受高等教育的权利；另一方面，同等能力的青年，无论年龄、地区、性别、家庭贫富等均有接受高等教育的机会。从教育公平的视角出发，高校资助政策首先应保障每一位考上大学的贫困生在校期间不因经济贫困而辍学，即资助金额能够满足贫困生的保障性需求。高校对贫困生的保障性需求的满足并非局限于单一的资助方式，而是采用多元化的资助方式。一般来说，先通过国家助学贷款的方式满足学生的学费和住宿费用，这一点是资助育人体系中教育公平的体现，确保家庭经济困难的学生不会因为支付能力不够而辍学。除了学费与住宿费用之外，贫困大学生在校期间的基本生活和学习开支在家庭支付能力不足的情况下，学校还提供了勤工助学或无偿补助等形式，以解决大学生在校期间学习和生活的后顾之忧。

除此之外，高校资助育人体系在着重于公平的同时，从教育经济理论来看，也十分关注资助的效率。高校资助育人体系所注重的效率主要体现在两个方面。一方面，即从学生维度来看，高校发展性资助应更偏向于那些发展潜力更大的学生，即品学兼优的优秀贫困生，鼓励并资助他们的发展性需求，以提升高校资助的效率。另一方面，即从资助的种类组合方面来看，高校资助育人体系包含无偿性奖励资助和具有偿还性质的资助。其中，国家贷款即为具有偿还性质的资助，而国家奖学金则为无偿资助形式，为了激励贫困大学生奋发向上，充分激发他们的创新性和创造性，学生的基本保障性需求应为偿还性质的资助形式；而学生发展性资助则应为无偿性质，只有这样才能够确保高校资助育人体系获得更大的效率。

三、我国高校资助育人体系的内容

我国高校资助育人体系的主要内容包括奖学金、贷款、勤工助学金、补助、减免等形式，除此之外，还存在一些隐性资助的形式。这些资助形式从资助方及资助渠道来看可以分为以下几种类型。

（一）高校资助育人体系中的国家政策资助

我国高校资助育人体系中的国家政策方面的资助主要包括国家高等学校奖学金和国家助学贷款两部分内容。

国家高等学校奖学金是我国奖学金制度的重要组成部分。目前我国奖学金制度由国家奖学金、国家励志奖学金及社会团体、基金会、企业等设立的奖学金组成。其中，我国国家奖学金的资助标准为每人每年8000元，旨在对在学习上取得优异成绩、在社会实践中取得重大成果或个人创新能力较为突出的在校学生进行奖励，在校所有学生无论年龄、年级、家庭经济状况，只要符合国家奖学金的评审条件，均有机会获得。国家励志奖学金则是由中央政府和地方政府共同出资设立的，奖励标准为每人每年5000元。国家励志奖学金不同于国家奖学金的无偏差发放，而是专门针对家庭经济困难，但品学兼优、具有自强不息精神的在校学生，凡是符合条件的在校贫困大学生都有机会获得。除了国家奖学金和国家励志奖学金之外，我国政府还针对家庭困难的学生设立了国家助学金，国家助学金根据资助对象的家庭贫困程度还可以细分为特困生资助和一般贫困生资助。国家助学金的发放形式不同于国家奖学金和国家励志奖学金的每年一次性发放，而是一年分10个月将资助款发放到贫困生的手中，确保助学金用于贫困生学习。其中，特困生的国家助学金金额为每人每年3000元，一般贫困生的国家助学金金额为每人每年1500元。我国高校自2002年开始设立国家奖学金制度以来，受到了我国高校广大师生，尤其是家庭经济困难的在校大学生的欢迎，之后一直顺利实施。

我国助学贷款最早于1999年开始在北京、天津、上海、广州等8个大城市进行试点，当年就取得了较好的反馈。2000年9月1日起，助学贷款政策开始在全国范围内推行，之后经过不断完善，成为我国高校资助育人体系中的重要组成部分。我国助学贷款可以细分为三种形式，即国家助学贷款、高校无息贷款和一般性商业贷款。其中，国家助学贷款是国家专门为资助在校贫困生的学习和生活等基础保障而设立的助学贷款，国家助学贷款是由政府主导的财政贴息与高校共同给予银行一定补偿的贷款形式，贷款利率按照人民银行的标准执行。在校大学生所申请的国家贷款金额应与当地的生活水平相符。在校大学生在申请国家助学贷款时，不需要进行任何抵押或担保，只需在毕业后按照有关合同约定按时归还贷款即可。如果申请国家助学贷款的学生在毕业后不能按时归还贷款金额，那么将会承担严重的法律后果。高校无息贷款则是由我国的人民助学金演变而来的，通常由学校为学生办理，每位受资助的贫困学生每年可申领1000元高校无息贷款，用于解决日常学习和生活困难。除国家助学金和高校无息贷款外，一般性商业贷款是面向高校在校贫困学生或贫困学生的直系亲属、监护人发放的商业性贷款。这种一般性商业贷款的目的是资助贫困大学生完成学业，用以支付学费与住宿费，贷款金额多在2000元至3000元之间，一般性商业贷款国家不予贴息，贷款期限不超过大学生毕业后四年。此外，不同银行或金融机构的贷款金额年限也有所区别。

大学生贷款制度一方面为贫困大学生顺利入学完成学业提供了保障；另一方面可以培养大学生自立自强的观念，使贫困大学生在感受到国家、学校和社会关爱的同时，珍惜来之不易的上大学的机会，并培养大学生的同情心和同理心，塑造大学生的优良品格。

（二）高校资助育人体系中的高校方面资助

高校资助育人体系中高校方面的资助通常包括三部分，即勤工助学、困难补助、减免学费。

勤工助学是助学方式的一种，也是对助学贷款的有力补充，是我国高校为完善资助育人体系而进行的创新。我国教育部和财政部规定高校必须从收取的学费中拿出 10% 用于开展勤工助学工作。近年来，随着我国勤工助学政策的不断完善，我国高校现已在教学、科研、后勤等环节均为家庭困难的学生设立了助学金、助研金和助管金等岗位。一般高校的勤工助学岗均设有专人负责，重点确保学生用自己的双手解决自身的经济困难。勤工助学岗与助学贷款、奖学金不同，并非只依靠国家或高校对学生的条件进行筛选就发放资助，而是需要学生通过自己的劳动来换取一定金额的补助，因此，勤工助学是我国高校资助育人体系中的"造血系统"。

困难补助则包括临时性困难补助、节假日困难生活补助。困难补助并非无差别地向所有家庭贫困的学生发放补助，而是针对家庭困难的学生在遇到诸如家庭重大变故、亲人离世等情况时给予学生的一次性无偿补助。困难补助的资助方式可以使学生在家庭遭遇重大困难时加倍感受到学校的关爱和帮助，不仅能够为学生起到直接的帮助作用，同时还可以使学生从内心深处感受到学校和国家的关爱，从而有利于培养学生形成良好的道德品质，激发学生面对困难的决心和信心。

减免学费则是高校针对家庭条件极其困难的学生所采取的一种资助方法，主要针对那些在奖学金和助学金等资助方式难以保障基本生活和学习的学生。我国减免学费制度最早始于 1995 年，同年，我国教育部颁布了《关于对普通高校经济困难学生减免学杂费等有关事项的通知》，该文件中明确提出高校对少数民族地区的学生、烈士子女或来自偏远山区的农村学生减免学费。减免学费的目的是为了帮助学生解除后顾之忧，保障学生在校期间的基本学习与生活。一般来说，高校减免学费制度又可以细分为减免学生包括学费在内的所有费用、减免一半费用、减免 1/3 等不同类型，具体减免情况则根据学校及学生的具体情况而定。

（三）高校资助育人体系中的其他资助渠道

除以上提及的几种资助方式外，我国资助育人体系还包括绿色通道以及隐性资助等形式。

绿色通道制度是我国于2000年开始实施的一种高校资助形式。2000年，我国教育部、财政部和国家发改委共同发布通知，规定全国范围内的各个高校均需建立起"绿色通道"制度。所谓"绿色通道"制度是指高校对于已经被录取入学，而且家庭经济存在困难的新生，一律采取先办理入学手续，后核实情况的方法，通过多样化的资助措施确保每一位新生都能够顺利入学，坚持杜绝贫困大学生因经济困难无法入学，从而导致的辍学现象。"绿色通道"制度的确立，是我国教育公平的一个重要体现。

隐性资助是指高校在常见的贷款、奖学金、勤工助学、减免学费等资助方式之外，结合学校的实际情况对家庭经济困难的大学生采取的一种"润物细无声"式的隐性资助方式。例如，近年来，我国许多学校通过结合学生在学校食堂餐厅的一卡通消费数据，以及学生在学校中的综合表现，为学生发放隐形资助。不同学校在为学生发放隐性资助时的标准不同，然而大体上依据学生每月在食堂吃饭次数和吃饭总金额之间的比例，对每天吃饭平均值低于一定金额的学生进行资助，并按照一定的补助标准，按月或按学期为学生饭卡充值餐补。这种利用学生在食堂用餐的大数据的方式可以较为真实地了解到学生的经济状况，与其他资助方式相比，这种资助方式免去了学生填写各种表格、经历各种烦琐审批的麻烦，同时又避免了学生在公开场合接受补助的尴尬，既精准高效，又维护了学生的自尊心和自信心。因此，一经推出就受到了广大贫困学生的欢迎。目前，这种隐性资助方法已经在全国多所高校中推行开来。

第三节　我国高校资助育人工作存在的问题与原因

我国高校资助育人体系虽然已初步完善，并取得了一定的成果。然而，从资助效果和育人效果来看，仍然存在一些问题。

一、我国高校资助育人工作存在的问题

本节分别从我国高校资助体系上存在的问题和育人功能上存在的问题进行分析。

（一）我国高校资助体系存在的问题

近年来，随着我国高校资助育人体系的逐渐完善，我国高校资助方式呈现出多元化发展的趋势，并取得了一系列资助成果。然而，从我国高校资助体系的实践执行情况来看，仍然存在着诸多问题，主要表现在以下几个方面。

其一，我国高校资助体系的资助对象的规范性和资助政策的科学性有待完善。

当前，我国高校对家庭经济困难学生的界定标准并不统一，而高校对家庭经济困难学生的家庭情况调查大多是让学生提供乡、村等部门开设的贫困证明，以及学生家庭情况调查表来确定学生的家庭经济及受资助情况。然而这种判断学生贫困与否的方式却存在诸多漏洞。一方面，高校凭借书面贫困证明来确定资助对象的方法过于简单，易于造假。学生户籍所在地的县乡镇行政部门在遇到本地大学生申请开设贫困证明的请求时，往往不会拒绝，也不会对学生的家庭经济情况进行详细的核查，会本能地出于帮助本地学生的心理而为学生开设所需证明。因此，一些学生家长为了得到学校的贫困补助，无论家庭是否困难，都会向高校或当地政府申请减免学费的资格。这种做法不仅使高校救助金被滥用，同时严重挤占了真正需要资助的人员名额。另一方面，一些偏远地区真正贫困的学生出于强烈的自尊心，不愿让人知道自己的家庭情况，因此，他们宁愿节衣缩食也不愿意申请资助、接受救助，这种行为使得真正的贫困生在学习和生活之余承担着巨大的心理压力。这种判断学生贫困与否的方法缺乏规范性和科学性。除此之外，我国现有的资助资源还存在分配不平衡的现象，许多学校根据成绩决定奖学金、助学金，甚至隐性补助等受资助对象，然而，来自贫困地区的学生却由于从小无法得到优质的教育，成绩较城市学生相差较远，使得许多贫困学生失去了受资助的机会。

其二，我国高校资助体系的贷款机制和征集体系有待完善。

贷款机制，尤其是国家助学贷款是我国高校资助体系中的重要资助方式之一。近年来，随着我国高等教育收费制度改革的不断深化，现行的助学贷款制度的缺陷也日益暴露出来，主要体现在以下两个方面。

一方面，高校助学贷款限额"一刀切"的规定不能完全解决贫困学生高学费的问题。我国贫困生的助学贷款每年最高限额不超过6000元，这种"一刀切"的方法使助学贷款便于管理。当前，我国高校大多数专业的收费为4000—6000元/年，然而一些艺术专业的学费却普遍高达上万元，这就导致报考艺术专业的学生的贷款不能抵消全部学费，即使顺利申请了贷款，在入学后也免不了为学费和生活费而发愁。为此，我国部分专业的高额费用与助学贷款的最高限额之间形成了一定的矛盾。

另一方面，高校征集体系与国家助学贷款担保之间处于不对等关系。我国国家助学贷款无须担保，而高校征信体系也相对滞后。对银行来说，投放助学贷款在一定程度上具有较大风险，因此，许多银行对投放助学贷款的积极性不高，只是迫于政府的要求不得已而为之。从银行的角度来看，由于银行没有专职人员在高校参与助学贷款的发放与管理，为了使贫困学生在最短的时间内拿到贷款，对高校贫困学生的贷款审批与审查也相对简单，因此，一旦受资助对象不能按时还款，将会使银行蒙受不小的损失。现实中的确有许多受资助对象由于种种原因不能及时还款，造成故意拖欠贷款的现象，最终导致我国国家助学贷款违约率高的现象频频发生。

其三，我国高校资助体系中的勤工助学模式有待发掘。

勤工助学是我国高校资助育人体系中重要的组成部分之一。高校在学生贷款的基础上，为了进一步帮助经济困难的学生，提高学生的生活水平，同时也为了培养大学生自食其力的能力，我国高校为家庭经济困难的学生设立了勤工助学岗位，这些岗位大多为教学助理、图书管理等工作，这些岗位在实践中的确缓解了一部分贫困学生的经济压力。然而，现行的勤工助学模式却存在许多问题，主要表现在以下几个方面。首先，当前我国高校勤工助学的校内岗位较少，这些岗位一般多为基础服务性岗位，所要求的技术能力不高，相应待遇也较低，每月大多只有数百元补助，这些补助难以对贫困学生起到实质性的帮助。其次，当前我国高校内部的勤工助学工作岗位大多为打扫、打杂类工作，一些自尊心较强的贫困生不愿意从事这类工作，而从事这类工作的学生常因此而影响学习，长此以往，不利于受资助学生的身心健康发展。再次，高校之外的勤工助学岗位也相对较少，并且大多数需要受资助对象拥有较高的沟通能力，这就将一些来自贫困地区成绩相对较差、性格内向且自卑的贫困生排除在外。最后，由于高校提供的勤工助学岗位的补助金额普遍较少，许多贫困学生为了获得更多补助，常常从事两份甚至更多工作，从而导致学生的学习时间大部分被占用，同时也错失了与同龄人交往的机会，不利于贫困学生的全面发展。

其四，我国高校资助体系中贫困生的权利和义务不对等。

我国国家奖学金的设立本意为资助品学兼优的学生，使学生在获得保障性资助后，再获得发展性资助，因此，我国国家奖学金所设立的数额较大，使学生轻易即可获得大笔资金赞助，有利于提高学生的创新能力和创造意识。然而，许多高校在实际执行中却存在着种种不良现象。例如，有的学生为了获得国家奖学金而弄虚作假。另外，还存在着许多受资助贫困学生在获得了国家的资助后，较少履行实际义务，使得高校资助体系中贫困生的权利和义务出现不对等的现象。

（二）我国高校资助体系中育人功能存在的问题

我国高校资助育人体系中，资助是手段，育人是目的，因此，在进行资助育人体系设计时，使得每一项资助制度和资助方式都蕴含着丰富的育人价值，以实现确保每一位家庭经济困难的学生上得起学、上得好学、成才且成好才的目标。根据这一目标来看，我国高校资助育人体系的功能具有济困、激励、服务及发展的四大功能。近年来，随着我国高校资助体系的初步形成和完善，我国高校取得了较好的资助育人成果，然而，在育人功能方面仍然存在着一定的问题，主要表现在以下三个方面。

其一，高校资助育人体系对学生的思想引导和心理疏导存在不足。

当前，我国高校资助育人体系侧重于"济困"功能，主要以解决学生的实际困难为要旨，确保实现"不让一名学生因家庭经济困难而失学"的目标，保障每一位考上大学的学生可以接受公平的高等教育机会。然而，国家在大力确保贫困学生的基础性需求时，却忽略了贫困大学生的思想和心理方面的教育和引导。一些高校的教育者天真地认为只要解决了贫困大学生的经济困难，贫困大学生的思想问题也会一并迎刃而解，不重视贫困大学生的思想引导和心理健康引导。这种观念导致贫困大学生的心理出现了诸多问题。大部分贫困大学生在受到国家资助后，均会产生发奋图强的心理，然而一部分贫困大学生在进入大学后亲身感受到了自己家庭与城市生活水平之间的巨大差异，产生了强烈的仇富心理及对社会的不满情绪。还有一部分贫困大学生在享受到国家和高校的无偿资助后，产生了"等、靠、要"的不良心理，这部分贫困大学生在接收到资助后，不将资助用于解决实际学习和生活中的困难，反而用于吃、喝、玩、乐，大肆挥霍资助款项，为了获得更高的资助而制造虚假材料。还有一部分学生则因为强烈的自尊心而出现自卑等心理状态，产生了人际交往困难。贫困大学生的种种思想价值观偏差及心理健康问题又在一定程度上影响了我国高校资助育人的公平性和公正性。

其二，高校资助育人体系不能有效激发学生的情感。

我国高校资助育人体系中的资助项目既包括具有偿还性质的资助，也包括无偿资助。其中，具有偿还性质的资助为贷款资助，贫困大学生在毕业参加工作后有能力偿还贷款时，需逐步偿还资助金额。此外，国家奖学金及勤工俭学需要受资助的贫困大学生在学习上或研究方面取得一定的成就，或通过自身的劳动来换取补助。除此之外，高校资助方式中的困难补助、学费减免以及助学金、隐性资助等均属于无偿资助，除了高校资助育人体系中的资助形式之外，许多高校还设立了企业奖学金和助学金，这些形式的资助方式大多也属于无偿性质。我国高校资助体系中的无偿资助形式本意是为了在解决学生的实际经济困难的同时，让学生充分感受到来自国家、高校和社会的关爱，充分激发学生的爱国情感，以及对国家、社会和高校的高度认同感，培养学生的感恩心理。然而，当前我国高校资助育人体系中的这一情感激发和培育功能却没有得到充分发挥。许多学生在得到资助后，不但没有感恩心理，反而对高校或国家提出了更多的补偿要求，并在没有实现补偿要求后，对高校或教师产生怨恨的不良情感，完全背离了我国无偿贷款设立的初衷。

其三，高校资助育人体系中塑造学生品格的系统不够健全。

我国高校资助育人功能还承担着培养学生诚信品质和自强品格的功能。这种对高校受资助贫困大学生的品格塑造是一个系统工程，也是一项极为复杂的工程，存在于高校各个资助环节，需要不断对高校大学生进行引导。当前我国高校对受资助贫困生的品格塑造和培养存在诸多问题，主要表现在以下三个方面。第一方面，我国高校资助育人体系对受资助大学生的品格教育存在不具备系统性。诚信品质和自强品格的培养不是一朝一夕能够完成的，而是需要经过不断强化和长期、持续的培养。当前我国高校资助体系中对受资助大学生诚信与的自强品格的培养主要通过助学贷款和勤工俭学等资助方式体现出来。由于助学贷款的约束性机制相对缺乏，使得大学生诚信品质的塑造没有相应的制度进行约束，大多数在贷款之前或贷款初期对学生的诚信品质进行要求，然而在贷款后却较少专门对受资助对象开展持续的诚信教育。第二方面，我国高校资助育人体系对受资助大学生的品格教育具有较强的局限性。我国资助项目中的偿还性资助方式相对较少，大多为无偿性资助项目，极易形成受资助大学生"等、靠、要"的不良心理。当前，我国高校资助育人体系中的勤工俭学活动是培养大学生自强品格的主要方式，然而勤工俭学岗位十分有限，不能满足所有经济困难大学生的需求。另外，单纯依靠勤工俭学培养学生自强品格的方式过于单一。因此，高校应在资助的各个环节和各种方式中培养和塑造学生的自强品格。第三方面，我国高校资助育人体系对受资助大学生的品格教育存在与校园文化脱节的现象。高校校园文化环境在培养学生的道德品质中起着极其重要的作用，当前我国高校资助育人体系对受资助大学生的品格教育与高校校园文化的影响作用之间存在着脱节现象，未充分利用校园文化培养学生的诚信品质和自强品格。

其四，高校资助育人体系中对学生整体素质的培养力度不够。

我国高校资助育人体系的主要目的是在解决经济困难学生的后顾之忧的基础上，全面促进学生的身心发展，将学生培养成德、智、体、美、劳全面发展的人才。然而，在实际工作中，高校资助育人体系更偏重于对贫困大学生经济方面的扶助，而忽视了对受资助大学生整体素质的提升。具体表现在以下三个方面。

第一方面，政府和高校在国家"不让一个学生因家庭经济困难而失学"的方针引导下，在对贫困大学生进行扶助的过程中，过分强调对高校大学生的经济扶助而忽略了对大学生的思想品德和素质的培养。第二方面，受资助的贫困大学生在一个开放的校园环境中学习和生活，极易受到校园文化及身边同学的影响。我国高校资助育人体系的育人功能更多地体现在对受资助群体方面，而忽略了对全体学生的教育引导作用，受资助群体在大学校园中属于小众群体。这一群体一方面受到资助体系的教育引导，一方面又受到大众环境的影响，因此，育人质量存在较多变量，育人效果则大打折扣。第三方面，我国高校资助方式注重于对贫困大学生在校期间的经济和生活问题进行解决，然则由于资助方式中"输血"远大于"造血"，导致我国高校学生不易形成可持续发展能力，不利于高校大学生的成长与成才，阻碍了高校受资助大学生的健康发展，以及整体素质的提升。

二、我国高校资助育人工作缺陷的原因

本节分别从我国高校资助体系上存在问题的原因和育人功能上存在问题的原因进行分析。

（一）我国高校资助体系问题的原因

当前我国社会正处于社会转型期。近年来，随着高等教育改革的深化，我国经济发展和教育之间的不同步性导致我国高校资助体系运行中的问题也逐渐暴露出来，并越来越明显。纵观我国高校资助体系中出现的问题主要表现在以下几个方面。

其一，社会环境原因。

社会环境原因是我国高校资助体系问题的首要原因，也是最重要的影响因素。自20世纪末期以来，随着我国高校的扩招，使得高等院校的数量不断增多，大大提升了学生上大学的机会，使得我国高等教育不断朝着大众化的方向发展。另外，随着我国改革开放的深入、社会市场机制的成熟，我国社会的人才竞争越来越激烈，同时对人才的渴求，尤其是对高等教育人才的渴求极大增

强，这使得越来越多的家长选择送子女去大学深造，让子女接受大学教育。由于大学扩招，造成大学现有的软件及硬件设施严重不足，许多高校不得不扩建校区或构建新校区，这在一定程度上增加了高校的财政负担，许多高校的学费大幅提升。更有甚者，一些高校为了创建新校区而扩大招生范围，将教育育人的初衷异化为通过扩大招生而增加高校收入，严重背离了我国高校扩招的初衷。自改革开放以来，我国沿海经济率先发展起来，并迅速崛起，进入 21 世纪之后，我国沿海城市的经济与内陆地区，尤其是与中西部山区相比差距越来越大，沿海地区的大学相对于内陆城市来说更加集中，并且学费大多依照当地经济发展水平而定，这就导致两种现象的出现：一方面，高校扩招为更多学生带来了上大学的机会；另一方面，高校学费的大幅提升使得众多因扩招而带来上大学机会的贫困生望而却步。贫困学生上不起学的问题开始引发社会关注。

其二，政策原因。

我国高校资助体系出现种种不良现象的原因与我国政府及高校的相关政策有着直接关系。首先，从政府角度来看，政府对高校资助体系的支持力度不足，具体表现在三个方面。第一方面，我国政府对高校资助体系的财政拨款与高校的飞速发展不相匹配。自 1999 年以来，我国高校在扩招的政策下，学校人数呈几何式指数增长，然而用于支持高校发展的财政拨款的增长却相对有限，这就为高校的生存和发展带来了一定挑战，只能通过大幅上涨学费进行内部消化和解决。第二方面，国家财政拨款的机制不科学。我国财政拨款的机制是"综合定额 + 专项补助"，可根据高校的招生规模给予高校适当补助，这种方式在一定程度上鼓励了高校盲目扩招，不利于提高我国的教育效率。另外，政府对高校成本进行评估时，往往参考学生的平均成本，在一定程度上忽略了学生的人均支出。第三方面，地方政府在对高校进行拨款时，具体的拨款金额由当地当年的财政收支情况确定，忽略了高校的实际需求，造成高校的投入力度相对较少，限制了高校对贫困生的补助金额。其次，从高校角度来看，高校的发展危机带来的压力。近年来，受我国人口年龄结构的变化、学生生源地选择、毕业生就业差异等影响，我国高等教育的竞争日益加剧。相当一部分没有明显特色的地方高校面临着极其严重的生存危机，为高校的可持续发展带来了阻碍，使得许多高校将更多资金投入到培育特色学科或专业上去而在一定程度上影响了高校对贫困学生的支持力度。

其三，资助制度原因。

我国高校资助育人体系虽然已初步完善，然而仍然存在一些不足，主要表现在我国贫困生资助制度存在不够科学和不规范操作的情况。首先，我国高校资助体系已基本形成，资助政策也较为完善，然而政策执行却并没有严格的量化标准。我国资助政策中规定高校每年将学费的 10% 用于资助贫困学生的专项资助金，然而，当前一些高校，尤其是地方高校本身由于种种原因背负着外债，因此，这些高校并没有能力设置这一专项经费。其次，国家设置了国家奖学金这一制度用于奖励优秀学生，使品学兼优且有发展潜力的学生获得了良好的发展，然而，许多高校在执行这一政策时，普遍存在违规操作，即便品学兼优的贫困生获得了国家励志奖学金，奖学金的全部金额也不归贫困生完全所有，被学校、学生所在系等部门以各种理由截留或扣发，到贫困生手中的金额往往大打折扣。再次，高校贫困生的认定存在一定的不科学和不规范操作，使得贫困生信息缺乏真实性，导致部分家庭经济条件不达标的学生挤占了贫困生的名额，使真正需要帮助的贫困生失去了受资助的机会。最后，我国助学贷款政策中缺乏对助学贷款收益的保障，接受助学贷款资助的学生一旦产生不诚信行为，故意拖欠贷款不还，就会给贷款银行造成损失。近年来，大学生拖欠助学贷款的案例越来越多，变相打击了贷款银行的积极性。

其四，贫困生自身原因。

我国高校资助育人体系强调资助的过程即育人过程，然而，从国家现有的资助方式来看，普遍要求受资助对象具有较强的个人诚信意识。例如，高校贫困生资格申请中避免谎报、夸大等情况；获得资助后应遵循有关规定，履行相应的合同义务，按时归还贷款。在实践中，许多贫困学生走出所在的山村，走进大学后，面对海量的信息和全新的学习与生活环境，在与同龄人相处或共同学习时往往面临着较大的生活压力。许多贫困生认为资助是一种变相的施舍行为，内心难以坦然接受，导致贫困生在与同学相处时存在较强的自卑心理，甚至由此引发自闭心理，觉得自己与同学们相比低人一等。一些贫困学生进入大学校园后，受到拜金主义、享乐主义等的不良影响，产生仇富心理，极易走向极端。在现实中，一些受资助对象在获得国家资助后，不仅没有将所得金钱用于学习或发展自己的特长，而是购买大量奢侈品进行炫富，并为了获得国家资助金而不惜伪造家庭经济情况、恶意拖欠贷款等。

（二）我国高校资助体系育人功能乏力的原因

我国高校资助体系育人功能乏力的主要原因可从以下三个方面进行分析。

其一，高校资助育人功能功利化色彩过重。

高校资助育人体系中育人功能的功利化主要体现在两个方面。一方面，从资助者的角度来看，资助者所秉持的育人意识较为淡薄，资助理念功利化趋势十分明显。我国高校资助者在实际工作中着重致力于我国"不让一个学生因家庭经济困难而失学"的目标，片面地放大了帮助学生解决经济困难的需求，忽视了资助活动中的育人功能，将原本充满思想教育和心理教育的活动简单化为一项单纯的扶贫工作。在现行高校资助系统中虽然存在"奖、助、贷、勤、免、补"等混合资助方式，然而从总体来看，有偿性资助方式居多，而无偿性资助方式相对较少，这种混合资助方式固然能够解决高校受资助贫困学生的经济困难，却易滋生"等、靠、要"的不良思想，使学生对免费得来的无偿资助产生极强的依赖心理。高校德育工作者在实际工作中也忽视了资助的育人功能。高校德育工作者通常由班级辅导员或班主任担任，而资助育人中的思想道德教育与心理教育在很大程度上与我国高校德育工作重合，高校德育工作者却并非在具体的教学过程中针对受资助群体的实践联系相关道德理论进行教学，而将两者完全割裂，在脱离实际的情况下空谈道德理论，造成资助体系中育人功能乏力。

另一方面，从受资助者的角度来看，我国高校资助育人中受资助者的功利思想过于严重，导致资助体系中的育人功能乏力。我国高校受资助者在接受资助的过程中出于功利心理，产生了一系列不良行为。部分受资助学生在接受资助过程中产生的"等、靠、要"的思想极为突出。随着我国资助体系的完善，资助方式不断丰富，使得一些受资助的贫困生产生了凭借一纸贫困证明就能获得更多资助的思想，过于对外界的资助产生依赖，从而产生惰性思维，以及不劳而获的思想，随着不劳而获思想的日益膨胀，进而形成了骗取资助的思想。另外，一部分受资助的大学生依靠贫困证明获得了助学贷款，然而在功利心的作用下，毕业后却不想归还贷款，导致一系列恶意逃贷行为，对整个大学生资助贷款体系产生了极为恶劣的不良影响。近年来，随着我国资助育人体系的初步形成，资助方式越来越丰富，资助手续和环节也越来越顺畅，使得部分经济困难的学生极为轻易地就可获得可观的资助，这不仅没有激发受资助大学生的感恩心理，反而使得受资助大学感恩意识淡薄。随着我国资助方式的多样化，以及获得资助过程的流畅化，一些大学生不惜伪造证明骗取贫困补助，而一部分家庭经济困难的学生受到拜金主义、享乐主义等负面影响，片面追求金钱和利益，严重违背了资助育人的内涵。

其二，高校资助育人的制度不健全。

高校资助育人体系虽然已初步建立起来，然而高校资助育人的管理制度却存在不健全的情况，主要表现在以下几个主要方面。

首先，我国高校资助育人管理制度存在不完善的地方。我国高校资助育人管理制度包括贫困生认定办法、基本资助项目的管理办法，以及有关资助手段和资助准则的规定。我国高校贫困生的认定基本采用贫困生个人申请的方式，由贫困学生提供个人家庭贫困的证明，经由民主评议后再由学院确定贫困生名单，这一流程中隐含着一定的不确定性，即只要学生能够开具家庭困难证明，无论学生家庭条件贫富，均可以受到资助，这一制度漏洞为一些具有不法思想的学生提供了可乘之机。从高校资助项目的管理办法来看，我国高校资助方式中缺乏完善的育人机制。例如，我国学生贷款即由家庭贫困学生提出申请，经由学院审批后，再分别由学校和银行审核通过即可予以办理，此外，贷款方法中往往还对贷款到期后不及时按照规定还款及恶意拖欠贷款的行为进行了规定，即对于不按时还款的学生，银行可以将学生的信息在媒体上公布。然而，这种惩罚措施对于恶意欠款者并不能构成实质性的威胁，贷款制度管理中的诚信教育和监管机制不健全。勤工助学岗位的管理者也更加注重对学生的工作管理，而非育人管理。

其次，我国高校资助育人体系中的保障制度存在不完善的现象。当前高校资助育人体系中对受资助者进行管理的人员多为辅导员或班主任，这两者所面对的工作极为繁杂，他们的时间和精力常被挤占，使得高校资助育人的功能没有落到实处，同时也没有达到最大效益。

再次，我国高校资助育人体系中的监督制度和评价制度不健全，导致我国对贫困大学生的资格认定方法缺乏有效的监督和管理。

最后，我国高校资助育人体系存在着评价单一的情况，一般侧重于对学生的资助金额和经济帮助进行评价，而缺乏对学生的心理、思想及学业发展状况的评价。

其三，高校资助育人过程不规范。

我国高校资助育人体系中强调资助过程即育人过程，然而在实践中却存在着育人过程过于简单的情况。我国高校资助育人体系中的资助操作过程一般由高校资助中心的老师根据高校所获取的总资助金额确定受资助贫困生的名额，再将这些名额平均分配至每个学院，学院再将这些名额分配到各个系和各个班级，班级辅导员根据所分配的名额与本班贫困学生的数量召开民主评议会议，通过民主评议会议等方式确定受资助对象，并将受资助对象层层上报，最后报给银行后，由银行统一将资助金额打到受资助对象的卡上。在这一过程中，学校更加重视物质化，而不重视育人工作，无法成功将资助育人的内涵传递给学生，让学生在资助过程中充分感受到党和政府、高校，以及社会对他们的关爱，没有起到育人的功效。

综上所述，近年来，我国高校资助育人体系虽然取得了一些成效，然而无论在资助工作方面，还是育人工作方面均存在一定的缺陷与不足。

第三章 高校资助工作的育人功能研究与探索

我国高校资助工作经历了数十年的发展后，初步形成了较为完善的高校资助育人体系。2007 年，我国出台了《关于建立健全普通本科高校高等职业学校和中等职业学校家庭经济困难学生资助政策体系的意见》之后，我国教育部、财政部等相继出台了一系列配套实施措施，形成了以"奖、贷、助、补、减"，以及新生"绿色通道"六位一体的资助体系，初步形成了高校资助育人体系。其中，育人功能在高校资助育人体系中具有极其重要的作用。本章主要对高校资助育人体系的育人功能的理论基础、特点及原则，育人功能的主要内容，育人功能的制约因素及对策进行分析。

第一节 高校资助工作育人功能理论基础、特点及原则

高校资助过程即为育人过程，这是我国高校资助育人体系一直坚持的原则，因此，育人功能是我国高校资助育人体系中的核心功能之一。本节主要对我国高校资助育人功能的理论基础、特点及原则进行分析和阐释。

一、我国高校资助育人体系中育人功能的理论基础

我国高校资助育人体系中育人功能的理论基础主要体现在以下几个方面。

（一）我国高校资助体系中育人功能的政策支持

高校作为教育场所，教书育人是其首要任务和功能，高校不仅在实际教育实践中实现育人功能，还在资助工作中强调育人功能。高校资助体系中的育人功能受到我国政策的大力支持。我国《国家中长期教育改革和发展规划纲要（2010—2020 年）》中强调："把育人为本作为教育工作的根本要求。人力资源是我国经济社会发展的第一资源，教育是开发人力资源的主要途径。要以

学生为主体，以教师为主导，充分发挥学生的主动性，把促进学生健康成长作为学校一切工作的出发点和落脚点。关心每个学生，促进每个学生主动地、生动活拨地发展，尊重教育规律和学生身心发展规律，为每个学生提供适合的教育。努力培养造就数以亿计的高素质劳动者、数以千万计的专门人才和一大批拔尖创新人才。"① 高校学生无论家庭经济状况贫富都应享受到公平、优质的高等教育服务，因此，高校贫困生是高校学生的重要组成部分，从经济状况和心理压力来看，高校贫困生又是高校中的弱势群体。

近年来，随着我国高校扩招政策的实施，为许多大学生带来了进入大学学习的机会，同时也为贫困大学生带来了接受高等教育的机会。为了使每一位高校家庭经济困难的学生不因为经济问题而辍学，我国建立了相对完善的经济援助政策。此外，由于高校贫困生通常还承担着极为严重的心理压力，为此，我国高校资助体系在对贫困生进行经济援助的同时，坚持育人为本，在资助过程中充分贯彻社会主义核心价值体系的教育，将育人行为渗透在高校贫困生资助的各个环节，从国家、高校及家庭三个层面，加强对贫困学生的思想政治教育工作，提高育人效果。

高校资助体系中的育人功能是理论与实际相结合的高度体现，这一点主要体现在两个方面：一方面，我国高校资助体系中的育人功能是在国家有关政策的基础上实施的，与我国社会发展和教育建设中的理念相一致；另一方面，高校资助过程中蕴含着十分丰富的育人资源，只要善加利用，就可以使资助过程成为培养高校贫困学生思想道德教育的载体和手段，将经济资助、物质资助和精神资助三者充分结合起来，实现资助过程中的育人价值。

（二）我国高校资助体系中育人功能的需要支持

根据心理学家马斯洛的需求理论，人的需求从低到高可以分为生理需求、安全需求、归属与爱的需求、尊重需求、自我实现的需求等五种需求。马斯洛的需求理论应用于高校资助体系中，与我国的国情相结合体现在育人功能上即形成了以下几个种需求。

其一，高校资助体系中的育人功能是贫困学生健康成长的需要。

高等教育是一个国家最为重要的教育阶段之一，直接关系到国家未来人才素质的培养，甚至关系到国家未来的发展。高等教育阶段不仅要培养学生系统的科学文化知识，还要培养学生健全的人格、高尚的情操及鲜明的创新精神，

---

① 顾明远 . 学习和解读《国家中长期教育改革和发展规划纲要（2010—2020）》[J]. 高等教育研究，2010,31(07)：1.

帮助学生树立正向的、积极的人生观、价值观和世界观。一般来说，学生作为社会中的弱势群体，其成长受到所在家庭的经济条件、家庭成员的素质、所在地区的总体教育水平等种种因素的影响。家庭经济困难的学生受家庭经济条件所限，使学生在各个成长阶段难以享受到优质教育，同时与同龄人相比承担着较为沉重的心理压力。这些压力的累积，常常使贫困生在成长中养成了自卑的性格，在学习上及与同学的相处中表现出缺乏自信的现象。这种心理现象不利于学生的学习和身心发展。据有关数据统计，大约近1/3的贫困大学生在成长过程中遇到了各种问题。

我国高校资助体系可以通过各种方式帮助贫困大学生解决面临的实际经济困难，使得贫困大学生在考上大学后可能通过助学贷款政策及"绿色通道"政策顺利入学，不因学费而辍学，而是和其他学生站在同一起跑线上，享受高等教育资源。这种资助策略不仅可以解决学生的后顾之忧，而且可以极大地减轻学生的心理压力，帮助学生走出自卑，重新树立自信，培养学生健全的人格。在助学贷款之外，贫困学生在解除了后顾之忧后，通过全身心地投入学习，不断提高学习能力，并以出众的成绩或看得见的进步争取高校的奖学金，通过获得奖学金来解决生活费，进一步减轻家庭经济负担。除此之外，当学生遇到家庭重大困难，或家庭出现重大变故时，学生还可以申请特殊困难补助，以为学生提供一个相对稳定的学习环境，使贫困生能够专心学习，不断提高知识水平和专业素质，为毕业后顺利参加工作奠定基础。此外，高校资助体系在对学生进行经济资助的同时，还会关注贫困大学生的心理健康，让贫困大学生充分感受到来自国家、社会和高校的关爱，使大学生形成感恩心理，帮助大学生树立正确的世界观、人生观和价值观，使大学生在摆脱自卑、建立自信的过程中，身心得到健康发展。

其二，高校资助体系中的育人功能是社会教育公平的需要。

教育公平，即国家对教育资助进行配置时所依据的合理性的规范或原则。教育公平理论是高校资助育人体系的基本理论之一，也是世界高校普遍遵从的理论。教育公平涉及两个方面，一方面为学生所获得的教育权利平等，另一方面为学生所获得的教育机会均等。教育权利是每位合法公民所享有的基本权利。近年来，随着我国社会经济的飞速发展及高校扩招，我国高等教育已进入大众化阶段，并朝着高等教育普及性阶段迈进，这为我国推行教育公平政策奠定了基础。

从我国国情来看，改革开放以来，我国国民经济取得了飞速发展，在长期的发展过程中形成了城乡二元化格局，东西部经济发展不平衡等社会现象，这种现象是由我国特殊的国情造成的，同时也是社会主义发展必经的阶段，这种城乡之间和东西部之间的经济发展之间的巨大差异，造成了我国教育发展的不平衡现象。这一教育现象受到社会的普遍关注，近年来，为解决这种城乡之间、东西部之间教育发展不平衡的问题，我国出台了一系列政策，努力促进社会公平。高校资助体系的建立和完善是推动教育公平的基础，我国高校资助体系通过"绿色通道""高校助学贷款""奖学金"、助学金及其他资助措施，使得贫困学子可以解决经济困难，确保高校贫困生公平地获得进入高校上学的权利，实现"不让一个学生因家庭经济条件困难而失学"的目标，满足社会对教育公平的诉求。

其三，高校资助体系中的育人功能是贫困生逐渐融入社会的需要。

人类生活在一定的社会环境中，人的成长和学习过程也是逐渐社会化的过程，个体只有在了解了自己在群体和社会结构中的地位，并明确和遵从社会对自我的角色期待后，才能顺利地实现完成角色义务。大学与小学和中学相比，其学习环境更加开放，学生在开放的大学校园中生活，有利于学生个性的形成与发展，顺利地实现从学生身份向社会人身份转变。根据青少年的心理发展规律，处于这一阶段的青少年心理发展尚未达到成熟，缺乏自我控制和自我调节能力，人生观、世界观和价值观正处于形成时期，自我心理调节能力不强，内心极度敏感。家庭经济困难的学生由于肩负较重的经济压力，与其他同学相比，常常无法正确认识自己、放平和摆正心态，从而出现盲目的自卑心理，并在这一心理的影响下，出现一系列无法融入大学学习和生活的行为，影响部分贫困学生的身心健康发展，导致其无法适应社会的发展。

高校资助育人体系在对贫困学生进行经济援助的同时，通过加强对贫困学生的心理引导和挫折教育、感恩教育等，鼓励高校学生自立自强，通过勤工助学或社区服务等实践机会，使学生在收获经济补助的同时，不断开阔眼界，学习与社会如何良好相处，使贫困学生正确认识自己的能力，摆正自己在家庭和社会中的位置，逐渐走出盲目自卑心理，重新树立对学习和生活的自信，逐渐从不成熟心理向成熟心理发展。贫困学生在获得资助的同时，可以接触到众多与自己情况相似的受资助的学生，并逐渐在相似的群体中建立起人际关系网，培养学生的人际交往能力，使学生顺利融入集体生活。除此之外，学生在接受资助的过程中，可以接触到同样家庭贫困却学习优秀或取得突出成绩的学习榜样，以此激发贫困学生的自主意识，提高贫困学生的学习意识和改变命运的决心，不断提高贫困学生的自我效能，从而达到贫困学生的心理发展与社会、环境和他人关系相协调发展的作用，使贫困学生融入社会，完成社会角色转化。

其四，高校资助体系中的育人功能是构建和谐社会的需要。

和谐社会是指社会主义和谐社会，党的十六大提出构建和谐社会的理论以来，我国不断朝着这一目标和方向发展。构建和谐社会并不是依靠一个人或一部分人的力量，而是需要举全社会之力来共同建设，涉及各类人群和社会的各个行业，以及各个层面。高校是国家教育文化的核心，承载着为社会培养合格人才的重任，也是构建和谐社会的重要组成部分，是构建和谐社会的基础。

改革开放以来，我国区域经济发展不平衡，城乡经济呈现出二元化的对立现象等，造成了我国贫富不均的社会现象。由于高等教育制度改革及高校成本分摊制度等的实施，为家庭经济困难的学生带来了十分沉重的经济压力。此外，近年来，由于受到自然灾害频发的影响，以及国际金融危机的影响导致一些家庭的经济状况发生了变化，导致高校家庭经济困难的学生的数量不断攀升。据我国有关学者调研发展，我国家庭经济困难的学生中因地处老少边穷地区而导致家庭经济贫困的学生占绝大多数，其他由单身致贫、孤儿、自然灾害，家庭危重病人及城镇下岗职工等家庭环境而导致的家庭经济困难的学生占比也较大。例如，2020年南方地区屡次爆发数十年，甚至百年罕见的洪水，许多家庭遭受了严重的财物损失，从而造成家庭经济困难。

一般来说，家庭经济困难的学生与家庭经济条件较好的学生更易出现心理和思想问题，这是因为家庭经济困难的学生与家庭经济条件较好的学生相比，在衣、食、住、行等方面与其他学生的差距较大，为了改变自己的经济条件，一些学生选择在课余时间兼职以获取一定的经济报酬。然而，如果兼职工作超出了一定时限后就必然会影响学生在学习上的精力投入，进而影响到贫困学生的学习成绩，而学习成绩不好又会引发贫困学生对未来前途的担忧。长期处于这种担忧和对比之中，极易引发贫困学生的不健康心理，增加社会的不稳定因素，为和谐社会的建设带来一定的隐患。社会中出现的收入差距加大社会经济发展不平衡正是造成社会不和谐现象的本质源头，而家庭经济困难学生数量的增加也会影响和谐社会的构建。高校资助育人体系的建设和完善，不仅确保了不同家庭经济状况学生接受高等教育的公平性，同时，通过对家庭经济困难学生的心理和思想进行引导，使其认识到改变家庭经济状况的途径是通过努力学习，不断提高自身能力，从而在走上社会后，以出众的才能改变自己和家庭的命运，在无形中消除了社会不和谐和不稳定的隐患，为构建和谐社会奠定了基础。

二、我国高校资助育人体系中育人功能的特点及原则

我国高校资助育人体系中的育人功能与其他国家高校资助育人体系相比，具有以下特点与原则。

（一）我国高校资助育人体系中育人功能的特点

我国高校资助育人体系中育人功能的特点主要表现在以下几个方面。

其一，我国高校资助育人体系形成了以人文关怀为主的育人特点。

我国高校资助育人体系着重以尊重人、关心人为基础，尊重学生获得公平教育机会的权利，关心家庭经济困难学生的心理健康和思想道德发展情况。这一育人功能特点与我国教育的发展方向基本相同。所谓人文关怀，即尊重人、关心人、理解人、发展人。早在 2007 年，我国就将"人文关怀"写入了党和国家的文件中，作为加强和改进学生思想政治工作的主要指导方针。尤其是近年来，随着我国社会经济的不断发展和改革开放的深入，我国社会正处于极为关键的转型期阶段。在这一阶段，我国教育环境空前开放，各种思想和观念随着互联网传播方式的崛起而对高校学生产生影响。由于高校学生正处于心理发展的关键时期，人生观、价值观和世界观正处于形成时期，极易受到外界不良思想的影响。这一时期还是我国高等教育进行改革的关键时期，随着我国高等教育从大众化向普及化阶段发展，我党和国家进一步加强了对高校学生思想政治工作的管理，打破了以往传统思想政治教育中"以教为主"的满堂灌、填鸭式教学方式，而是通过加强对个体内心和发展的关注和关怀，朝着自主德育的方向发展，通过人文关怀的方式加强对个体德育的引导，不断提高思想政治教育的效果。

我国高校资助育人活动的本质是"以人为本"，通过人文关怀加强育人效果。我国高校资助育人体系中人文关怀的特点之一，即尊重学生，尊重家庭经济困难学生的平等入学权，并通过为学生提供适合的资助措施，满足学生在经济方面的基本需求。我国高校资助育人体系中人文关怀的特点之二，即理解学生。一般来说，高校家庭经济困难的学生因在衣、食、住、行等方面与周围学生存在差距，因此，易产生自卑心理，高校资助育人体系中的人文关怀则可以使学生产生被认同和被理解的情感，从而了解学生的真实诉求，把握学生真实的内心变化，增强育人的针对性，从而使学生走出不良心理，树立积极心理。我国高校资助育人体系中人文关怀的特点之三，即发展学生。在高校资助育人体系中，始终将高校学生的资助放在促进学生发展的角度。我国高校资助育人体系的建立并非为了解决高校家庭经济困难学生的一时之困，而是为了在此基

础上实现人才培养的目标，在保障家庭经济困难学生的基本学习和生活之外，满足学生在学习、思想、心理等方面的发展需求，培养品学兼优、综合素质出众的优秀大学生。

其二，我国高校资助育人体系形成了以助困为主的育人特点。

我国高校资助育人体系与国外高校资助育人体系相比，形成了以"助困"为主的特点。所谓助困，即帮助家庭经济困难的学生解决学习和生活中存在的经济困难，以在此基础上，实现学生的全面发展。高校资助育人体系中的助困包括两个方面，一方面，通过经济帮扶，使学生获得接受高等教育的机会。对家庭经济困难的学生来说，高昂的学费是横亘在他们与理想大学之间的一道无形障碍，而高校资助育人体系可以通过助学贷款、绿色通道及学费减免等方式帮助他们跨越这一障碍，从而迎来与其他高校学生相同的接受高等教育的机会。此外，进入学校后，高校资助育人体系还通过奖学金、勤工助学以及隐性资助等方式，帮助学生解决生活上遇到的种种经济困难。另一方面，通过思想引导和心理帮扶帮助家庭经济困难的学生消除不良心理，树立积极心理，形成健康的生活方式。我国高校资助育人体系的目标是促进学生身心健康发展。对家庭经济困难的学生来说，经济帮扶是一方面，更重要的是让学生树立起自强不息、感恩上进、努力拼搏的精神，只有使学生形成这种心理，才能激发学生强烈的学习意愿和改变现状的意愿，才能将外在资助转为内在资助，从"输血"转为"造血"，以真正实现资助育人的目标。

其三，我国高校资助育人体系形成了以优化发展目标为路径的育人特点。

我国高校资助育人体系并非只满足于保障家庭经济困难学生的基本经济需求的目标，而是通过不断帮助学生明确生命的价值，引导学生树立正确的人生观、世界观和价值观，不断促进学生学习能力与综合素质的发展，起到不断优化贫困学生人生发展的作用。具体来说，高校资助育人体系中的优化发展目标从以下两个方面体现出来。一方面，高校资助育人体系以培养和发展学生的综合素质为主要目标。大学生作为我国未来的建设人才，其素质可以划分为思想道德素质、身心健康素质、科学文化素质及专业创新素质等多个方面。大学生的综合素质是建立在科学文化素质基础之上的，高校资助育人体系通过经济资助解除贫困大学生的后顾之忧，使其全身心地投入到学习中，从而不断提高科学文化素质，科学文化素质的提高有利于学生建立自信，正确认知自己的能力，从而促进专业创新素质及社会交往素质的发展，最终达到贫困学生身心健康发展的目的。另一方面，高校资助育人体系通过帮助学生获得学习机会的同时，使学生感受到国家、高校和社会的关心与爱护，从而培养学生的感恩意识，并通过引导学生将社会的关心与爱传递下去，培养学生树立创造更高人生价值的目标，形成不断积极进取和开拓创新的优良品质。

（二）我国高校资助育人体系中育人功能的原则

我国高校资助育人体系中育人功能的原则主要包括以下几个原则。

其一，物质帮扶与精神帮扶相统一原则。

俗话说，扶贫先"扶志"。我国高校资助育人体系中育人功能的原则之一，即将物质帮扶与精神帮扶结合在一起。所谓物质帮扶，即通过外在的资助方式给予家庭经济困难的学生一定的经济资助，以满足学生上大学的基本要求，同时保障学生的生存需求。精神帮扶，即通过激励家庭经济困难的学生树立起自强自尊的心理，建立起正确积极的人生观、世界观和价值观，激发学生通过努力学习来改变自身和家庭命运的决心和信心。从物质帮扶和精神帮扶的性质来看，物质帮扶属于外在"输血"行为，即通过外在资助帮助受资助者解决一时的经济困难，物质帮扶不能解决受资助者的根本问题，只能解决其一时之困，如果物质帮扶过多、过于频繁，则易使受帮扶贫困学生产生依赖心理，不利于受资助者建立正确的世界观、人生观和价值观。而精神帮扶则属于"造血"性质，即受资助者在外在力量的帮扶下，通过培养个体积极的学习精神，以及坚强的意志，面对挫折和困难的勇往直前的精神，不断通过探索和创新找到改变现状及命运的路径，从而使高校贫困生在渡过一时的经济难关之后，能够凭借自己的能力和双手改变现状。我国高校资助育人体系将物质帮扶与精神帮扶相结合，从人的可持续发展角度实现资助的育人功能。

其二，阶段帮扶与持续帮扶相协调原则。

阶段帮扶主要是指物质帮扶。家庭经济困难的大学生在求学阶段，由于自身没有谋生的能力和时间，而陷入一时贫困之中，然而大学作为国家培养高级人才的地方，其培养出来的大学生大多具有较高的专业能力和综合素质，在进入社会后能够独当一面，从而通过个人的努力改变个体和家庭的贫困状况。此外，阶段帮扶的另一个重要原因是大学作为学生教育的一个阶段，学生在学校所接受的教育具有一定的时间限制，属于阶段性的发展。而持续帮扶则是指精神帮扶，高校资助育人体系通过帮助家庭经济困难的学生解决经济困难，为贫困大学生提供接受高等教育的机会。在此期间，通过精神帮扶，帮助贫困大学生逐渐走出因家庭经济困难导致的自卑心理，重新树立自信。通过积极的心理发展，以及学生综合能力和综合素质的培养，使大学生具备在社会上独立谋生的能力，不断培养学生的可持续发展能力，以使受资助贫困学生更好地适应未来社会的竞争。通过阶段帮扶与持续性帮扶相结合的原则，不断培养受资助学生适应社会的能力，使其将来走出校门，走进社会后，在激烈的社会竞争中占有一席之地。

其三，帮扶过程与帮扶结果目标相统一原则。

高校资助育人的过程并非是一个静态活动，而是一个动态的、不断发展的过程。在这一过程中，从帮扶过程来看，是一个通过资助行为，不断培养受资助学生的综合能力的过程，而这一过程与资助行为的目的是统一的，即将受资助的学生培养成符合国家和社会需要的人才。高校资助过程包含两方面的意义。一方面，高校资助过程是资助者与被资助者之间的生命本质交换过程。资助行为本身蕴涵着极为高尚的意义，即关爱和扶助他人，在这一过程中，受资助者可以深深地感受到资助者所释放的善意、爱心及高尚的道德品格。因此，资助过程不仅是对受资助者的物质帮扶过程，还是对受资助者的精神帮扶过程。另一方面，资助过程也是受资助者不断修正自我认知，完善自我认知和自我选择的过程。受资助者在接受资助的过程中，不断了解个体家庭在社会上所处的位置，加强对自我的认知，并在此基础上确立学习目标，改善自我行为，不断增强自我素质。这样的引导使学生在教育及自我教育的过程中不断朝着提高学生综合素质，培养学生在激烈社会竞争中的竞争力，最终实现培养学生成才的目标。

其四，个别帮扶与普遍教育相结合原则。

高校中的贫困生比例与非贫困生比例相比，贫困生的数量较低于非贫困生数量，高校资助育人体系是针对高校家庭经济困难的学生而设计的，因此，对全体大学生而言，受资助的贫困学生只是其中的一小部分，然而从高校资助育人体系中的育人功能来看，资助体系的育人功能不仅体现在受资助者身上，还体现在全体学生身上，即遵循个别帮扶与普遍教育相结合的原则。这一原则主要体现在两个方面。一方面，我国高校资助育人体系通过对贫困学生的帮扶，在减轻贫困学生经济负担的同时，不断培养贫困学生的综合素质，而贫困学生的努力学习和积极面对生活的态度，则可以影响周边的学生，为周边学生树立学习榜样，带动整个宿舍、班级甚至年级的学习氛围，同时不断提升学生整体德育素质的发展。另一方面，个体的心理发展及行为活动受到周围环境的影响，贫困生在大学进行学习和生活时，难免受到周围思想和观念的影响。如果贫困的生所在的高校校园环境及班级学习风气较好，那么贫困学生受周围环境的影响，必然会产生较强的学习意愿，从而有利于培养学生的整体素质。相反，如果大学生所在高校的校园环境和班级学习氛围较差，势必影响高校贫困学生的学习和心理发展，易受周围环境影响，产生不良道德心理和行为。因此，在高校资助育人体系中发挥育人功能应坚持将个别帮扶与普遍教育相结合的原则，为贫困学生营造良好的资助育人氛围，并通过资助育人行为提高全体大学生的素质。

第二节　高校资助工作育人功能的主要内容

我国高校资助育人功能的主要内容包括五个方面，即思想引导功能、情感激发功能、心理疏导功能、品格塑造功能及素质提升功能。

一、我国高校资助育人体系中的思想引导功能

我国高校资助育人功能主要是通过思想引导功能来实现的，因此，思想引导功能是我国高校资助工作育人功能中的重点也是核心部分。高等教育阶段是一个极为特殊的教育阶段，这一阶段是个体人生观、价值观及世界观的形成时期，也是个体心理发展的成熟时期，这一时期如果大学生不能形成正确的、积极的价值观，那么将会对大学生今后人生发展产生极大的负面影响。由此可见，我国高校资助育人体系中的思想引导功能十分重要。思想引导功能在高校资助育人体系中主要体现在以下两个方面。

（一）引导学生树立正确的世界观、人生观和价值观

近年来，随着我国改革开放的深入发展，以及互联网信息技术的发展，各种思潮和观点在世界范围内的传播越来越快捷。尤其是我国现在处于社会大变革时期，各种思想和观点横行，并通过互联网系统和通信设施进行传播。初入校园的大学生在告别高中时期相对封闭的生活，来到大学校园中后，由于学生的心理发展尚未成熟，极易受到各种价值观的影响。尤其是近年来，随着互联网的普及和发展，越来越多的学生习惯从网络上了解新闻及周边发生的大事，而网络在为人们提供便利的同时，由于其开放性、虚拟性等特点，易使大学生在进行信息检索或交际中受到不良信息和价值观的影响，从而造成网络大学生失范行为。这些均不利于大学生树立正确的世界观、人生观和价值观。

家庭经济贫困的大学生进入大学后，会猛然发现自己在衣、食、住、行方面与周围同学之间的巨大差距，这种差距不仅会使处于心理敏感时期的大学生产生极其强烈的自卑心理，随着生活中与学习中贫困学生受到的负面刺激越来越多，易使其产生强烈的仇富思想，形成敌视社会的思想，或走向另一个极

端，产生强烈的拜金主义思想，认为人生的主要目的即为金钱和享受。这些不良价值观和思想不仅不利于学生的大学学习与生活，也不利大学生今后人生的发展，易产生社会不稳定因素。因此，高校资助体系育人功能中首先需对贫困学生的价值观进行引导，引导贫困学生建立正确的世界观、人生观和价值观。具体可以通过资助过程中高校、社会和政府对学生的关怀，使学生感受到人生中超越金钱和物质之上的高尚品德，以及关注社会发展和贫困群体命运的高尚情操，引导学生树立正确的人生观、价值观和世界观，建立更高的人生追求。通过对高校贫困学生的资助行为，减轻学生的心理压力，与此同时，引导学生走出自卑心理，通过在学习上投入较多精力，提高学习成绩，重新建立自信。

（二）引导受资助的贫困学生树立责任理念

我国高校资助育人体系中设立了多种资助项目，其中既有普通的助学贷款资助、奖学金资助、减免学费资助方式，还包括减免学费，以及减免贷款等方式。我国高校资助体系中如果贫困学生在入学时或上学期间申请了助学贷款，毕业后，受资助学生选择到基层、西部地区或从事国家认定的艰苦行业等，国家会视其工作行业或在这些行业内服务的时间，对受资助的学生给予一定贷款减免的政策措施。此外，如果家庭经济困难的学生选择师范行业，并在毕业后回到原籍从事基础教育服务工作，国家还可以给予其免除学费等待遇。这些资助措施，一方面，有效缓解了家庭经济困难的学生在上大学期间的经济困难；另一方面，国家的这些措施还有利于对大学生形成激励，使家庭经济困难的学生体会到强烈的责任感和使命感，从而引导受资助的学生树立责任理念。

近年来，伴随着我国高校对大学生责任意识的培养，以及对从事特殊行业大学生的奖励或资助措施，越来越多的大学生在毕业后，选择到西部地区支教或从事其他基础服务工作，这部分学生中也包括许多家庭经济困难的受资助的贫困生。这些家庭经济困难的学生在获得国家、高校或社会资助后，重新回到家乡，参与家乡建设，或到国家更需要的边远山村去从事艰苦行业。从一个被资助者转变为一个资助者，通过帮助他人，或在国家需要的岗位上建功立业，将资助的爱心传递下去。我国高校资助育人体系中的这种对学生责任理念的引导和树立，不仅有利于学生形成正确的价值观，推动学生身心健康发展，还对推动我国区域经济的发展起到了较大的推动作用。

二、我国高校资助育人体系中的情感激发功能

情感激发功能是我国高校资助育人体系中育人功能的重要因素，也是我国

高校资助育人体系中的核心因素之一。我国高校资助育人体系中情感激发功能主要表现在以下两个方面。

其一，激发学生崇高的爱国精神和爱国情感的功能。

我国高校资助育人体系是我国政府为了帮助家庭经济困难的学生的一种极其重要的措施，通过对家庭经济困难的学生的资助，使其得以和其他家境较好的同学一起享受到优质的高等教育。我国政府的这种爱民和惠民政策，家庭经济困难的受资助学生及其家庭是直接受益者，他们能够更加直接和深刻地感受到党和国家的关心与帮助。因此，在高校资助体系的育人功能中，可以从这一点着手，激发受资助的贫困学生的爱党爱国情感和精神。

现阶段高校大学生大多出生于改革开放之后，多为90后，甚至00后，他们自出生后，没有经历过与党和国家共同奋斗的年代，人生大多没有经历过挫折。他们生活在互联网时代，没有亲历过艰苦奋斗的时期，他们缺少60后、70后对国家从新中国成立一路走来的艰难和不易的见证与体验，也难以感受到60后、70后，以及80后对国家自改革开放以来，社会在巨大变革中飞速发展的强烈的自豪感。他们大多从网络上接收和观看新闻，较少直接与党和国家政府部门接触，对党和国家的认知较浅。高校资助体系则通过对家庭经济困难学生的资助与支持，使接受资助的贫困生亲身感受到党和国家的关心与关爱，从而加强学生对党和国家的理性认知，激发受资助的贫困学生的爱国和爱党之情。大学生正处于价值观形成时期，其思想和行为易受外界的引导，在激发受资助大学生的爱国和爱党之情后，可以通过对其爱国和爱党情感的引导，纠正学生的日常行为，使其在具体的学习和生活中自觉践行爱国和爱党行为。

其二，激发学生感恩意识的功能。

我国高校资助育人体系还可以激发受资助学生的感恩意识。感恩教育是近年来我国教育界十分流行的一种教育形式，大多数感恩教育即利用节假日，尤其是父亲节、母亲节、教师节、中秋节、春节等节日之际，由学校组织大型亲子活动，激发学生内心深处对父母、教师及学校的感恩情感。感恩，作为人类高尚道德情感之　，其首先是他人对自我付出的一种肯定与认同，其次则是对这种付出行为的一种回报。感恩是中华民族的传统美德，早在《诗经》中即有"投我以木桃，报之以琼瑶"之句，在我国传统社会中，感恩作为一种人的基本道德修养，是衡量个人品德的重要标准之一。感恩教育也是我国高校思想政治教育的重要组成部分，现阶段高校在校学生大多为90后、00后，这些学生大多为独生子女，他们从小到大受到家庭的精心呵护和关爱较多，即便是在经济条件较差的家庭中，家长对子女和呵护也相对较多，而其受年龄及社会环境的限制，这些学生的责任意识和感恩意识较为淡薄。为此，我国高校在日常思想政治教育和道德教育中多以道德体验为基础，培养大学生的感恩意识，引导学生树立正确的感恩观。

高校资助育人体系在对家庭经济困难的学生进行资助时，可以通过实际的资助行为，以及勤工助学或公益助学活动激发学生的感恩认知，培养学生的感恩情怀。除此之外，我国资助育人体系一方面通过资助行为给予学生经济上的帮助，使学生在接受资助时充分感受到政府、社会及高校的善意；另一方面，通过为资助学生提供各种感恩实践活动，例如，公益献血活动、到敬老院进行劳动与慰问等活动，既锻炼了学生的社会交往能力等综合素质，同时通过感恩实践活动进一步提升了学生的感恩行动能力，为提升受资助大学生的感恩品质和感恩行为奠定了基础。

三、我国高校资助育人体系中的心理疏导功能

我国高校资助育人体系中还有对受资助贫困大学生的心理进行疏导的功能，培养受资助大学生的积极心理。具体来说，高校资助育人体系中的心理疏导功能主要体现在两个方面。

其一，引导学生形成健康心理。

大学生的心理尚处于不成熟和发展时期，这一时期的大学生敏感度高，极易受到周围人和事的影响。高校家庭经济困难的学生绝大部分来自偏远山区等经济发展相对落后的地区，这些地区的基础教育与经济发展较好的城市相比，无论是基础设施，还是师资配备等均相对落后，这些地区的贫困学生所接受的教育质量通常较经济相对发达城市较差。此外，家庭经济困难的学生较少在学生的课外能力培养中投入钱财和精力，与经济较发达地区经济条件较好的学生相比，他们的科学文化知识及综合素质相对较差。来自偏远山区等经济欠发达地区的贫困生进入大学，不仅在经济上与经济较发达地区的同学之间存在着较大差距，而且在学识水平和综合素质上也存在较大差距，使得贫困学生承受着双重心理压力。

贫困大学生长期处于双重心理压力之下，易导致大学生的心理出现种种问题。高校资助育人体系在对高校贫困大学生进行资助时，可以直接减轻大学生的心理负担，引导大学生形成积极健康的心理。一方面，高校资助体系通过多样化的资助方式，解决贫困大学生在校期间的经济困难，使贫困大学生在衣、食、住、行等方面向其他同学靠近，从而直接减轻或消除贫困大学生的经济负担和心理压力。经济困难的解决可以使贫困大学生投入较多的时间和精力在学习方面，从而提高大学生的专业能力和科学文化知识素养，缩小与同学之间的

差距，间接减轻大学生在学习上的心理压力，而贫困大学生心理压力的减小，可以使贫困大学生逐渐走出自卑心理，重新建立自信心。另一方面，高校资助体系中的勤工助学实践活动在改善贫困大学生的经济状况之余，还可以锻炼受资助大学生的人际交流能力与社会交往能力，学习不同人际关系的处理技巧，进而不断改善人际关系，增强贫困学生的社会适应能力。在此期间，贫困大学生还可以通过劳动或价值实现，不断认识自身的存在价值，体会到通过自身劳动改变经济状况的喜悦之情，进而培养学生的独立意识和自我创造意识，引导受资助的贫困大学生形成健康的心理。

其二，加强学生对抗挫折的能力。

人的一生既有一帆风顺的时刻，也难以避免遭遇这样或那样的不幸。当代大学生大多为独生子女，备受家庭成员的呵护，较少经历挫折。这种环境下长大的大学生在遇到困难时，难免产生种种消极心理。此时，学生对抗挫折的能力成为应对困难与挫折的重要法宝。如果学生对抗挫折的能力越强，那么在面对挫折时就会迎难而上，战胜挫折；相反，如果学生对抗挫折的能力较弱，那么，在面对挫折时极易因缺乏自信，而采取消极对抗或逃避的方式，甚至产生种种过激行为，从而被挫折打败。对抗挫折的能力并不是与生俱来的，而是人们在面对挫折的实践中积累而来的经验。高校受资助的贫困大学生在来到大学之后，大多并没有意识到家庭贫困给其带来的种种不利影响。在考上大学后，因为家庭经济困难导致无法上学或进入大学后发现自身与同学之间的巨大差异，家乡与城市之间的巨大差距，以及自身家庭与社会之间的巨大差距均可导致受资助的贫困大学生产生较强的受挫心理。

对此，我国高校资助育人体系在资助过程中，通过与受资助的贫困学生进行交流与沟通，帮助他们正确认识面临的挫折，为其树立经济困难的现状只是暂时的，而在受资助的学生毕业走上社会之后，通过专业能力和综合素质即可改变现状的方式，帮助受资助的贫困学生积极调整心理，勇敢面对现阶段的挫折，并通过自身的努力战胜挫折，增强其对抗挫折的信心。此外，高校资助育人体系在对受资助贫困学生进行资助时，还可以通过对我国资助政策的讲解，让受资助贫困学生明白其不是一个人在战斗，只要他想改变现状，政府、高校及社会均会为其提供足够的支持与帮助，增强高校受资助的贫困学生战胜挫折的信心，提升其抗挫折心理。

四、我国高校资助育人体系中的德育培养功能

品格塑造是我国高校资助育人体系中的重要育人功能之一。我国高校在对

学生进行资助的过程中，还可以培养学生种种道德素质，具体体现在以下两个方面。

其一，我国高校资助育人体系对受资助贫困大学生诚信的培养。

诚信是中华民族的传统美德，也是衡量一个社会文明与发展程度的重要标尺，还是我国高校大学生德育培养的核心。近年来，随着我国市场经济的深入发展，以及社会转型期的影响，我国社会各个领域都存在较为严重的失信行为。社会失信行为对高校诚信道德的培养产生了一定的负面影响，尤其是近年来，我国高校大学生失信行为也越来越普遍。例如，大学生考试作弊、无故旷课及迟到等，学术造假现象等层出不穷。大学生失信行为的频繁出现对高校思想道德教育工作带来了巨大挑战，由于大学生的价值观、世界观及人生观正处于形成之中，如果学生一旦养成这种失信习惯，将对其今后的人生道路产生极为严重的负面影响。如何减少我国大学生的失信行为成为我国高校面临的重要道德问题之一。2016 年，我国教育部颁发了《普通高等学校学生管理规定》修订稿，在这一修订稿中，首次将"诚信教育"写入管理规定，对失信学生可给予警告甚至开除学籍等处分。这一规定意图通过法律规范对高校大学生的失信行为进行震慑。

我国高校资助育人体系在对贫困大学生进行资助的过程中也具有极为重要的诚信塑造功能。在高校资助体系中，贫困生的认证环节是决定学生是否能够接受资助的前提条件，如果我国加强对贫困生的资格审查，对制造假材料的学生进行严格处罚则会对大学生形成一定的震慑作用，有利于提高大学生的诚信意识，使大学生自觉坚持诚信行为。另外，通过立法、建立完善的信用体系、采用担保人制度等方式建立和健全严格的助学贷款管理模式，对违反贷款还款规定，或故意违约不还款、无故推迟还款的学生进行严厉处罚，可对受资助的学生进行产生较强的震慑，有利于受资助的学生强化诚信意识，重视个人信誉，并最终形成良好的诚信行为。从而减少大学校园中的失信行为，提高大学生的整体诚信意识。

其二，我国高校资助育人体系对受资助的贫困大学生自立自强精神的培养。

大学生由于受年龄的影响，平时的衣、食、住、行等全部依靠父母或亲戚、朋友的资助和支持，大部分大学生在无忧无虑的环境中成长，即便是家庭经济困难的学生在其成长过程中也较少承担生活的压力，通常在家长给予的厚望下全身心地投入学习。大学生在这样的家庭环境中长大，从小养成了较强的依赖心理，其自立意识也相对较差。大学生进入高校后，由于高校相对较为开放的社会环境与中小学相对封闭的环境不同，学生所接触到的形形色色的人和各种各样的事，使离开了父母庇佑的大学生必须要学着摆脱依赖心理，独立面对生活中的人和事，独立处理生活中的事务，培养自立意识和自强品格。高校思想政治课及道德教育中将自立自强的品质作为一项重要内容。除此之外，高校资助育人体系也有助于培养受资助的贫困大学生的自立自强品质，主要体现在以下几个方面。

首先，高校资助育人体系中的勤工助学岗位可以培养学生的自立自强意识。高校勤工助学岗位是我国高校资助育人体系中的重要组成部分，通过为高校贫困学生安排校内或校外工作岗位，并定期赋予一定的报酬，从而解决高校贫困学生的一部分经济困难。勤工助学活动一般由学生利用课余时间完成，贫困学生在进行勤工助学活动时，通常需要独立面对工作中所遇到的人和事，独立处理工作中的各种人际关系。这既锻炼了学生的交际和交往能力，也培养了学生的自立能力，并且学生通过勤工助学岗位还可以获得一定的报酬，改善自己的经济状况，从而培养了学生的自强意识。

其次，勤工助学岗位有利于培养学生的独立生活能力。当代大学生平时的衣、食、住、行全部依靠父母进行打理，其生活自理能力较差。勤工助学岗位大多为清洁及图书管理等工作，这些工作通常较为简单，不需要技术含量和专业素质，然而对学生的自理能力要求相对较高。家庭贫困的大学生在从事此类勤工助学岗位时，可以为其他学生提供服务，同时也可以锻炼自己的自理能力，培养学生独立的生活管理能力。

最后，我国高校资助育人体系中的奖学金项目通常奖励给品学兼优、学习能力或创新能力较强综合素质相对较为出众的贫困大学生。贫困大学生为了获得奖学金，需要在学习上投入较多时间和精力，在遇到问题的时候，需要培养自己独当一面的自立能力，同时在学习中还潜移默化地培养了学生的独立思考及独立创新能力。这些能力的培养不仅能从整体上提高学生的科学文化水平，还能培养学生的自立自强精神等综合素质。

五、我国高校资助育人体系中的素质提升功能

高校作为国家高端知识分子培养的重要场所，其主要目的是培养符合国家和社会需要的人才。当代大学生是我国 21 世纪的国家建设的主力军，其综合素质能力决定了他们在未来的国家建设和国际竞争中能否担当重任。因此，当代大学生人才培养不仅对学生的科学文化素质要求相对较高，还对学生的综合

素质有着较高的要求。高校资助育人体系中对受资助贫困大学生素质的培养主要表现在以下几个方面。

其一，高校资助育人体系对大学生科学文化素质的培养和提升功能。

对大学生的科学文化素质的培养和提升是我国高校大学生培养教育的基础内容，也是最为重要的素质要求。当前，随着世界经济一体化的发展，以及科技的高速发展，社会上所需的科学文化知识的更新速度非常之快。此外，互联网信息技术的发展，使得各行各业的知识相互融合起来，人们在掌握专业文化知识的同时，还必须同时掌握不同领域的知识，既要成为某一专业领域的专家，同时又要掌握尽可能多的各个专业的知识，成为一个通才。为了适应当前社会对人才的需求，我国高校近年来对部分课程进行了调整，在高校各专业领域的课程之外增加了通识教育课程，通过通识教育培养学生的通用知识水平的能力。知识的掌握一方面需要课堂教学进行学习，此外必须通过实践途径来加强对知识的理解，提高知识掌握的灵活性。我国高校在课堂教学之外，还为学生开设了多样化的实践课程，使学生通过实践不断拓展学习，在实践应用中不断提升知识掌握程度。高校资助育人体系中的勤工助学岗位让学生走出课堂，通过参与实践劳动来获取相应的报酬。在这一过程中，学生可以在劳动中学习到平时课堂上学习不到的知识，例如，生活自理能力及整理能力、人际交往能力、处理突发事件的能力等多样化的能力。除此之外，知识的学习与应用并不是死板的，而是十分灵活的。知识从实践中总结而来，同时在另一方面又在实践中进行验证和掌握。高校受资助的学生在校期间可以通过勤工助学岗位进行劳动实践，毕业后还可以选择通过到西部地区进行支教或到其他国家规定的行业从事基础服务工作以获取贷款减免的资格。通过这样的实践还可以进一步在不同地区的不同岗位上加深对相关知识的学习，提升全面知识的掌握能力，实现科学文化素质和综合能力的培养与提升。

其二，高校资助育人体系对大学生创新能力的培养和提升功能。

高校大学生的创新能力是大学生综合素质中最重要的能力之一。现阶段，我国正处于改革的关键期，大学生的创新能力在中国未来事业的建设和发展过程中起着十分关键的作用，直接关系到未来中国在世界竞争中的地位。高校大学生创新能力的培养既离不开科学文化知识的学习，也离不开实践。实践是创新的基础，如果创新不建立在实践的基础之上，那么创新就是无源之水、无本之木。高校资助育人体系从两个方面为我国大学生创新能力的培养奠定了基础。

一方面，我国高校家庭经济贫困大学生通过申请贫困生资格、办理贷款、勤工助学等活动不断提高家庭经济困难学生的实践能力。大学生长期在校园中生活，动手能力较弱，而在高校资助育人体系中从贫困生资格申请到办理贷款、归还贷款等全过程，均由受资助的大学生亲自办理，在办理贷款的过程中对大学生的实践能力进行锻炼，使大学生接触到平时较难接触的人和事。而在勤工助学和归还贷款的过程中，大学生不仅要通过具体的劳动实践获得经济补助，还必须对自己的经济状况进行分析，有意识地学习理财，以确保按时归还贷款。在这一过程中，大学生逐渐培养了创新能力。

另一方面，我国高校资助育人体系中，大学生可以通过优异的成绩或具有突破性和科研创新成果等获得国家奖学金或国家励志奖学金，由于这两项奖学金的金额较大，可以在一定程度上缓解高校大学生的经济困难。因此，这一奖学金对高校贫困大学生形成了一种激励作用，引导贫困大学生不断探索新知，培养创新能力，最终提高大学生的整体素质。

第三节　高校资助工作育人功能的制约因素及对策

我国高校资助工作中的育人功能在资助体系中占有极为重要的地位。我国高校资助工作中的育人功能取得了一些成绩，然而与国外高校资助工作中的育人功能相比还存在一定差距。本节主要从高校资助工作育人功能的制约因素及其对策进行分析。

一、高校资助工作中育人功能的制约因素

现阶段，我国高校资助工作中的育人功能还受到较强的制约，这些制约因素一方面体现在我国高校资助工作中道德失范现象较为突出，另一方面体现在我国高校资助管理工作存在一定的不足。

（一）高校资助工作中道德失范现象引发的育人功能制约因素

我国高校资助工作中的道德失范现象主要表现在两个方面。

其一，我国高校资助育人体系中大学生的失信行为较为严重。

诚信是我国高校学生德育培育的主要内容，然而，在高校资助工作中，大学生屡屡因诚信问题受社会各界的质疑。其中，大学生失信行为在资助体系中的表现，主要体现在以下几个方面。

首先，即申请失信。我国高校为了减少家庭经济困难学生的经济压力，尽量压缩办理手续或简化对申请贫困资格的学生的家庭经济调查的程序，学生只要提供家庭经济困难的证明，大多数均可获得资助金。然而，国家的信任及贫困资格审查制度的不健全给了一些投机取巧的大学生可乘之机，一些家庭经济并不困难的大学生为了获取国家资助金，通过提供虚假材料申请贫困生资格，并通过不正当手段如贿赂负责评审奖学金的老师，或通过不正当拉票来获得受资助资格，存在极其严重的失信行为。这种失信行为不仅使我国资助金被滥用，而且挤占了真正家庭经济困难学生的名额，造成我国高校资助出现不公平现象。其次，受资助的大学生在资金使用方面存在其严重的失信行为。国家为经济困难的大学生发放任何形式的资助金均是为了保障贫困大学生的学习和生活。贫困大学生在得到资助金后，应该用资助金来支付学费、住宿费或生活费。此外，国家为贫困大学生提供高额奖学金意在以此鼓励贫困大学生专心学习，在学习上或专业创新方面更上一层楼，然而现实中一些贫困大学生在社会不良道德观的影响下，形成了拜金主义。这部分受资助贫困大学生在得到资助款项后，并没有将资助款用于缴纳学费、住宿费，也没有用来提升自己的学习和综合能力，而是隐瞒老师、同学及家长，将所得资助金用于挥霍或享乐。一些受资助的贫困大学生携带资助金出入高档餐厅、购买名牌衣服和化妆品及电子产品，甚至外出旅游，肆意挥霍资助人的善意和款项。这种严重的失信行为为贫困大学生的整体形象带来了极其不良的影响，使社会对参与高校贫困生资助产生抵触心理。最后，高校受资助的大学生在还贷行为中存在严重失信现象。国家助学贷款是我国高校资助育人体系中的基础部分，也是核心部分，是贫困大学生受益人数最多的资助方式。国家助学贷款由国家信用作为担保，申请简单，申请人还可以享受免担保、免抵押及无息等资助资格。然而，一些大学生享受国家贷款却存在种种失信行为。申请国家贷款的学生大部分为经济困难的学生，然而一些家庭经济并不困难的高校大学生却通过弄虚作假获得国家助学贷款的资格，他们在获得贷款后，并不用于正常学习和生活费用支出，而是用于高端消费。毕业后，一些受助学贷款资助的学生由于继续求学或失业等种种原因无法归还贷款金额，造成还贷失信。甚至还有一些学生存在恶意拖欠贷款的行为，这些失信行为严重影响了高校助学贷款的回收率，也对向高校投放助学贷款的银行或金融机构造成了不小的损失，严重打击了金融机构参与国家助学贷款的积极性。

其二，我国高校资助育人体系中大学生的感恩意识十分匮乏。

感恩教育是大学生思想政治教育的重要内容之一，也是我国社会传统美德之一。自改革开放以来，我国高等教育制度经历了多次改革。自 1985 年我国部分地区开始试行收费制度；1997 年，我国高校实行全面收费制度；1999 年，我国高校开始实行扩招政策，随着我国高等教育制度的改革，我国高等教育在得到飞速发展的同时，贫困生上大学难的问题也日益突显。为了实现我国教育公平的目标，我国采用了种种办法对贫困生进行资助，并初步建立起高校资助育人体系。随着我国高校资助育人体系的日益完善，我国基本实现了"不让一个学生因家庭经济困难贫困而失学"的目标。对于国家、高校的支持和社会的关爱，许多受资助的贫困大学生心怀感恩，毕业后用投身公益活动或在自己的岗位上作出贡献回报国家与社会。然而，在此期间也出现了一些不和谐的声音。一些受资助的高校贫困生非但不对国家、高校和社会的资助行为怀抱感恩之心，反而漠视他人情感，认为一切都是理所应当。这种感恩意识的淡漠，不仅令资助人十分失望，对其今后的成长也会产生诸多负面影响。

高校受资助的大学生的感恩意识缺乏主要表现在三个方面。首先，受资助的高校大学生对父母的感恩之情十分淡漠。我国自古以来就有"知恩图报"的传统美德。然而，许多大学生在成长中却一直享受着父母的付出，而从未对父母进行回报，凡事表现出以自我为中心的行为倾向。许多家庭经济困难的学生在成长过程中也被父母加倍呵护，从而养成了凡事依赖父母，并将父母的付出当作理所当然的现象。对父母十分冷漠，感恩意识严重缺乏，上大学后，除了伸手向父母要钱，几乎不主动与父母联系。其次，对周围人缺乏感恩之情。我国大部分受资助学生在接受他人资助后均懂得感恩与回报，然而，一些贫困学生却对社会资助无动于衷，认为一切理所当然，这种不知感恩的行为严重打击了资助者投身公益的积极性。最后，受资助的高校大学生无视国家和学校的资助行为，甚至在得不到资助时对国家或高校心怀怨恨。近年来，随着我国高校资助育人体系日益完善，我国对高校贫困生的资助力度也越来越大，除了助学贷款之外，还建立了奖学金、助学金、学费减免及隐性资助等多样化的资助方式，使得高校贫困生受资助的范围更广，可获得的资助总额也更高。许多贫困学生在得到国家资助后，心怀感激之情，在学习上投入更多精力，以此来回报国家和高校。然而，少数受资助的贫困生在得到资助后，非但没有感激之心，反而想方设法通过伪造材料等方式获取更多的资助。一位高校贫困生在大学本科四年求学期间，其班主任为了缓解其经济压力，每年都为其积极申请奖学金和助学金，最后一年，该学生的家庭条件得到了明显改善，班主任便为经济更困难的学生了申请了奖学金和助学金，该学生为此对老师心怀怨恨，甚至对老师视而不见，这使得曾经给予他众多帮助的老师无比心寒。

（二）高校资助工作中管理不当引发的育人功能制约因素

我国高校资助育人体系中的育人功能的制约因素还体现在我国高校资助体系不完善，资助工作管理不规范方面。现阶段，我国高校资助工作中因管理不当而引发育人功能制约的因素主要表现在以下几个方面。

其一，我国高校贫困生资格认定工作管理不完善。

我国高校当前虽然建立了贫困生资助政策体系，从近年来的实施情况来看，高校贫困生的资格认定管理存在方式不健全、不完善的情况。其中主要体现在以下几个方面。

首先，高校贫困生资格认定的管理不统一。我国高校贫困生资格认定由教育部门进行统一规定，然而高校在具体执行过程中，根据高校自身的情况对其标准进行了相应规定，虽然有这些明文规定，然而由于我国不同地区的经济发展不平衡，各地对贫困人群的认定标准也不统一，西部边远地区的贫困生认定标准与东部沿海发达地区的贫困人群认定标准相差较大。然而，高校自身的贫困标准却是统一的，无论学生是来自西部边远地区还是东部沿海城市，均使用高校的贫困标准进行衡量。除此之外，家庭经济困难的原因也不相同，大部分高校贫困生由于来自边远山区，那里经济发展相对较为落后，受当地环境的影响致贫，另外，还有一些学生因为自然灾害而致贫，或因为家有危重病人而致贫，甚至还有一部分学生因为家中生意或投资失败而致贫。我国高校贫困生资助部门应对学生家庭的致贫原因进行了解，以此为依据向学生提供其需要的资助，也有利于帮助学生排解心理压力，引导学生形成积极健康的心理。其次，高校贫困生资格认定环节存在严重的造假行为，我国高校一些学生在获得贫困生资格认证中存在使用伪造材料假冒贫困生套取国家资助的现象。另外，一些家庭经济确实存在困难的学生为了获得学费减免，有的不惜夸大自身的贫困程度，将一般贫困说成特困，这种行为严重挤占了真正特困生的名额，造成了严重的不良后果。最后，我国现行高校资助育人体系中的高校贫困生认证方法十分单一，仅以生活所在地各级政府出具的一纸贫困证明为例，难以对申请人的真实家庭经济情况进行确认。

其二，我国高校资助管理发展不平衡。

我国高校资助育人体系中虽然形成了多样化的资助政策体系，然而这些资助方式在整个资助体系中的比例及其应该起到的实际作用却较为模糊。不同资助方式在对个体贫困生进行资助时的比例十分不统一，其功能也不十分明确。从现阶段高校资助育人体系的作用来看，现阶段我国高校资助育人体系中的助学贷款被作为最广泛的资助方法。然而，由于银行给高校的贷款名额有限，贷款手续繁杂，以及国家或地方政府贷款管理政策不健全等原因导致我国高校助学贷款并没有真正实现覆盖全部贫困生的目标。还有一部分家庭经济真正困难的贫困生背负着极其沉重的经济压力和心理压力。奖学金不同于助学贷款和助学金的无差别投放，其在最初设置时的功能是为了对品学兼优的贫困生进行奖励，即对高校贫困生中的佼佼者进行资助，使品学兼优的贫困生朝着更高的目标发展。然而，由于我国奖学金的名额十分有限，无法对所有品学兼优的贫困生进行奖励，并且受制于不同学校对品学兼优方式的认定，我国高校的奖学金制度也未能实现其基本目标。除此之外，勤工助学其原意是通过为贫困学生提供工作岗位使其获得一定经济补助，然而在现实中，高校所能提供的勤工助学岗位比例远低于学生实际需要的勤工助学岗位数量，难以满足学生需要，学生通过这些工作得来的经济补助也十分有限。

其三，我国高校资助配套管理制度不健全。

我国高校助学贷款制度推出后，为无数家庭解决了家庭经济困难的问题，圆了许多贫困学生的大学梦。当前，我国高校助学贷款制度也是最受贫困学生和家长欢迎的资助制度之一。然而，与国外高校完善的助学贷款配套制度相比，我国高校资助育人体系中的资助方式却不够完善。由于我国当前还未建立起完善的国民信用体系，对大学生的贷款审查还不十分细致和严格，此外，由于我国助学贷款由国家进行担保，受资助的大学生不需要再提供其他担保人，并且助学贷款属于无息贷款，为一些受资助的大学生的恶意逃贷行为提供了法律漏洞。除此之外，我国助学贷款管理中对还款的管理机制不健全，没有对逃贷行为制定严格的处罚措施，还款大多依赖于学生自身的道德素质，使得拖欠贷款的学生违约成本较小。我国高校一部分学生之所以违约是因为其在毕业后继续求学或失业导致，而对于没有走上工作岗位的学生来说，偿还贷款是一笔较大的支出，其并非恶意欠贷，而是因为暂时没有还款能力，对于这种现象，我国助学贷款中还需要为学生增加更加灵活的还款方式，以便学生根据其自身实际情况选择还款方式。

二、高校资助工作中育人功能的对策

针对我国高校资助工作中育人功能出现的种种问题与现象，我国高校资助工作中加强育人功能的对策应从以下几个方面着手。

（一）加强贫困大学生资助政策教育和法律教育

自我国高等教育实行全面收费政策以来，党和国家政府有关部门十分重视家庭经济困难学生的资助工作。多年来，我国建立了较为完善的资助政策和相关法律法规。例如，《国务院关于建立健全普通本科高校、高等职业学校和中等职业学校家庭经济困难学生资助政策体系的意见》、国家奖学金、国家助学贷款、国家励志奖学金、国家助学金，以及勤工助学、学费减免、"绿色通道"、师范生免费教育、《高等学校毕业生学费和国家助学贷款代偿暂行办法》《应征入伍服义务兵役高等学校毕业生学费补偿国家助学贷款代偿暂行办法》等一系列政策。这些政策中对我国高校贫困生的资助方式进行了详细解释。然而，这些政策虽然已出台多年，仍然有许多贫困生或贫困家庭对此知之甚少。

当前，我国高校在邮寄入学通知书时，往往还会附上一些高校贫困生资助政策的宣讲材料，甚至有的学校还将《高等学校学生及家庭情况调查表》一并寄出，这种方法有利于为真正需要资助的学生提供及时、有效的帮助，然而，在一些贫困家庭中，家长出于上当受骗及害怕背上巨额债务等心理，或由于对高校的资助政策理解不够透彻而不按要求进行申请，从而导致贫困学生不能及时进行助学贷款申请。当贫困学生上大学而学费凑不够时，不知道通过何种途径进行助学贷款申请；当受资助的学生毕业后，因暂时没有就业，或就业后工资没有保证，无法按时归还贷款时，因为不清楚我国的助学贷款代偿政策而束手无策，最后一步步走向恶意欠贷的道路，不仅不利于受资助的学生良好信用的建立，也不利于我国高校的良好信誉，以及银行贷款的及时回收。针对以上情况，高校应加强向贫困生宣传我国高校各项资助政策，使学生在遇到困难时，依据政策或法律向有关部门寻求帮助，从而提高家庭经济困难的学生的受资助意识，减少贷款失信现象。

（二）培养贫困大学生的责任意识

任何个体生活在社会中在享受一定的权利时，也应承担一定的责任。我国高校贫困大学生是高校中的一个特殊群体，也是一种极其特殊的社会关系存在。多年来，我国对贫困生的资助一直不遗余力，不断加大资助金额的投放，然而，我国高校在对贫困生进行资助的过程中往往采取单向资助方式，十分被动，受到资助的学生不负责任的情况屡有发生。对此，为了培养高校贫困学生的责任意识，应从以下几个方面着手。

其一，培养和提升高校贫困学生的责任意识，要让贫困学生正确认识自己。

贫困学生作为一个特殊人群，其家庭经济状况与其他高校学生之间存在一定差异，这使得贫困学生往往不能正确认识自己，不清楚自己在社会中的地位。然而，贫困学生作为独立的个体，具有独立的自我意识，对事物也有着自己的主观认识。因此，在高校资助工作中，负责资助工作的老师、班主任或辅导员应加强对贫困生责任意识的培养，让贫困生在获得资助后明白其所应承担的社会责任，不断提高贫困大学生的责任意识。

其二，提升高校大学生关心他人的共情能力。

贫困大学生作为高校中的弱势群体，得到了高校、国家及社会的众多关爱。这些关爱既能为贫困学生缓解经济困难，也能为贫困学生提供更多得到资助的机会。然而，贫困学生却并不能一味享受社会的关爱，而应该明确自己的责任。我国高校的许多资助方式为无偿资助，贫困学生在获得资助后不用有所回报，只需将关爱他人的责任及在未来参加工作后，通过在工作岗位上为社会作出贡献，即一种对社会责任感的体现。高校负责资助工作的老师应使大学生明确这一责任，提高大学生的共情能力。

其三，培养高校学生自立自强的意识。

高校贫困学生的资助工作大多是由贫困生所在班级的班主任或辅导员负责，对此，班主任或辅导员应在助学过程中重视贫困学生的主体意识，打破贫困学生被动等待救助的思想，培养其主动参与资助活动的自我调适、自我管理和自立自强的责任意识。

（三）加强贫困学生的诚信和感恩教育

针对现阶段高校资助育人体系中一些受资助贫困学生失信现象和不知感恩的现象，在我国高校资助育人体系的完善中应加强对学生的诚信教育和感恩教育。

其一，加强对受资助学生的诚信教育。

对于家庭经济困难的学生来说，高校资助工作犹如雪中送炭，为贫困大学生解决了实际困难，获得了上大学的机会。针对现实生活中屡屡出现的受资助大学生的失信行为，应从两个方面入手加强对大学生的诚信教育。一方面，加强大学校园诚信环境的构建。个体是生活在社会中的个体，个体的一言一行均受到其所处社会环境氛围的影响。对贫困大学生来说，高校是一个特殊的社会环境，对受资助学生的诚信教育应当与高校的诚信环境构建联系在一起。通过思想道德课程加强学生的诚信教育；通过构建诚信氛围良好的校园环境，对学生的诚信意识进行潜移默化的影响。除此之外，还可以通过丰富的诚信实践活动加深对学生的诚信教育。对受到国家助学贷款资助的学生，除了加强日常诚信教育之外，还应让学生全面了解助学贷款的相关规定，尤其是其中所涉及的法律法规知识，让学生明确助学贷款中所享有的权利与义务，并加强对违约还贷的处罚，在高校校内宣传栏中张贴助学贷款的有关法律规定，并公布恶意拖欠贷款的人员名单，对享受助学贷款资助的学生起到一定的震慑作用。当受资助的学生毕业时，学校还应与学生签订《还款承诺书》，告知学生还款要求，以多方面的提示与宣传加强学生的诚信意识，减少学生违约失信现象。

其二，加强对受资助学生的感恩教育。

感恩教育是高校思想道德教育中的重要组成部分，高校受资助的贫困学生的感恩教育可以分为三个方面。一方面，通过认知构建感恩教育。通过让受资助贫困学生了解国家资助政策的形成与发展，认识到国家、社会和高校对贫困学生的关心与关爱，从而激发受资助的贫困学生的感恩意识。与此同时，重视师德和师风建设，充分发挥教师在贫困大学生感恩意识培养中的作用，充分发挥教师的表率作用，在身体力行中培养受资助学生的感恩意识。另一方面，重视高校、家庭和社会的教育合力。学生的感恩教育不能仅仅存在于学校教育中，而应当将高校、学生和社会上的感恩教育联系起来，让学生在充分感受到父母亲情之爱，体会到父母在自己成长中所付出的心血，明白幸福生活的来之不易。除此之外，高校教师本身就承担着"传道、授业、解惑"的重任，应通过知识和文化教育，让学生学会知恩、感恩、报恩，将感恩作为中华传统美德不断传承下去。另外，通过对高校受资助的贫困生开展感恩活动来培养学生的感恩意识。例如，组织学生观看有关的感恩节目，组织学生开展班级或亲子感恩活动等。

（四）加强贫困大学生的心理疏导

高校资助育人体系中的勤工助学岗位可以培养学生自立自强的意识。高校勤工助学岗位是我国高校资助育人体系中的重要组成部分，通过为高校贫困学生安排校内或校外工作岗位，并定期给予一定报酬，从而解决高校贫困学生的一部分经济困难。勤工助学活动一般由学生利用课余时间完成，贫困学生在进行勤工助学活动时，通常需要独立面对工作中遇到的人和事，独立处理工作中的各种人际关系。一方面可以锻炼学生的交际和交往能力，另一方面可以培养学生的自立能力，并且学生通过勤工助学岗位还可获得一定报酬，改善自己的经济状况，从而培养学生的自强意识。

勤工助学岗位，有利于培养学生的独立生活能力。当代大学生平时的衣、食、住、行全部依靠父母打理，其生活自理能力较差。勤工助学岗位大多为打扫或清洁及图书管理等工作，这些工作通常较为简单，不需要技术含量和专业素质，然而对学生的自理能力要求相对较高。家庭贫困的学生在从事此类勤工助学岗位时，可以为其他学生提供服务，同时也可以锻炼自己的自理能力，培养学生独立生活的能力。

我国高校资助育人体系中的奖学金通常奖励给品学兼优、学习能力或创新能力较强、综合素质相对较为出众的贫困学生。贫困学生为了获得奖学金，需要在学习上投入较多的时间和精力，在遇到问题的时候，需要培养自己独当一面的自立能力，同时在学习中还潜移默化地培养了学生的独立思考及创新能力。这些能力的培养不仅能从整体上提高学生的科学文化水平，还能够培养学生的自立自强精神，提高学生的综合素质。

第四章 高校资助育人制度分析与研究

资助育人制度是高校资助育人工作展开的依据和前提，早在 2010 年《国家中长期教育改革和发展规划纲要（2010 年—2020 年）》中明确提出，"努力办好每一所学校，教好每一个学生，不让一个学生因家庭经济困难而失学"。[①]为了达到这一基本目标，也为了实现高校资助工作的育人目标，我国出台了一系列高校资助育人制度。

第一节 高校资助育人制度的理论分析

制度是政策的保障和执行的依据，依法治国的理念逐渐深入人心，现代社会离不开法制，然而法制具有一定的局限性。在依法治国的理念基础上，提升社会的和谐度，提高公民的道德素质，必须坚持制度育人。

一、制度育人理论

制度育人理论是指用制度来培养人的道德和才能。所谓制度，即是调整一定社会生活中人与人、人与社会之间关系或规定行为者行动的强制性规则体系。[②]制度离不开管理，管理是思想政治教育的载体之一，通过具体的管理活动达到育人的效果。其中，管理能否充分发挥作用，离不开配套的制度保障。制度离开了管理，就无用武之地，难以推行。管理离开了制度管理的作用就很难凝聚。管理和制度在功能上紧密联系，制度是其管理的准则标准，只要在过

---

① 范先佐. 教育经济学理论与实践问题研究 范先佐自选集 [M]. 武汉：华中师范大学出版社，2012：155.

② 刘超良. 制度德育论 [M]. 武汉：湖北教育出版社，2007：21.

程中形成了制度体系，管理才能良性循环发展，达到要管理又不需管理的自觉最高境界。管理与制度在关注点上有所趋同，管理往往是习惯于追求妥协，达到整体平衡的效果；制度是无情的，无论对于谁都是公平的。管理与制度相互依存，相互联系又相互区别，只有将二者恰当地结合起来，充分发挥管理的决策力和制度的约束力，才能从整体上朝着预期的目标发展。

制度育人蕴含着一定的价值追求，由于制度作为一种约束机制，对人们的行为有着较强的约束作用，同时对人们的价值追求也具有一定的矫正作用，因此，在高校建设中备受关注。制度育人以育人为目的，以制度为手段，每一项制度中都蕴含着丰富的育人价值，通过对制度本身的有效实施即可充分发挥其育人作用。高校制度育人通过充分发挥高校各项制度的作用，培养学生德智体美劳全面发展，引导学生朝着全面提升素质的方向发展。高校制度育人应注意以下三个方面。

（一）高校制度育人应明确育人的价值取向

高校规章制度是指导高校师生行为和思想的重要依据，高校规章制度越明确，则对高校师生的约束性和指导性越强。高校规章制度是高校制度育人的基础，而高校制度育人的出发点和着眼点为育人，对此应在制度育人中明确育人的价值取向。

其一，在制度中充分体现高校育人理念。

高校制度包含多个层面和维度，例如，教学制度、考试制度、学籍制度、奖惩制度、资助制度等，这些制度既是确保高校各项工作顺利开展的前提，也是维护学校正常秩序的关键。高校是培养社会合格人才的重要场所，高校的一切规章制度都应为培养人才而服务。从这一角度来看，高校所有的制度都不是用来管制和处罚学生的手段，而是以发挥制度育人为核心，其目的均是帮助学生不断提升科学文化知识，以及综合素质。高校制度的核心在于通过充分发挥制度的约束和引导功能而对学生的行为进行引导，在确保学生学习专业知识的同时，以"富强、民主、文明、和谐、自由、平等、公正、法治、爱国、敬业、诚信、友善"的社会主义核心价值观为理论指导，不断提升高校制度的育人功能。

其二，制度应对学生的合法权益进行保护。

高校制度的出发点和落脚点均是育人，因此是以人的发展为核心的，首先应维护学生的合法权益。而保障学生的合法权益是高校制度制定的出发点和落脚点。在制度设计上，需将高校学生的根本利益和发展前景作为首要出发点。在高校制度设计中既要保证学生的学习计划能够顺利展开，同时又要确保高校各种类型的活动能够引导学生各方面综合素质的发展。例如，通过高校内部的各种社团活动、勤工助学活动及各种文化娱乐活动等促进大学生综合素质的全面发展。除此之外，高校资助育人制度也属于高校制度中一种，学生申请奖学金、助学金及贷学金等均应有明确而规范的制度给予保障，以此提升高校资助的公平、公正和透明性，以保障高校大学生的合法权益。

其三，制度应保障学生的身心健康。

高校学生的健康发展不仅包括高校学生学习成绩朝着优异的方向发展，而且包括学生的心理朝着积极健康的方向发展。制度是为人而服务的，是为了保障学生的身心健康发展而服务的。因此，高校制度建设应着眼于学生的根本需要，通过道德、理解、情感、帮助等方面将学生放在学校管理中心的位置上。高校大学生正处于身心发展的关键时期，尤其是大学生的心理正处于完善时期，心理复杂多变，极易受到外界环境的影响，因此，高校管理制度的制定应着眼于学生的身心健康发展。而学生的身心健康发展是一切教育的前提与先决条件，高校制度只有帮助学生充分建立起积极向上的生活态度和学习态度，营造适合学生发展的积极的、健康的校园环境，才能最终为学生发展而服务，推动高校学生实现健康发展。

其四，制度应确保学生的全面发展。

学生作为未来社会和国家的建设人才，承担着未来社会与国家建设的重任，以及国际竞争的重要职责。高校作为国家高级人才的培养基地，其制度的建设和管理直接影响未来人才的培养。对此，高校制度的设计与管理应从学生全面发展的角度出发，确保学生的可持续性发展能力的增强。从课程制度来看，高校课程制度应保障学生学习的自由，除了学生必须学习的专业课程之外，学生要有自主选择辅修课程的权利，以保障学生从个人兴趣出发，不断提升个人的综合素质。除此之外，高校制度还必须保障学生自主进行实验、自由使用学校教育资源的权利，以充分激发学生的创新思维和探索意识，确保学生综合素质的提高。在学习之外，学生作为未来社会的参与主体，高校还应充分保障学生参与社会实践活动的权利，在实践中不断培养学生各方面的能力，全面提升学生的综合素质。

（二）高校制度育人应注重制度的德育性

高校制度育人的关键在于提升高校学生的综合素质与能力，其中，德育素质作为高校学生最主要的素质之一，在学生的成长和发展过程中起着极为重要的作用。高校制度的管理者和设计者应有意识地从培养学生道德品质出发，不断增强高校学生的职业道德，激发学生的优良道德品质，将外在的道德指导转化为学生内在的道德驱动。具体可从以下三个方面着手实现。

其一，高校制度的管理者要充分尊重学生。

我国传统教学中以教师为主体，教学过程常采用灌输式方式，而随着我国高校教学制度的改革，学生作为教学主体在教学中所发挥的作用越来越大，当前已建立起以学生为核心的教学观。在以学生为核心的教学工作中，教师应充分尊重学生，从学生的需要出发，为学生提供必要的教学服务。而高校管理工作也是如此，例如，高校资助制度管理工作中，一方面，高校制度的管理者应充分尊重学生，有的贫困学生由于家庭经济原因可能会产生较强的自卑心理，对此，高校资助工作的管理者应在对学生进行经济帮扶的同时，对贫困学生的心理进行引导，以帮助贫困学生建立信心去克服困难。另一方面，高校制度的管理者应充分尊重学生的兴趣，有的学生除对学习表现出较大兴趣外，还对创新、创业等表现出极大的热情与兴趣，对此，高校管理者应充分尊重学生的选择，不断建立和健全高校的创新创业制度，积极推动高校大学生素质的全面发展。

其二，高校制度管理者和执行者应保持公正和公平的态度。

高校制度的设计者、管理者和执行者在进行制度设计、管理和执行时，应坚持公平和公正的原则，一切从育人的效果出发。尤其是在制度管理和执行过程中，应公平合理地对待每一位学生，不论学生出身如何、来自何地、家庭经济状况如何，以及学生的个性、特长和兴趣等如何，均应对学生一视同仁，在教学中应对不同性格、不同心理需求和学习需求的学生因材施教，全力保障每一位学生的权利。除此之外，当学生按照规定履行相关义务时，应对学生进行适当奖励，以确保学生权利和义务的统一。高校学生正处于心理敏感期，对自身所受的待遇十分敏感，如果学生在学习和生活中感受到不公正待遇将直接影响高校学生的学习积极性和良好道德的培养。对此，高校制度的管理者和执行者的公正态度和公平性能够充分激发学生养成良好的品质，促进学生良好行为的养成。

其三，高校管理者在制度管理中应建立强烈的责任感。

高校制度的设计和制订均是出于培养人才的目的。而这一目的能否顺利实现，关键在于高校制度的执行是否到位。因此，高校管理者在进行制度管理中应建立强烈的责任感。高校制度涉及方方面面，使得管理工作十分琐碎，而高校的主体是学生，学生作为一个十分活跃的群体，其行为具有一定的不可控性。学校的规章制度在对学生进行管理的过程中，不可能面面俱到，对许多事件的处理并没有明确的标准，这时就需要管理者在对制度的执行中保持足够的责任心，始终将学生的发展放在第一位，唯有如此，才能扎实做好学生工作，确保高校管理工作的顺利进行，确保高校制度管理中的育人目标顺利实现。

（三）高校制度育人应重视制度反馈

一种制度是否适合发展的需要，应在实践中进行检验，高校制度也是如此。高校制度制定后，应从育人角度出发，对其进行检验，并对该制度实施过程中，高校学生的发展状况进行观察，并及时进行反馈，以便不断对高校制度进行改进。例如，新中国成立以来，我国高等教育制度历经改革与发展，以适应不同时代学生发展的需求。同时我国高校资助制度几经变化和发展才形成了相对完善的资助体系。在高校制度的执行和反馈中，应不断加强学生的自我管理，从而实现育人的终极目的。这一点可以从两个方面体现出来。

其一，不断增强高校学生参与制定制度的能力。

高校大学生作为未来社会和国家的建设人才，其能力高低直接关系到未来国家和社会的发展。高校管理者在管理过程中应充分发挥学生的主体作用，让学生充分参与到高校的管理工作中去。这一点须在高校的规章制度中有所体现，即从学校的规章制度入手，以不断提升高校学生参与管理工作的积极性和主动性。高校学生作为未来社会的建设人才应当具备各方面的能力，其中管理能力即是重要的能力之一。高校学生管理能力的培养体现在多个方面。增强高校学生参与制定制度的能力，一方面，能够充分发挥高校学生参与制定制度的热情，让高校学生充分感受到其所受到的尊重，并在此基础上激发学生的创新思维和创造意识；另一方面，高校学生参与制定制度的行为能够使高校大学生更深切地理解高校各项规章制度的合理性，并自觉化身为高校制度的宣传者，在全力维护学生权利和正当利益的同时，推动高校管理工作的顺利开展。

其二，不断拓展学校师生的交流和沟通渠道。

高校管理制度的顺利实施离不开各种信息的畅通。高校管理中的两个主体即教师与学生，二者之间存在极其复杂的关系。从知识学习上来看，教师作为知识的掌握者，在学生学习知识的过程中承担着重要的传道、授业、解惑的责任；学生作为高校教学活动中的主体之一，在高校教学管理中既是知识的接受者，同时也是知识的反馈者。教师和学生之间的关系既是教与学的关系，也是相互影响和相互促进的关系，还是一种平等关系。高校教师与学生之间的交流通畅不仅有利于教学效果的提升，推动学生知识和能力的提高，还能够推动高校制度的顺利实施，使学生养成遵守规章制度，严格要求自己的习惯。

二、制度育人在高校资助育人工作中的体现

高校资助育人制度并非无根之木，无水之源，而是具有明确的理论作为后盾。制度育人在高校资助育人工作中的作用十分明显，是高校精准资助、提升高校资助实效性的重要保证，主要体现在以下三个方面。

（一）制度育人是体现高校资助中以学生为本的主要体现

制度育人理论主要是说明制度是重要的育人资源，它是研究高校精准资助制度育人问题的重要理论支撑之一。主要是从思想政治教育学基本范畴和其载体思想来探讨制度育人理论价值。高校资助育人体系中的核心是育人，这一点与制度育人的核心相同。高校资助育人是以学生为主体，充分体现出高校资助工作中解决学生的家庭经济问题，以及培养学生综合素质与能力的功能，即济困和育人功能。从高校贫困学生的角度来看，高校贫困学生的资助要求呈现出多元化的特点，主要表现在高校贫困学生的思想要求多元化、高校贫困学生的资助需求多元化两个方面。

其一，高校贫困学生的思想要求多元化。

高校贫困学生的家庭致贫原因不同、家庭成长环境不同、学生个人学习状况不同、学习心理素质不同、学生所经历的生活磨难不同等均会对贫困学生的思想产生影响。从整体上来看，高校贫困学生的思想呈现出健康的一面，然而，不可否认其中细微差别千变万化。有的高校贫困学生由于长期承受着巨大的经济压力，导致其在日常交往中常因自己的衣食住行与同学之间相差较大而产生强烈的自卑心理，性格多疑敏感。有的高校贫困学生则由于家庭致贫原因为生意失败而导致家庭经济贫困，然而父母等家庭成员的能力较强，因此贫困只是一时之境，此外贫困学生本身也并没有沉重的经济负担，这类贫困学生的性格相对来说较为乐观。也有的贫困学生因家庭贫困而饱尝人情冷暖，因此产生了强烈的自立自强心理。还有的贫困学生由于自身家庭经济状况与社会平均经济状况之间的差距过大，因此产生了自暴自弃心理，以及有的贫困学生产生了强烈的金钱崇拜等。这些多元化的思想对高校资助工作者提出了较高要求。同时，也对高校资助制度育人提出了较高要求。

其二，高校贫困学生的资助需求多元化。

高校贫困学生的心理不同、家庭经济状况不同，其对资助的需求也不相同，这也为我国高校资助育人的精准化提出了较高要求。高校资助育人的着眼点是育人，而在育人过程中应充分关注学生的心理，并对高校贫困学生的资助需要进行分析，在缓解学生经济压力的同时，从学生的心理入手，对学生进行

不同维度的帮扶，帮助学生建立积极健康的道德情感和道德观。这一切均体现了以学生为本的思想，是制度育人的重要体现。

（二）制度育人是适应高校资助育人体系的主要发展要求

我国高校资助育人体系是在新中国成立后逐渐摸索与发展而来的，体现了随着时代要求而发展的特点。我国高校资助制度在历史上历经多个历史发展阶段，每个发展阶段所形成的资助制度均与当时的社会历史背景有关，符合当时社会发展的需要。从高校资助制度来看主要经历了四个发展阶段。新中国成立后，受当时的高等教育精英发展阶段所限，我国高校资助制度主要采用人民助学金制度，这一时期我国接受高等教育的人数尚属少数，虽然同为人民助学金，然而也进行了等级区分，设定了一定的评定标准，主要对学生的生活费和住宿费进行资助，保障学生的基本学习和生活所需。自 1982 年后，我国在人民助学金的基础上，开始试行人民奖学金，出现了奖学金和助学金的并存阶段。从资助方式的变化可以看出我国资助制度的变化，在保障贫困学生的基本学习与生活之外，开始重视学生的学习效果，鼓励先进。之后，人民助学金制度逐渐退出历史舞台，在奖学金之外，逐渐建立起了贷学金制度，虽然在过渡阶段仍以奖学金为主，然而逐渐建立起由国家资助方式为主向信贷资助的方式转变，这一时期的资助工作仍然以保障学生的基本学习和生活为主，逐渐朝着育人的方向发展。自 1989 年以来，我国高校贫困大学生的资助方式逐渐朝着多元化发展，形成了奖学金、贷学金、勤工助学、补助及减免学费资助制度，多元化资助制度的建设标志着我国高校资助制度正从保障型资助朝着育人型资助转变。进入 21 世纪以来，尤其是 2007 年以后，我国高校资助制度形成了奖学金、助学金、贷学金、勤工助学、减免学费及学费补助等为主的多元资助制度，其中，贷学金成为资助制度中的主要资助方式，正式形成了以政府为主导，以高校和社会及个人支持为辅的新型资助体系。随着我国新型多元化资助体系的形成，我国资助制度的精准化和实效性也越来越高。

从以上高校资助育人体系的发展来看，制度在高校资助体系中起着至关重要的作用。我国高校资助制度的发展充分体现出制度育人的特点。制度育人在高校资助中的表现即在对贫困学生进行经济资助，以保障学生的基本学习与生活的同时，也着眼于对学生的发展进行资助，通过奖学金等资助方式，激励学生不断朝着提升专业知识和综合素质的方向发展；通过勤工助学形式对学生的职业技能和人际关系技能、沟通技能等进行锻炼和发展。尽管当前我国高校资助制度存在资助项目设置不具体、不细化，资助制度内容过于空泛和笼统等种种缺陷，导致资助制度育人精准性较低。然而不可否认的是，制度育人是适应高校资助育人体系的主要发展要求。

（三）制度育人是实现高校资助中精准育人功能的必要途径

高校精准资助制度是高校学生管理制度的重要内容之一，提升学生资助工作质量，离不开精准化制度的保驾护航。高校精准资助工作与高校精准资助制度关系正如同管理与制度的关系，两者相互渗透，互为基础，互相促进，相辅相成。精准资助制度的根本目的就在于通过完善的制度体系，保障受助学生的利益，不仅从经济上帮助学生，更要从精神上培育学生。精准资助制度的本意就是服务于学生，促进个体机制发展。我国学者在对制度育人进行研究时，提出了"制度德性论"，该理论指出，只有符合学生利益，体现学生关注点的制度才是好制度。高校精准资助制度就是要落实"真扶贫、扶真贫"的国家要求，更加精准的做好学生资助工作，更加精确的保证制度本身是"好"制度。

高校资助的育人功能体现在高校资助的各个环节中，然而，当前由于我国高校资助育人功能并没有得到足够重视，我国资助制度中的育人功能并没有得到充分发挥，导致我国高校资助制度育人效果不明显，精准性较低。当前，我国资助制度的育人定位较为模糊，长期以来，传统的资助制度仍然着眼于济困功能，较少关注育人功能。我国高校资助育人中，高校资助资源有限，因此，导致我国资助制度育人的现实物质基础相对较为薄弱，资助资源与贫困学生人数之间的差距导致资助资源难以完全覆盖高校经济困难的学生，使得贫困学生基本经济问题不能得到良好解决，高校济困功能之外的育人功能在一定程度上受到了影响。从高校制度育人的精准性来看，高校制度育人的思想引导不够，不能从贫困学生的心理和资助需求出发，不能对贫困学生的心理进行有针对性的引导，导致我国制度育人的精准性较低。除此之外，我国高校资助工作中制度育人的激励性、需求导向性、服务形式等相对不足，这些均导致我国高校资助育人的精准性相对较低。由此可见，制度育人是实现高校资助中精准育人功能的必要途径。

第二节　高校资助育人制度的现状分析

进入21世纪以来，我国已基本建成了高校学生资助育人体系。现阶段，我国高校资助育人制度中形成了助学金、奖学金、助学贷款、无息或低息借款、"绿色通道"、勤工助学等多样化的资助制度，这些资助制度的功效各有优劣。

一、我国高校资助制度的优缺点

我国高校资助方式中，助学贷款和奖学金、勤工助学制度是最重要的三种资助方式。本节主要对我国高校资助制度中的助学贷款资助、奖学金资助制度、勤工助学制度的优缺点进行分析。

（一）助学贷款制度

高校助学贷款制度是我国高校主要资助方式之一，也是高校资助方式中最重要的资助方式。助学贷款是指国家开发银行或信用社等金融机构向符合条件的家庭经济困难的普通高校新生和在校生发放的一种用以帮助家庭经济困难学生支付在校学习期间所需学费和住宿费的资助方式。

高校助学贷款资助方式的主要特点为推迟付费，其优点是能够有效减轻国家财政压力，提高财政资金的使用效率，并有利于增强学生的责任感，同时这一资助制度符合"谁受益，谁投资"的原则。然而，高校助学贷款制度也存在一定的缺点，最鲜明的缺点是需要建立严密的制度以保障贷学金的有效借贷；此外，助学贷款具有学生欠债风险和管理成本问题，在一定程度上加重了贫困学生的心理压力。除此之外，助学贷款的形式也相应地加重了学生毕业后的负担。

我国助学贷款制度最早可追溯至20世纪90年代，1999年6月，国务院办公厅转发中国人民银行、教育部、财政部《关于国家助学贷款的暂行规定》，当年将中国工商银行作为助学贷款的经办银行，在北京等八个城市的中央部委所属高校中进行试点，拉开了我国助学贷款制度的序幕。2000年8月，在经历了一年的试点后，我国助学贷款制度开始在全国范围内推广开来，其中，所涉银行由一家扩展至四家，即中国工商银行、中国建设银行、中国农业银行、中国银行。与此同时，我国高校助学贷款制度的细则进一步完善，此时我国助学贷款为有息贷款，贷款利息与市场利息相同，政府在学生学习期间及毕业后的还款期限内为学生提供部分补贴利息，贷款担保形式为学生个人信用，贷款金额上限为每人每年6000元，所贷金额于学生毕业后四年内还清。这一助学贷款政策试行几年后进展并不顺利，一些地方银行相继停止对学生贷款申请的审批工作，这一现象使得我国高校贫困学生遇到了较大的经济障碍。对此，2004年6月8日，教育部、财政部、中国人民银行、银监会（现为银保监会）等部门联合发布了《关于进一步完善国家助学贷款工作的若干意见》，该意见对国家助学贷款制度进行了重大修订，一方面进一步完善了国家助学贷款政策，助学贷款利益与市场利益相同，学生就学期间实行国家100%贴息政策，毕业后还款期限延长至六年，还款期限内的助学贷款利息由学生个人支付。同时推出了还贷减免政策，并加强了对我国高校助学贷款制度的监督力度。对违约学生采取曝光处理。另一方面，我国高校助学贷款的银行由国家指定的方式改为通过招投标的方式确定放贷银行，规定助学贷款每年的贷款人数为高校在校生总人数的 20%。除此之外，我国高校助学贷款制度还进一步建立和完善了贷款风险防范与补偿机制。

从改革后的高校助学贷款来看，高校助学贷款的覆盖范围相较之前更广，使高校贫困学生的受资助面更加广泛。尽管高校助学贷款的比例相对来说并不平衡，然而助学贷款的比例仍然是中国高校资助育人体系中最高的资助方式。高校助学贷款改革后，由于学生在校期间的贷款利息全部由政府 100% 贴息，毕业后的利息才由学生承担，相当于受资助的学生在校期间的助学贷款为免息贷款，这在一定程度上减轻了贫困学生就学期间的还款付息压力，因此，极大地刺激了高校贫困学生申请助学贷款的积极性。此外，改革后助学贷款制度将还贷日期从原来的毕业后四年内还清，延长至毕业后六年内还清，此外，根据贷款人的就业状况还可适当宽限 1—2 年。这一政策在一定程度上减轻了高校申请助学贷款的学生对毕业后还贷的忧虑。另外，改革后的助学贷款制度实现了贫困学生获得经济资助，顺利入学并完成学业的愿望。高校助学贷款在一定程度上也实现了国家培养人才的愿望，以及国家扶贫工作中切断贫困代际传播的目的。高校助学贷款改革后，将助学贷款以市场化的操作方式进行运作，每年通过招投标的方式选择放贷银行，这种方式使中标银行有责任按照当年的政策足量发放贷款，并积极对待贫困学生对助学贷款的申请。因此，极大地降低了贫困学生被拒绝贷款的可能性。

尽管改革后的助学贷款制度拥有诸多优势。然而，我国助学贷款制度仍然存在一定不足。其中，我国高校助学贷款实行"风险补偿金"制度，这一制度在一定程度上更加倾向银行的利益，间接加重了高校的风险负担。高校助学贷款中的风险补偿分担机制也并不合理，高校助学贷款中，国家承担了绝大部分风险，而高校也承担了一部分风险，银行承担的风险相对小得多，这一点并不符合"谁受益、谁担责"的理论。另外，我国高校助学贷款中存在贷款学生原则上不超过全体学生的一定比例，然而这一比例在资助实践中却存在"一刀切"的现象。在现实中，由于不同高校贫困学生的分布并不平衡，有的高校的贫困学生小于国家规定的高校助学贷款人数所占的比例，因此，能够满足高校贫困学生的受资助需求；然而，在一些学校，尤其是西部经济欠发达地区的农、林、矿、油等院系的贫困学生的比例高达 50% 以上，而高校助学贷款远远不能满足此类学校学生所需的资助需求，因此我国助学贷款的比例及精准性存在不合理性。高校助学贷款中规定贫困学生每人每年不得申请超过 6000 元以上的贷款金额，由于我国高校近年来学费呈现出上涨的趋势，尤其是一些艺术类学校，动辄上万元的学费，使得高校助学贷款远不能满足贫困学生的求学梦。高校助学贷款的还款期限进行了延长，然而与国外一些国家长达十年甚至数十年的贷款期限相比，我国高校助学贷款的期限相对较短，对这些刚走出校门的贫困学生带来巨大的压力。

（二）奖学金制度

奖学金制度是我国高校资助方式中的重要组成部分，主要指政府、高校及其他资助机构为奖励优秀学生设立的赠予性资助资金。高校奖学金资助相对于其他资助方式要求较高，只有当学生的科学文化知识和综合素质达到一定程度后才能获得奖学金，这也是高校奖学金的突出特点之一。高校奖学金的突出特点之二在于其属于赠予性资助，无须偿还。高校奖学金制度的优点在于，其具有较强的激励性特点，能够促进学生发奋学习，并培养学生成才；缺点在于高校奖学金的优异对象是面向全体学生，与贫困学生的交叉性较小，并且奖学金资助的名额有限，不能有针对性地解决贫困生群体的经济问题。

我国奖学金制度最早于 1986 年由国家教委和财政部根据国务院批准的《关于改革现行普通高等学校人民助学金制度的报告》中提出，1987 年入学的本科普通高等院校的新生中全面推行奖学金制度。奖学金制度具有较强的激励作用，奖学金制度是通过加强素质教育，不断提升高校学生的优势素质，并对贫困学生自身所具有的优势素质进行评价与鼓励，通过奖学金实现济困的资助目的，实现高校资助工作中的育人目标。

奖学金是高校资助方式中最具有育人功能的资助方式之一。奖学金对学生具有教育、引导和激励等重要功能。其中，奖学金的培育功能主要体现在奖学金制度体系内涵的价值取向是学校关于人才培育理念的体现。奖学金属于无偿资助方式，资助数额一般相对较大，然而由于奖学金的特点，使得只有小部分学生才能享受奖学金，这就涉及严格的评选标准、规范的评选程序及丰富多样的表彰宣传活动、感恩励志主题教育，通过这样的程序不断激励贫困学生奋发向上，树立正确的世界观、人生观和价值观，树立进取精神、竞争意识和感恩意识，提升学生的自我认知和自我完善能力，培育良好的校风和学风建设。

奖学金的引导功能主要表现在奖学金的评选要求上，奖学金作为一种数额较大的无偿资助方式，虽然资助范围相对较小，却是贫困学生竞相争夺的资助方式之一。奖学金根据资助主体不同，可以划分为国家奖学金、外设奖学金和校设奖学金；根据奖学金类型来看，还可以划分为综合奖学金和单项奖学金，无论哪一种奖学金均有着明确而严格的资助标准和要求，要求贫困学生必须以此为参照调整自己的行为，朝着人才培养的方向发展。

奖学金的激励功能主要表现在奖学金的性质方面。奖学金是高校资助方式中一种独特的资助，也是学生认可度最高的一种资助方式，被大学生视为最高荣誉。奖学金的资助数额一般较高，在对学生进行经济资助的同时，还具有较强的精神激励，意味着大学生通过了严苛的考验，无论学习还是综合素质均值得嘉奖和肯定，而此时期大学生正处于心理敏感时期，视荣誉为生命，渴望被肯定和认同，而高校奖学金则正好具备了这样的功能，能够为大学生带去极强的激励作用，激励大学生奋发向上，自立自强，不断攀登。

（三）勤工助学制度

勤工助学是指学生在学校的组织下利用课余时间，通过自己的劳动取得合法报酬，用以改善学习和生活条件的社会实践活动。勤工助学是高校学生资助工作的重要组成部分，也是提高学生综合素质和资助家庭经济困难学生的有效途径。勤工助学的主要特点是劳动性，其优点在于，既能够在一定程度上缓解贫困学生的经济压力；又能够在劳动实践中培养学生自立自强的品质，增强学生的劳动意识和能力。其缺点在于高校的勤工助学岗位往往十分有限，不能有效解决高校贫困学生的普遍经济问题，并且在一定程度上存在着挤占学生学习时间，影响学生学业的缺点。

勤工助学制度作为一种有偿资助形式，具有提升贫困学生综合素质的功能。贫困学生在参加勤工助学实践时，可以锻炼个人的交际能力、沟通能力和协调能力，不断提升个人的专业技能。同时，勤工助学活动还能影响贫困学生的精神面貌和心理状态，使贫困学生养成自立自强的精神，并产生一定的成就感，有利于贫困学生形成更加平和的心态。

当前，我国勤工助学制度具有一定的缺点，即勤工助学的资金难以维系、岗位资源有限，并且勤工助学岗位与学生的专业联系不高。根据我国《高等学校学生勤工助学管理办法》，高校勤工助学活动必须在不影响正常教学秩序及学生正常学习的前提下有组织地开展。勤工助学的资金由高校负担，一般从高校的学费收入中提取。然而许多高校并没有遵循这一规定，没有拿出足够的资金用于支持学生的勤工助学活动，这就导致高校勤工助学活动中的劳动报酬较低，导致勤工助学活动的经济助困功能大大减弱，严重影响了学生参与高校勤工助学活动的积极性。高校勤工助学活动的设岗原则为以工时定岗位，按照每个家庭经济困难学生每月平均上岗工时不低于 20 个小时作为标准，测算出本学期内全校每月所需的勤工助学总工时数，再以此为标准安排高校勤工助学岗位。实际上，高校勤工助学资源严重不足，性质单一，大多是行政管理助理及后勤服务等。而校外勤工助学岗位资源则由于和学生的上课时间相冲突，难以使学生获得校外报酬较高的岗位，此外，出于对学生安全考虑，校外勤工助学岗位资源远远不足以满足学生的需求。这就导致大量勤工助学岗位来自校内，然而不仅数量较少且与学生的专业课程的联系性较小。

对此，新时代高校资助育人体系中应不断提升高校勤工助学制度的效能，从学生成长和成才的角度，不断对传统的勤工助学模式进行改革，为不同成长阶段的贫困学生提供不同的勤工助学岗位服务，以充分发挥勤工助学制度的优势，培养学生成才。

二、我国高校资助制度的现状与革新

（一）高校资助制度现状与不足

当前，我国高校资助制度中存在一系列问题和困境，主要表现在当前我国资助制度中的国家助学贷款的配套制度不合理、勤工助学制度存在种种问题，社会参与力量严重不足等方面。

国家助学贷款经过多年实践后，其不足与缺陷逐渐暴露出来，主要表现在以下两个方面。一方面，高校助学贷款的风险性逐渐凸显。我国学生资助管理中心近年来的数据显示，部分受资助的贫困学生在毕业后由于就业困难、流动性大、信用意识较差，或由于毕业后继续考研深造等情况，没有及时还款，造成较为严重的拖欠贷款现象。尤其是近年来，随着我国信用体制逐渐建立起来，贫困学生拖欠贷款者被列入黑名单，有关助学贷款的诉讼则在全国各地频繁爆出，严重影响了良性助学贷款的实施。另一方面，高校助学贷款中一些条款的设计不够合理。我国高校助学贷款的还款期限为六年，这与国外一些国家中动辄十几年甚至几十年的助学贷款相比，带给学生的还款压力相对较大，尤其是大学生刚毕业参加工作时，由于工作不稳定，经济实力相对较弱，因此在规定期限内还款具有较大压力。另外，我国助学贷款的上限为每人每年不超过6000 元，这一规定虽然符合大部分高校专业的需求，然而由于近年来的高等教育改革，许多高校的学费相应上涨，尤其是艺术类专业的学费远远高于高校助学贷款的金额设定。这就使得一些贫困学生即使申请了助学贷款也远远不能缓解其经济压力，甚至有的贫困学生申请最高限额的资助贷款后不仅连学费都不够，住宿费和生活费也难以解决。另外，助学贷款是一种带有一定公益色彩的资助，尽管高校大学生在校期间的贷款利息由国家进行 100% 补贴，然而，高校贷款学生在毕业后必须承担相应的利息，这一规定体现出银行作为助学贷款的放贷机构追求商业目标，其与助学贷款的国家角度来看存在一定的矛盾性。国家之所以支持高校助学贷款，是因为高校助学贷款可以极大地缓解贫困学生眼前面临的经济压力，极大地减轻了国家财政负担，维护了社会稳定，同时确保了高校的稳定发展。然而，从一定意义上来看，国家助学贷款与贷款银行的社会效益有所冲突。

勤工助学制度是高校资助工作中能够有效提升高校学生综合能力和个人素质的有效途径。当前勤工助学制度中各校的岗位多设置在校内，我国教育部和财政部颁布的《高等学校勤工助学管理办法》中指出，高校勤工助学岗位的酬金每小时不低于 8 元，然而当前高校勤工助学制度中由于助学岗位不足，并且勤工助学资金也不到位，导致高校勤工助学岗位的数量严重不足，资金也相对短缺，高校贫困生即使得到勤工助学岗位后，其所得到的经济补贴也不足以满足贫困学生的日常生活所需，难以解决贫困学生在日常生活中所面临的经济困难。我国高校勤工助学岗位中由于岗位的适应面较窄，大多为简单的体力工作，不能体现出高校贫困学生的专业素质，也不利于学生提高自己的能力。高校勤工助学岗位能够为学生提供的岗位数量少之又少，而校外工作则由于安全问题，以及时间的不可控性特点，因此，高校勤工助学制度受到的限制较大。

社会力量参与不足，社会力量包括社会上的企业、单位和个人等，这些群体常常也是高校贫困生资助工作的主体，但这些主体当前参与度不足。当前，我国高校绝大多数资助金额是由国家支付的，企事业单位与个人在高校资助活动中的投入力度不足，尤其是与国外有些国家相比，相差较大，不能很好地发挥社会力量对高校贫困学生的资助与支持作用。企事业单位和个人等社会力量在高校贫困生资助中所发挥的支持作用不足。其实社会单位和个人等社会力量为高校提供的勤工助学岗位十分有限，有的社会单位在对待高校贫困学生时缺乏基本的关心和指导，没有将高校贫困学生当作与其他员工平等的劳动力，而是将其当作廉价劳动力，并利用高校贫困生急于得到工作的心理，对贫困学生进行欺骗并随意克扣高校贫困学生的工资，这些现象均不利于社会力量在高校资助工作中的作用的发挥。社会力量对高校贫困学生的支持在高校中的分布也不平衡。重点院校的高校资助力度相对来说较大，社会资助资源也相对较为集中。而那些名气一般或没有特色专业的地方高校所得到的社会支持相对较小。

（二）高校资助制度的改善与革新

针对高校资助制度中出现的种种不足，我国高校资助制度应进行相应的革新。具体可以从政府、高校和社会三个方面着手。

其一，从政府角度来看，应不断加大政府财政收入，以便形成良好的政策环境。

政府在高校资助制度中起着绝对主导作用，政府的政策环境变化能够对高校资助产生重要的影响。政府应当合理规划教育成本，制定合理的学费价格。除此之外，政府还可以在高等教育改革中实行弹性学分制，适当放宽学生的学习年限，这就使得学生能够在学习之余获得充足的个人时间，而家庭经济贫困的学生则可以在学习之余获得更多课外勤工助学岗位，以便能够从事各种与其专业技能相关的工作，并从中获得一定的经济收入，达到改善贫困学生经济状况的目的，同时也能极大提升贫困学生的综合素质。除此之外，对于学习刻苦的贫困学生来说，弹性学分制可以让贫困学生在短时间内集中于学习，并以优异的成绩而提前毕业，走进社会后凭借自身的能力获得足够的经济保障。另外，针对当前我国高校资助工作中企事业单位和个人力量参与不足的情况，政府可以通过号召或相关法律法规进行规范和硬性要求，以便使我国高校资助力量走向多元化、规范化的道路，改变当前高校资助中出现的种种随意克扣贫困学生工资的不法行为。

高校资助育人工作中，政府还应发挥管理效能，有效解决高校资助育人工作中效率低下和精准性低的问题，通过建立健全、高效的工作机制，进一步完善资助工作的监督机制，加强事前审批、事中与事后监管等环节，推动高校资助工作的规范性发展，提高资助工作的效率。

其二，从社会角度来看，应加强对高校资助工作的关注。

当前，我国高校资助育人工作中社会力量的参与多为自发行为，因此，社会力量的参与广度和深度均不够。我国社会资源应在进一步整合的基础上为广大贫困学生的成长和成才搭建更好的平台，更好地发挥社会各界的作用，扩大高校贫困学生的受资助范围，进而不断满足贫困学生的经济需求，同时为高校贫困学生提供更多创新实践机会，以及实习岗位和职业生源规划辅导等，从而在对高校贫困学生进行经济和物质资助的基础上，进一步提升高校贫困学生的综合素质与能力。除此之外，还可以充分借助媒体的传播优势，通过媒体号召加强社会力量对高校的多角度、多元化资助，提升高校资助效果。

其三，从高校角度来看，应进一步对高校资助资源进行整合。

高校作为贫困大学生资助的主体单位，在落实国家资助政策，加强学生培养、实现社会和谐、维护社会稳定等方面起着重要的、直接的作用。当前，高校资助育人工作的实效性和精准度不高，与高校资助育人制度的不足有着直接关系。对此，高校应进一步健全资助工作中事前、事中、事后的规范性，提升高校资助工作的法治化、科学化和专业化水平。除此之外，高校资助工作中还应加强对育人体系的重视，将着眼点放在帮助学生建立正确的世界观、人生观和价值观方面，将资助工作与大学生心理健康教育、生涯发展教育、创新创业教育等结合起来，引导高校受资助的学生在接受资助过程中提高个人的综合素质。

第三节 高校资助育人制度的作用与对策

高等教育肩负着为国家和民族培养优秀人才的重任，而高校资助育人制度则具有培养家庭经济困难学生成长和成才的功能，从制度育人角度来看，高校资助育人制度在高校精准资助和精准育人中起着至关重要的作用。本节主要从高校资助育人制度的作用和对策两个方面分析制度育人在高校资助育人中的重要功能与作用。高校资助育人制度具有济困、激励、服务、发展等作用，这里主要从这四个方面对高校资助育人制度的功能进行分析。

一、高校资助育人制度的济困功能与对策

济困功能是高校资助育人制度的基本功能，也是最重要的功能之一。高校家庭经济困难的学生面临着无法缴纳学费、住宿费、生活费等困难，而我国高校资助育人制度则为贫困学生直接缓解了经济压力，为贫困学生提供了顺利完成学业的条件。因此，济困功能是我国高校资助育人制度的基本功能。

（一）高校资助育人制度的济困功能

近年来，随着我国高校资助育人制度的逐渐完善，我国高校资助育人功能开始朝着精准化和实效化的方向发展，资助育人制度中的济困功能也是如此。主要表现在以下两个方面。

其一，高校资助育人制度中对资助对象的精准化要求越来越高。

资助对象的确定是高校资助育人制度的第一步，只有确定了资助对象，才能有针对性地对高校贫困学生进行资助。我国资助育人工作中存在着资助对象确定困难的现象，这是由高校学生的地域分布造成的。我国高校的学生来自五湖四海，地域跨度较大，高校资助育人工作量较大，对于每个贫困生的情况不能一一到访核实。只能依靠贫困学生提供的证明材料作为依据，这就为高校资助育人的精准性带来一定隐患。另外，我国高校资助育人制度中普遍还未形成动态性观察制度，没有建立起相应地动态信息库。一些贫困学生在入学时的确

符合家庭经济困难的标准，然而在学生入学一段时间后，其家庭经济状况得到了改善，该学生已不符合贫困学生的标准，然而由于我国高校对贫困学生家庭情况了解不及时、不全面，导致无法对贫困学生的家庭经济情况进行核实。此外，还有一部分学生在入学时家庭经济状况良好，然而入学一段时间后，由于种种原因，家庭经济状况急剧下降，导致高校学生从非贫困学生成为贫困学生，如果高校不能及时掌握学生的家庭经济状况变化，则很难对高校贫困学生的资格进行精准评定，相应地也会对高校贫困学生资助和育人工作的精准性和实效性产生影响。因此，我国高校资助育人制度对资助对象的精准化要求越来越高，只有提升高校资助对象的精准化，才能更好地发挥高校资助育人制度中的济困功能。

其二，高校资助育人制度对高校资助的丰富性要求越来越高。

高校资助育人资源是高校资助育人制度的基础，当前，我国高校资助资源主要以国家资助为主，我国高校资助资源的主要功能为济困功能。我国早在20世纪时期就提出了高校资助的目标，即"不让一个学生因为家庭经济困难而失学"，这一目标就是高校资助中济困功能的体现。当前我国高校资助育人制度中已形成了多种资助方式，这些资助方式共享我国总体资助资源，并将资助资源进行划分，以确保我国高校济困功能的实现。其中，助学贷款作为我国覆盖面最广的资助方式，每年的资助覆盖率可达当年在校生 20% ~ 30%，有的省份高校助学贷款覆盖率甚至超过 30%。这些助学贷款主要用于高校学生的学费和住宿费，具有鲜明的济困功能。勤工助学是我国高校资助方式中最主要的方式之一，勤工助学主要用以解决高校贫困学生的日常生活费用，贫困学生通过劳动换取一定的经济补助，这种经济补助相对较少，仅能用于改善贫困学生的日常生活。除此之外，奖学金则用于对高校品学兼优的学生进行奖励，然而与贷学金相比，奖学金的覆盖面相对小得多，只能覆盖全体在校生的 2% ~ 3%。近年来，随着我国高校资助育人制度的不断完善，隐性资助、"绿色通道"等资助方式相继出现，使得我国高校的资助方式越来越丰富。而高校资助育人制度的不断完善在一定程度上促进了高校资助济困功能的精准化。

（二）高校资助育人制度的济困功能对策

针对高校资助育人制度中济困功能的不足，具体可从以下两个方面入手进一步增强高校资助育人制度济困功能认定的精准性。

其一，增强高校贫困学生认定的精准性。

增强高校贫困学生认定的精准性是实现高校资助育人制度济困功能的重要方法，具体来说，增强高校贫困学生认定的精准性有赖于建构一套定性与定量结合的认定指标。该认定指标包括学生家庭、生源地、辅导员及学校等基础信息，该信息中的学生情况包括学生有无重大疾病、是否为孤儿、是否残疾，学生是否接受了社会资助、国家资助、学校资助或个人资助，是否曾参加勤工助学；学生的月消费金额；是否拥有贵重电子产品并具体说明名称及金额等；家庭具体情况则包括贫困学生所在的家庭是否享受低保，家庭成员中是否有重大疾病患者，是否遇到过突发事件或自然灾害，父母是否为单亲；家庭固定资产情况，以及家庭成员工作及年收入，是否为军人烈士家庭等。生源地情况主要包括生源地最低生活保障水平与学生就读学校所在地最低生活保障水平之间的比较；生源地所处地域；生源地经济发展水平等。学校情况包括学校的性质、层次、学校所在城市及当地经济发展水平，学生就读学校的专业等情况。此外，该指标须与学生思想教育相结合，重点考察学生的思想、态度、心理品质。只有这样才能构建起相对精准的贫困学生画像，才能较为精准地判断贫困学生的情况，为精准济困功能的发挥奠定认定信息基础。

其二，通过建立全员育人意识提高济困的精准性。

这里所说的全员育人，是指在高校资助活动中充分体现资助主体全员化。当前我国高校资助育人制度中的资助资金来源主体主要有：政府、学校、社会及个人。其中以政府为主导，学校从事业收入中提取部分资金，社会及个人设立奖助资金。现阶段由于我国高校资助资源相对不足，因此，高校资助主体应充分发挥价值，通过不断丰富资助资源提高济困的精准性。其中，政府作为高校资助的主体，不仅应进一步加大高校资助投入，还应出台相应的规章制度，规范社会资助模块，激发社会力量的育人情怀。高校则可以通过校企合作的方式，充分带动企业的资助。另外，高校还应出台相关的规章制度，进一步规范学生参与资助工作，增强学生的自助意识，从而提升高校学生的济困精准性。

二、高校资助育人制度的激励功能与对策

（一）高校资助育人制度的激励功能

高校资助育人制度不仅具有济困功能，还具有激励功能。高校资助育人制度的激励功能主要体现在以下两个方面。

其一，思想引导中体现出来的激励功能。

高校资助育人制度在对高校贫困学生进行资助的过程中，也对贫困学生的思想和心理产生影响，使高校贫困学生的理想信念、价值观等发生了一定的变化。高校学生思想的形成受到外界环境的影响，尤其是高校大学生的思维处于极度活跃阶段，其价值观还未形成，极易受到外界环境的影响。而外界的正确引导和激励，可以使高校受资助对象形成合乎健康发展需求的思想。思想是行

为的先导，支配和改变行为。行为表现思想，又通过其效果检验思想。由此可见，思想引导在高校大学生价值观的形成中起着至为关键的作用。从高校贫困学生的思想引导来看，如果高校贫困学生的思想积极、健康，那么通过外界引导可以使其保持这种积极和健康的思想，并使高校资助育人产生较好的启发效果。如果高校贫困生的思想出现种种偏颇，高校贫困生的行为与高校所要求的准则相违背时，也可以通过高校资助育人制度对其思想及时进行纠正。当前，高校受资助的学生的思想主要存在"等、靠、要"的受助意识，相较其他学生群体，具有自卑、封闭等心理。这些不良心理的形成与我国当前各方面教育力度不足有关。从高校资助育人制度来看，则存在着重物质资助轻精神资助，导致资助和育人相脱节，教育与管理相脱节的现象。针对高校贫困学生的这种心理，与高校资助制度中存在的种种缺陷，可以发挥资助制度的激励作用，通过不同的资助制度，激励学生形成健康向上、积极乐观、勇于拼搏的精神，从而达到克服高校贫困学生种种不健康心理的目的，使高校贫困学生得到全面发展。

其二，资助过程中体现出来的激励功能。

高校资助制度中的激励功能还体现在高校资助过程中。激励功能包含物质奖励和精神激励两方面作用，体现于资助制度本身和运行过程中。当前，我国高校资助育人制度中的资助方式分为有偿资助和无偿资助两种。其中，有偿资助主要为助学贷款和勤工助学，无偿资助方式主要为奖学金、助学金、学费补偿、学费减免及隐性资助等。其中，奖学金和学费补偿两种方式重点体现了资助的激励功能。国家奖学金作为高校本、专科学生奖学金项目的最高荣誉品牌，对于激发广大学生勤奋学习、努力进取的热情，坚定报效祖国、服务社会的信念起到了重要作用。[①] 从中可以看出奖学金制度的初衷是以物质资助的方式，奖励特别突出的、品学兼优的学生，给予他们努力的肯定和荣誉，期望他们能够将优秀能量传递给更多的学生。物质奖励是基础，精神奖励是持久力。奖励先进，肯定成果，充分发挥他们的榜样示范带动作用，影响周围人，使其奖励功能得到更大范围的发挥。[②] 只有充分发挥高校资助中的物质激励和精神激励作用，才能使制度育人产生出持续性影响。

（二）高校资助育人制度的激励对策

高校资助育人制度中的激励对策可从以下两个方面着手。

---

① 《行为养成教程》编写组. 行为养成教程 第2版 [M]. 重庆：重庆大学出版社，2016：49.
② 罗恒. 高校精准资助的制度育人研究 [J]. 祖国，2019（第8期）：196.

其一，借助校园文化发挥高校资助育人制度的激励功能。

校园文化是指在校园范围内形成的，包括精神、行为、环境、资助文化在内的文化状态，有助于对学生进行观念意识、认识、理念等引导，能够有效保证学生全面发展。良好的校园文化能够有效消除高校贫困学生不健康的心理，培育贫困学生自尊、自信、自立、自强的精神。例如，通过在校园中开展的"资助诚信知识"大赛、资助诚信征文评选、资助诚信趣味运动会、资助诚信公益行等校园主题活动，能够形成独特的诚信校园文化，有利于在潜移默化中培养学生的诚信意识。又如，通过在校园环境建设中融入诚信、感恩等元素，或在校训、校规中融入良好的道德品质等内容以创建良好的校园诚信和感恩环境。再如，通过在校园中的举办学生喜闻乐见的感恩主题讲座，感恩家书、感恩主题征文评选。离校学生毕业教育、校领导看望寒暑假留校受助学生，"三下乡"义务支教，关爱"留守儿童"等系列主题活动，营造良好的校园感恩环境，并借此培养学生的感恩情怀，帮助其树立正确的世界观、人生观和价值观。

其二，借助制度完善并强化高校资助育人制度的过程激励。

高校资助育人制度具有激励功能，为了充分发挥资助育人制度的激励功能，可以通过对资助制度进行改进和完善，使其更能显现情感激励的作用。例如，对奖学金制度进行完善，通过对奖学金评定方法进行改革，增强奖学金评选过程中的候选人展示，通过候选人对自我成绩及实践活动的展现，让评议小组的同学更加全面地了解他们，并根据参评人的实际情况进行评选，这种评选方法在一定程度上充分调动了贫困学生的学习积极性和主动性，对高校贫困学生具有直接激励作用。又如，高校所设立的奖学金项目中可以设立专门针对贫困学生的奖项，以此鼓励勤奋好学的贫困学生，鼓励贫困学生通过积极争取获得更加高额的奖学金。另外，在奖学金和助学金的评选中，高校还可以通过优先考虑将受到高校勤工助学资助的学生吸纳到评选中来，以缓解贫困学生的经济状况，帮助贫困学生建立自信。此外，还可以通过进一步完善奖励制度，扩大助学贷款代偿范围等，对高校贫困学生进行情感激励，并逐步使受资助贫困学生在帮扶的过程中实现自助，完成从他助到自助的变化。

三、高校资助育人制度的服务功能与对策

（一）高校资助育人制度的服务功能

高校资助育人制度除了济困功能和激励功能之外，还具有服务功能。高校资助育人制度的服务功能主要体现在以下两个方面。

其一，高校资助需求导向体现出的资助服务功能。

高校资助育人制度的服务功能主要指为受资助贫困学生的学习、生活提供便利，以达到立德树人目标的育人内容。高校资助服务功能的实现离不开对高校资助对象精准资助需求的剖析。我国高校资助对象的资助需求既包括物质方面的需求，也包括精神层面的需求，精神层面需求包含学生在不同阶段最迫切的需要。只有精准识别高校贫困学生的资助需求，才能为其提供其所需要的资助服务。在现实资助实践中，精准识别高校贫困学生的资助需求并不是一件容易的事情。这是因为一方面，高校贫困学生的资助需求与高校贫困学生的家庭致贫原因、学生的性格特点、学习情况及学生的志向、贫困学生心理等均有着直接关系；另一方面，高校贫困学生的家庭经济情况并非处于一成不变的状态，而是一直处于变化之中。因此，精准识别贫困学生的资助需求，需要对贫困学生的家庭经济情况及学生的心理变化等进行细致观察。根据马斯洛需求层次理论，人类的需求从低到高可以分为生理需求、安全需求、社交需求、尊重需求及自我实现需求。从高校贫困学生群体的特点来看，高校贫困学生的需求主要表现为经济需求，而在经济需求满足后，高校贫困学生还具有尊重需求及自我实现的需求。因此，在精准识别高校家庭经济困难学生不同发展阶段的不同程度需求后，高校学生的资助工作才能有的放矢，高校资助育人制度的服务功能也才能体现出来。

其二，高校资助服务形式中体现出的资助服务功能。

当前我国高校已建立了多元化的高校资助育人体系，其中，每一项资助制度都蕴含着服务学生的育人思想，因此，必须丰富这些资助制度中的育人思想使资助制度中的育人思想得到良好发挥。高校资助制度越丰富，其服务功能越精准。高校资助育人制度最初的目的是保障受助学生的经济需求得到满足，在此基础上，为贫困学生营造良好的教育教学环境，为我国高校学生的成长与成才奠定基础，并不断促进高校贫困学生在心理、人际、学习、就业等方面健康发展。例如，绿色通道是我国高校资助育人制度中的一项重要制度，该制度有力地践行了"不让一个学生因为家庭经济困难失学"的承诺，为贫困学生入学前、入学时、入学后进行一系列的资助服务，为缓解贫困学生的经济压力奠定了基础。又如，勤工助学制度需打破现有的资助制度，进一步丰富高校勤工助学岗位，为贫困学生提供足够多的劳务型、学习型、参与型及创新型助学岗位，以充分满足高校贫困学生的资助需求，让高校贫困学生能够在此基础上进一步充实自己，锻炼自身的素质与能力，激发高校贫困学生自立自强的精神，培养他们勤于劳动和思考的习惯。如，临时困难补助制度，以解决学生在经济方面的燃眉之急，为高校贫困学生提供物质上和精神上的帮助。总而言之，高校资助育人制度的形式越丰富，在资助过程中所体现出来的服务功能越全面。

（二）高校资助育人制度的服务功能完善对策

高校资助育人制度的服务功能完善对策可从以下两个层面入手，以便树立精准化资助理念，精准识别学生需求。

其一，通过明确高校贫困学生的资助需求，构建高校资助育人制度服务体系。

了解高校贫困学生的资助需求是高校资助育人制度服务功能顺利发挥的前提，然而要实现这一功能却并非易事。这是因为高校受资助的贫困学生的资助需求一直处于变化之中，在高校的不同阶段，贫困大学生的资助需求也不相同。因此，大学生在四年的大学生活中，不同的阶段有不同的需求，要做好资助育人工作，就要精准的识别学生的阶段性需求。对此，高校可以通过为高校贫困学生建立完善的个人成长方案的方式，精准了解贫困学生不同阶段的资助需求。个人成长方案的形式，现阶段已在北京大学、长安大学等高校中建立起来。具体来说，贫困大学生个人成长方案根据贫困大学生在校期间的年限分为不同阶段，例如，普通本科大学生的个人成长方案可分为四个阶段。第一阶段，贫困学生刚入学时期，这一时期贫困学生面临着经济需求、心理需求和交往需求，对此，高校资助工作者可以通过新生绿色通道制度、助学贷款制度等帮助贫困学生缓解经济压力；通过对贫困学生进行心理咨询与引导，帮助贫困学生缓解心理压力；通过为贫困学生提供勤工助学岗位，使贫困学生在缓解经济压力的同时，还能进一步锻炼其人际交往能力，满足贫困学生的人际交往需求。第二阶段，贫困学生面临着学习需要和发展需要，对此，高校资助育人制度可以通过结对帮扶的资助制度，帮助大学生提升学习成绩，走出学习困境，依托校园文化平台，为大学生提供参与社会实践的机会，满足大学生的发展需求。第三阶段，大学生的认知需求变得十分迫切，高校资助育人制度可以通过对贫困大学生加强思想政治教育，帮助贫困大学生认清自己，并对未来的发展进行规划。第四阶段，贫困大学生最迫切的需求即为就业需求和考研需求，对此，高校资助育人制度可以通过为贫困大学生群体提供完善的就业指导，并针对贫困大学生助学贷款还款的压力对其宣传毕业生贷款代偿办法，引导高校受资助的学生到国家迫切需要的基层岗位上工作；并对有考研意向的学生提供一定的考研补贴，以帮助贫困学生朝着更高的方向发展，减轻高校贫困学生的发展压力。在此过程中，高校资助育人制度可以建立起较为完善的服务体系，以增强服务功能和效果。

其二，通过丰富的高校贫困学生资助实践，完善高校资助育人制度服务功能。

资助制度具有服务功能，作用于学生学习、生活等多方面。高校资助育人制度服务功能的实现，可以通过借助实践平台来实现。例如，针对贫困学生的学习成绩普遍较为落后的情况，通过建立"结对子学习""专业学习培训班""学习主题教育活动""设置科学合理的学习能力培养课程教学"等学习帮扶平台，帮助高校贫困学生有效提高学习成绩，在提升学习成绩的同时，充分感受到高校师生的关爱，激发受资助的贫困学生的感恩情怀。此外，还可以通过优化高校勤工助学制度服务体系，为高校贫困学生提供充足的校内外勤工助学岗位，让贫困学生在进行勤工助学劳动之余，不断提升相应的劳动技能，提升人际交往能力，坚定自立自强、奋发向上的决心。除此之外，高校资助育人制度还可以通过为高校贫困学生搭建多样化的公益活动平台，倡导学生在课外之余，积极参加公益活动。比如，爱心宿舍评选、赠书活动、社区志愿项目等公益活动，在公益活动中充分发挥自身的价值，以帮助更多需要爱心的人们，为其生活和学习提供便利，或帮助其实现自己的理想和愿望，并在此过程中，逐渐走出自卑心理，重新树立自信，形成诚信、感恩等良好品质。

四、高校资助育人制度的发展功能与对策

（一）高校资助育人制度的发展功能

发展功能是高校资助育人制度的另一项重要功能，也是高校资助育人制度的归宿，是育人功能的目的所在，是资助育人制度的终极目的。高校资助育人制度中的发展功能主要体现在以下两个方面。

其一，高校资助制度中的学生平衡发展功能。

高校资助育人制度的出发点和落脚点在于育人，而发展功能则是育人功能的终极目的。高校资助制度中的发展功能离不开高校精准资助育人制度的保驾护航，只有精准地帮助受助学生全面发展，才能实现相应的教育意义，也才能实现教育公平。高校资助制度中学生的平衡发展是指在资助过程中，秉持公平与效率的原则，运用现代管理思想和方法，目标在于资助对象和资助制度同步发展，其最终目标为受资助学生得到全面发展，正确把握高校贫困学生资助过程中的自助与他助，公平与效率及载体性和人文性，不断推动高校受资助学生在资助制度的不断完善下朝着全面发展的方向发展。随着我国高校资助育人制度的不断完善和成熟，我国高校资助育人方式也不断丰富。除了高校资助育人体系中的几种资助方式之外，我国一些高校还有意识地对高校经济困难学生开

展丰富的实践活动。例如，开展家庭经济困难的学生社会实践活动、外出交换留学活动等，不断拓展高校贫困学生的视野，激发贫困学生奋发向上的积极精神，全面提升高校贫困学生的综合素质。又如，我国一些高校为春节期间留校的学生举行各式各样的活动，为高校学生搭建各种发展平台，让高校贫困学生深刻感受到集体关怀和爱护的同时，不断借助学校搭建的发展平台，全面发展自身能力。

其二，高校资助制度评价机制中的发展功能。

我国高校资助育人制度中的发展功能还体现在高校资助育人制度评价机制中。高校资助育人功能的发挥需要有完善的评价机制作为保障。从高校资助育人制度的发展功能来看，完善的评价机制，一方面能够对我国高校资助育人制度产生倒推发展的作用，通过发现并改进高校资助育人制度中的不足和缺陷，有力地推动我国高校资助育人制度的建设。例如，我国高校资助育人制度的目的在于推动学生的全面发展。然而由于我国高校资助育人制度存在不足，导致高校贫困学生的认定、资助的精准化及资助管理、贫困生评选，以及高校贫困生还贷等方面存在种种缺陷。这些不足与缺陷严重影响着我国资助育人制度的精准性和公平性，同时也不利于我国高校对贫困大学生心理的引导，不利于培养高校贫困学生的优良道德品质，以及自立自强精神。通过对高校评价机制的完善，可以对高校资助育人制度中的不足和缺陷予以弥补，从而提升高校资助育人制度的育人效果和发展功能。另一方面，完善的评价机制能够对高校资助育人效果进行巩固，有助于学生资助工作去粗取精，促进学生的持续发展。

（二）高校资助育人制度的发展功能对策

发展功能是高校资助育人制度的发展功能对策的重要组成部分，实现这一功能主要从以下两个方面入手。

其一，通过构建学生平衡发展体系，实现高校资助育人制度的发展功能。

针对受资助学生发展不平衡的问题，高校资助教育部门可以连同学校心理健康教育中心、就业中心、创新创业发展中心等部门之间形成完善的培育学生合作体系，以便为高校贫困学生提供适合的平衡发展环境。例如，高校资助教育中心与心理健康教育中心之间通过密切合作，对受资助学生的学习、生活与人际交往进行分析后，针对贫困学生的心理困境，为受资助的贫困学生提供较全面的服务，以便帮助贫困学生顺利走出心理困境，获得更好的发展。资助教育中心与就业中心之间的密切合作，为受资助的贫困学生传递正确的就业观，并精准分析和识别学生的就业取向，为受资助的贫困学生提供最新就业信息等，在此期间全面提升受资助学生的学习、生活能力及各方面综合素质，进一步提升高校贫困学生的社会竞争能力，使受资助的贫困学生获得更好的发展。高校资助教育中心与创新创业部门的合作，可以为贫困学生提供更好的创新和创业指导，并通过大学生创业基金帮助受资助的贫困学生获得一定的创业资金支持，在创新创业中全面锻炼受资助的贫困学生，使其获得良好的发展机遇。

其二，通过巩固育人效果，实现高校资助育人制度的发展功能。

高校资助工作中可以通过巩固育人效果，实现高校资助育人制度的发展功能。一方面，可以通过建立全方位评估机制增强学生资助工作成效和巩固学生发展效益。全方位评估是指员工自己、上司、直接部属、同仁同事甚至顾客等从全方位、各个角度评估人员的方法。此模式对资助团队来说，可以加强资助育人队伍中各个成员之间的沟通，全面提高团队工作的运行效能，全面巩固育人效果，实现高校资助育人制度的发展功能。另一方面，可以从受资助的贫困学生的角度着眼，通过系统分析受资助的学生在接受资助前后的思想和行为的变化，建立受资助的贫困学生的动态化管理信息库，从而形成系统客观的数据依据，针对受资助的贫困学生的表现及时给予反馈。例如，对受资助的贫困学生所做的善事进行表扬和宣传，对受资助的贫困学生的不良心理进行正确引导等，以便引导受资助的贫困学生建立正确、积极的人生观和价值观，巩固育人成果，推动高校资助育人制度的全面发展。

第五章　高校资助育人的德育分析与研究

德育即道德教育，道德教育是高校教育中的重要组成部分，是培养未来国家建设人才的重要组成要素。我国十分重视高校大学生资助工作中的德育功能。早在2010年，我国出台的《国家中长期教育改革和发展纲要（2010—2020年）》中即提出"高等教育要坚持育人为本、品德为先、能力为重、全面发展的要求，探讨学生资助工作与育人的新思路、新途径、新举措"。[①] 本章主要对高校资助育人的德育功能、德育现状及德育功能建设三方面进行分析。

第一节　高校资助育人的德育功能分析

道德教育是一个古老的话题，道德是一种与人类社会相伴相生的特殊现象，道德的生成、塑造与改造均离不开教育。道德与教育之间存在着天然联系，一方面，道德与教育均为人类社会所特有的活动，是基于人类社会所产生，并为了人类社会的发展而发展的一种独特的行为活动。另一方面，道德借助教育的途径得以延续与传播，并不断发展；而教育则通过道德的传习，使人类意识到自己的使命，并摆脱人类的动物性特征。道德教育即一种道德活动形式，又是教育过程的重要内容，共同指向人的德行的完善。本节主要对德育概念、高校资助育人体系中的德育功能的内涵、特点进行分析。

一、德育概念与内涵

"德育"作为教育学中的一个基本概念，最早是于18世纪七八十年代由

---

① 《国家中长期教育改革和发展规划纲要（2010—2020年）》节选[J]. 教育科学论坛，2017（第20期）：3.

英国学者斯宾塞在《教育论》中提出的。在《教育论》中，斯宾塞明确指出教育可以分为智育、德育和体育。自此之后，"德育"成为教育领域的基本概念。19 世纪末期 20 世纪初期，"德育"一词随着西方教育思想和教育制度陆续传入中国。1902 年《钦定京师大学堂章程》中提出"外国学堂于智育体育之外，尤重德育"，这也是我国较早使用"德育"一词的文件。之后，我国学者在对教育进行论述时也多使用"德育"一词，使得"德育"一词成为我国教育界一个通用的名称。尽管德育一词在我国教育领域中的使用已长达一个多世纪，然而，我国的德育理论却仍未发展成熟，呈现出概念泛化、观念陈旧、逻辑混乱和含混不清的特点。

我国德育理论中出现的概念含混不清和概念泛化的特点与我国现当代不同时期德育概念的嬗变有着直接关系。

新中国成立之前，受近现代德育理论的影响，我国"德育"基本等同于思想道德教育。新中国成立后，受社会主义改造运动的影响，我国"德育"领域顺应当时的政治环境，进行了破旧立新活动，同时积极学习苏联的"德育"经验。由于苏联德育较为宽泛，不仅包括道德教育，还包括政治教育、思想教育和纪律教育等内容，我国德育也开始由单一的道德教育逐渐呈现泛化特点，向政治教育、思想教育和道德教育方向发展。1956 年，我国社会主义改造运动基本完成，1956 至 1958 年期间，我国国内的主要矛盾发生了较大变化，由于国内和国际政治的环境变化，我国对过去几年一味照搬苏联德育模式进行了反思。1958 年，中共中央、国务院颁布了《关于教育工作的指示》，其中在对教育进行阐述时，突出了教育的政治性和阶级性，这一时期的德育主要指思想政治教育。从 1956 至 1976 年间，由于受国内政治教育的影响，我国这一时期的德育转变为政治教育。1976 年 10 月"文化大革命"结束后，自1977 至 1987 年十年间，德育重新回归思想政治教育。这一时期，1982 年我国教育部颁发的《全日制五年制小学思想品德课教学大纲》及《关于认真搞好小学生思想品德教育的通知》中，提出了思想品德教育的概念，1984 年在我国高校中正式设置了思想政治教育专业，并于 1988 年开始招收思想政治教育专业的硕士研究生。1988 年，中共中央发布了《关于改革和加强中小学德育工作的通知》一文，该通知明确指出，德育即思想品德和政治教育；1993 年《中国教育改革和发展纲要》中指出：德育即思想政治和品德教育；到了 1995年《中国普通高等学校德育大纲（试行）》中又对德育的范畴进行了详细说明，明确指出德育即思想、政治和品德教育，从此时开始，品德教育从思想教育中分离出来，成为德育概念泛化的表现之一。1995 年后德育的概念进一步泛化，朝着大"德育"的概念发展。教育部 1995 年颁布的《中学德育大纲》和 1998 年颁布的《中小学德育工作规程》中，均明确指出德育是对学生进行政治、思想、道德和心理品质的教育。进入 21 世纪后，我国"德育"概念仍朝着持续泛化的方向发展。2000 年，中共中央办公厅和国务院办公厅颁布的《关于适应新形势进一步加强和改进中小学德育工作的意见》中指出，要把思想政治教育、品德教育、纪律教育、法制教育作为中小学德育工作长期坚持的重点。从以上德育概念的发展过程来看，新中国成立以来，德育概念一直呈现出泛化发展的趋势。

我国德育概念在不同时期的嬗变直接影响着我国德育概念的内涵与外延。从德育内涵来看，我国德育概念的定义主要存在三种观点，第一种观点为，德育是将一定的社会或阶级的思想观点、政治准则、道德规范转化为个体思想品德的教育活动。第二种观点为，德育是教育工作者按照一定社会或阶级的要求，有目的、有计划、有组织地对受教育者施加系统的影响，把一定的社会思想和道德转化为个体思想意识和道德品质的教育。第三种观点认为，德育是教育者根据一定社会和受教育者的需要，遵循品德形成规律，采用言传身教等有效手段，通过内化和外化，发展受教育者的思想、政治、法制和道德几方面素质的系统活动过程。这三种观点分别代表了德育的转化论观点、施加论观点和内化外化论观点。尽管这三种观点所持有的道德的内涵不同，但具备一些共性，即德育是一种有目的、政治性较强的活动，培养受教育者德性和德行的活动。

从德育外延来看，"德育"具有广义和狭义之分。当前，我国教育界对"德育"外延概念的界定也存在三种观点。第一种观点是将德育等同于道德教育。例如，我国学者鲁洁和王逢贤在其编著的《德育新论》一书中即使用较大篇幅对"德育即道德教育"这一理论进行了较为深入的论述。持有这一观点的学者指出"德育"一词是一个外来词汇，而在外国并没有广义的德育概念，另外，自"德育"一词从 20 世纪初期引入我国后，即成为道德教育的简称。例如，1904 年，我国学者王国维在介绍叔本华的教育思想时，将叔本华的教育思想分为德育、智育、美育三个部分。1906 年，王国维在其文章《论教育之宗旨》中也使用了"德育"一词，而王国维所指的德育即为道德教育。1929 年出版的《教育大辞书》中对"德育"一词的阐释表明该书对"德育"的理解即为道德教育。我国学者张凤池、胡守钧在写作《道德教育的方法与实践》时，即指出道德教育简称"德育"，是针对某些现象，使其自觉遵循其道德行为准则，履行对社会和他人的相应义务，而有组织有计划地施加系统的道德影响。《中国百科全书》中对"德育"的定义为：教育者按一定社会或阶级的要求，有目的、有计划、有组织地对受教育者施加系统影响，把一定的社会思想和道德转化为个体的思想意识和道德品质的教育。第二种观点即将德育等同于思想政治教育。持这一观点的学者认为"德育即政治教育"符合我国独特的教育实际。例如，王立仁教授在其专著《德育价值论》中指出："德首先基本上是一个政治的概念，并不意味着德仅仅是一个政治概念，而是说德在原初上是一个政治概念，在后来的德发展过程中，它基本上是一个政治概念。"除此之外，我国学者黄崇岳在其《中国历朝行政管理》中也将德作为一种政治概念进行阐释。从这些著作中，我国学者从历史角度来看待德育，指出将德育等同于道德教育不能适应中国社会独特的特点，迫切需要扩大德育的含义，将道德教育、思想教育和政治教育收进"德育"这一概念中来。这一观点在学术界和政府颁布的各种政策、规章制度中得到了支持和体现，由此在我国教育界进行推广。第三种观点可细分为德育的三要素说、德育的四要素说、德育的五要素说等观点。其中，德育的三要素说是指德育包括政治教育、思想教育和道德教育；德育的四要素说即指德育包括思想教育、政治教育、法制教育和道德教育；德育的五要素说即指德育包括政治教育、思想教育、道德教育、法纪教育和心理教育等五个方面。本书认同德育的广义概念，即大"德育"概念。

从大"德育"的观点来看，德育与思想道德教育、思想政治教育、学生工作、心理健康教育等均存在一定的联系与区别。

首先，德育与道德教育的关系。道德教育即道德的教育，是社会为成员接受并且遵循道德规范体系的要求，按照一定的道德标准处事为人，有计划、有组织地对其施加系统的道德影响的活动。关于德育与道德教育的关系是我国德育教育的重点之一。有学者将德育等同于道德教育，认为道德教育即是"德育"的狭义概念。将德育等同于道德教育，在我国近现代史上相当长的一段时间内曾是学术界较为认同的观点，然而随着我国社会的发展，这种对"德育"的狭义理解已然不符合时代的要求和发展，从大"德育"的观点来看，德育与道德教育之间是一种包含与被包含的关系。

其次，德育与思想政治教育的关系。在我国德育概念的发展过程中，德育与思想政治教育的两个概念出现的频率均较广，混用场合较多，有时同一篇学术文章中会同时出现"德育"与思想政治教育两个不同的概念。这两个概念之间既存在共同点，也存在不同之处。两者的相同之处在于，两者均是一部分人对另一部分人有意识地实施的影响活动，两者对对象的影响代表一定社会和集团利益，此外，两者的教育目标基本是一致的。两者的不同之处在于，两者产生的时间不同，德育产生的时间较早，是伴随着人类社会的产生而产生的；两者的教育特性不同，思想政治教育受到政治制约、侧重于思想理论方面的政治教育，并通过教育达到使教育对象形成相应政治素质的特点；两者的教育特性不同，"德育"代表整个社会的利益和人类发展的趋势，思想政治教育则主要培养对象的相应政治素质；两者的学科归属也不相同，德育属于教育学范畴，而思想政治教育则属于马克思主义理论学科范畴。

再次，德育与学生工作的关系。从德育内涵来看，德育既包括理论教育，又包括日常学生工作等社会实践教育。有些学者认为，德育教育即为学生工作，将德育工作等同于学生工作；还有的学者认为学生工作属于德育教育，是德育工作的主要内容。本文认为德育与学生工作之间是包含与被包含的关系，学生工作是德育实践的重要途径和学生工作的重要内容。

最后，德育与心理健康教育的关系。关于"德育"与心理健康教育的关系，一些学者认为，心理健康教育属于德育范畴。有的学者则认为德育是一种价值教育，而心理健康教育不具备价值教育的属性，因此，两者有着有根本性的区别，不能将德育与心理健康教育等同，两者之间也不是包含与被包含的关系。不能将学生的心理健康完全归结于德育范畴，两者属于紧密相关的重要领域范畴。

概念之间的混淆会引发教育实践中的误判和误诊，明晰德育的内涵与外延、区别德育与其他相关概念之间的关系，对于厘清德育的边界、正确实施德育实践，以及进行德育理论和德育实践创新均有着重要意义。

二、我国高校德育工作的主要途径

德育工作是一个长期而复杂的过程，高校的德育工作任务和目的是在教育者的引导下将社会道德原则和规范内化到个体道德意识之中，并将其外化为个体的道德信念，形成明确的道德价值观的内化的过程。这一过程是高校德育的首要的和基础的环节，在高校德育工作中起着十分关键的作用，直接决定着高等院校德育工作的成果。我国高校德育的主要途径包括课堂教学、社会实践、大学生组织建设、网络德育和校园文化等几个方面。

（一）课堂教学

课堂教学是我国高校目前最主要的德育工作开展方式。高校中的德育课堂教学一方面体现在马克思主义理论、思政课程、法律课程和心理健康教育课程等德育课程教学上，另一方面则体现在普通学科课堂教学中。在德育课堂教学中，学生直接获取相关德育理论知识；而在普通课堂教学中，教师除了讲授专业知识之外，还在一定程度上向学生传输包括职业道德等在内的德育理念。

（二）社会实践

社会实践是我国高校德育的重要组织形式。开展社会实践活动，一方面能够让学生走出校园，走进真实的社会，在真实的社会环境中了解国情、增长才干，深刻理解马克思主义理论，并从社会实践中真实感受到中国社会的巨大变革，深刻理解中国社会主义建设道德的选择，坚持中国特色社会主义道德的信念，培养学生从中国国情出发，理论联系实际的思考方法，有利于学生的健康成长；另一方面，社会实践还能推动我国物质文明和精神文明建设，培养和造就社会主义事业接班人。

（三）大学生组织建设

大学生组织建设多表现为社团组织，大学社团无论是正式的学生组织还是非正式的学生组织，在大学生道德教育中均扮演着重要的主客体相间的角色。一方面，大学生社团是德育主体的重要组成部分，德育工作者可以借助大学社团组织活动，开展德育实践，提高学生的德育素质；另一方面，大学生社团还是德育客体的重要表现形式，德育活动可以作为社团活动。例如，高校中的创业俱乐部即可通过开展创业活动，培养学生的职业道德等德育素质。

（四）网络道德教育

近年来，随着网络信息技术的发展，网络影响已深入社会的各个角落，大学生作为网络的重要参与者，在利用网络资源提升学习的同时，由于网络的开放性、虚拟性等特点，高校大学生受到网络上多元化信息的影响，易对高校接受的一元主导的德育思想形成冲击。另外，由于网络信息良莠不齐，学生在使用网络时，容易因种种原因在虚拟网络环境中产生网络行为失范。对此，高校的德育工作者应加强对大学生网络健康教育，防止大学生网络行为失范还可以利用各种网络平台或网络软件进行德育，以达到提升大学生德育素质的效果。

（五）校园文化

校园文化建设是高校德育工作开展的基本途径，高校也不例外。高校校园文化是由高校教师和学生共同参与和创造的，能够体现高校师生的精神面貌、文化素质、审美情趣的文化环境。高校校园文化可以分为动态校园文化、静态校园文化和校园文化哲学三种类型。这三种类型的校园文化均存在较强的德育功能。例如，静态校园文化中的校训、校规等；动态校园文化中的主题演讲活动、文体活动，以及社会实践活动等。这些校园文化活动均具有较强的德育功能。因此，加强校园文化建设是中国高校德育开展的基本途径，在高校中起着极为重要的作用。

三、高校资助育人体系中德育功能的内涵及特点

高校资助育人体系中的德育功能与育人功能具有一定的相似性，又存在着一定区别。

（一）高校资助育人体系中德育功能的内涵

高校资助育人体系中德育功能包括物质保障方面、人文关怀及思想行为导向三个方面。其中，物质保障是高校资助育人体系中德育功能的基础。根据马斯洛需求理论，人类的需求层次可以划分为五个层次，其中，物质保障包括学生的衣、食、住、行，以及学费保障，属于人类的基本需求。只有当学生的衣、食、住、行的需求得到保障后，学生才能全身心地投入到学习中。人文关怀，是指让高校受资助的贫困学生感受到国家、社会和高校在资助工作中的人文价值导向和情感熏陶，为贫困学生送去关心和照顾，让处于自卑中的贫困大学生逐渐在各种关怀中卸下沉重的心理负担，快乐地融入大学生活和学习中。大学时期还是个体人生观、世界观和价值观的形成时期。高校资助育人体系中的人文关怀可以引导学生形成正确的世界观、人生观和价值观。思想行为导向是高校资助育人体系中德育功能第三方面的体现，展现出高校资助工作中，对个体心理、思维、情感及意志等多方面素质的影响。高校资助体系中通过德育外化，体现高校受资助贫困大学生的思想、道德是否符合社会发展的要求。因此，在高校资助工作中，应注重学生的思想行为导向。

（二）高校资助育人体系中德育功能的特点

高校资助育人体系中的德育功能具有以下几个特点。

其一，高校资助育人体系中的德育功能具体较强的意识形态特点。

我国高校资助工作中的德育功能是我国高校德育工作的重要组成部分，在促进学生全面发展，确保学校的人才培养方向等方面起着决定性作用，因此，备受我国各级教育工作者的重视。从高校德育的总体性质来看，高校德育思想随着国家意识形态的变化而相应变化的，是国家或政府思想的反映。例如，西方中世纪时期大学的主要目的是为教会培养人才，因此，其资助意识形态基本上也是更好地培养教会人才。我国古代的书院及官学等均属于大学性质的教育，其目的是培养符合统治阶级利益的人才，以维护整个统治阶级的利益。当时的书院或官学多由国家财政拨款建设，古代官学或书院的资助理念是维护地主统治阶级的利益。我国当代高等教育理念是为社会主义建设培养人才，高校

资助育人体系中的国家资助占资助整体的主要部分，也是核心资助主体，当代高校资助育人体系中的德育主要功能即为培养适合社会主义体系的建设者和接班人。

其二，高校资助育人体系中的德育功能具有较强的历史阶段特点。

高校资助体系中的德育功能通常是随着社会政治、经济或思想等变化而变化的。新中国成立初期，教育部召开第一次全国教育工作会议，会上提出借鉴苏联经验，改造旧教育，建设新民主主义教育。创办人民大学，培养建设性人才，为工农服务，为生产建设服务。这一阶段我国亟须各行各业人才。会议强调高等教育要以培养工农出身的新型知识分子为宗旨，这一阶段国家培养工农知识分子全部由国家进行资助，其资助的德育功能即以培养各行各业的工农人才为主。改革开放以后，我国重新恢复了高考，并确立了以经济建设为中心的发展方向，而经济的发展离不开科技的进步和高层次人才的培养。这一时期，我国资助育人体系的德育功能即为探索和培养经济建设人才和科技人才。当前，为了适应世界发展趋势，我国确立了多元化发展、世界一流大学、以人为本、可持续发展的高等教育理念，这一时期我国高校资助理念即实现教育公平，培养适应多元化发展的综合型现代人才。

其三，高校资助育人体系中的德育功能具有相对稳定的特点。

高校不同历史时期资助工作中的德育功能也不相同，然而，不同资助政策下的德育功能并非是零散的、割裂的，而是呈现出一种相对稳定的、具有一定继承性的发展。例如，新中国成立初期的高校资助主要以助学金的形式发放，该资助方式中蕴涵着政治教育功能，同时还蕴涵着社会实践育人功能。改革开放后，我国高校资助方式开始呈现出多元化的发展趋势，打破了单一的助学金形式，开启了助学金与奖学金同时并存的方式，这两种资助方式的并存，虽然与单一的助学金形式属于两个历史阶段，然而，从资助工作的德育功能上看，均含有育人功能，因此，具有一定的持续性。进入21世纪以来，我国高等教育开始改革并取得了较大发展，高校资助育人体系中的多种资助方式逐渐形成。这一时期，我国高校资助育人体系中的德育功能中的社会实践育人功能仍然是德育功能中的核心重点。由此可见，高校资助育人体系中的德育功能具有一定的持续性，以及相对稳定的特点。

第二节　高校资助育人的德育功能现状

新中国成立以来，我国高校资助工作已历经数十年，资助工作中的德育功能也随着我国资助体系、资助对象及资助效果的变化而变化。本节主要从高校资助育人德育功能的发展历程及现状方面进行分析。

一、高校资助育人的德育功能的发展历程

我国高校资助育人的德育功能的发展大致可以分为三个阶段。

（一）新中国成立初期高校资助工作中的德育功能

新中国成立后，受社会主义改造运动的影响，我国面临着极其复杂的政治发展形势。一方面，受抗日战争和国民革命战争的影响，我国社会经济遭受了极其严重的破坏，社会经济呈现出百废待兴的局面，这一时期我国急需大量人才用于恢复经济建设。另一方面，新中国成立初期，国际意识形态领域的斗争十分激烈，西方一些国家企图用排挤和压制的方式将新生政权扼杀在襁褓中，在这种严峻的国际形势下，我国政府不得不采取一边倒的政策，从经济、教育、文化等各方面向苏联靠拢。尤其是高等教育模式方面，从1952年开始，中国在学习和借鉴苏联高等教育经验的基础上，开始对我国高等学校的院系和高等学校布局进行调整。按照"坚决改造，逐步实现"的政策，对新中国成立前的高等院校中的私立大学和教会大学通过关、停、并、转等措施进行取缔与社会主义改造。受社会环境的影响，我国德育的重点向政治方向倾斜。从资助方式来看，这一时期我国资助方式效仿苏联采取了助学金资助方式，这种资助方式的德育功能主要是巩固新生的社会主义政权，培养工农阶层的知识分子，呈现出较强的政治形态功能，具体体现在以下两个方面。其一，受资助的群体为广大工农兵群体。这一时期，我国大学采取全额助学金的方式对上大学的群体进行资助，主要为工人或农民子弟群体，这部分人群是当时国家建设的主要群体。这一时期高校的资助政策也体现出较明显的政治倾向，即巩固工农联盟，团结广大人民的思想，通过提升工农群体的科学文化知识，激发其爱国爱党的情感，推动社会主义建设。其二，受资助的群体为工农兵，与当时我国社会发展的政治倾向有关。当时我国国内外的政治斗争形势依然紧张，国家培养工农阶层的知识分子意在改造旧社会，巩固新生政权。

之后，为了加快社会主义建设步伐，我国高校开始进入"大跃进"时期，通过实行全日制、业余制、半工半读制等多种教育形式并存的多样化办学体制，加快人才培养速度与规模，此时，我国资助体系也呈现出相应的政治倾向。"文化大革命"期间，大学停止招生，1971 年废除高考前，我国高考招生虽然持续进行，然而由于社会环境的影响，高校在上课之余，兴起"上山下乡""停课闹革命"等活动，政治倾向日益突显，这一时期，我国高校资助工作中的德育功能的政治斗争工具的倾向也十分明显。

（二）改革开放后高校资助工作中的德育功能

1977 年，高等学校招生制度进行重大改革，恢复统一考试制度，并以择优录取的方式选拔人才。高等学校恢复招生对于中国高等教育的发展有着里程碑的意义，标志着中国高等教育招生制度的重建，也确立了选拔人才的公平竞争原则，成为中国改革开放后高等教育制度建设的第一步。1978 年党的十一届三中全会后，我国开始实施社会主义改革开放体制，以取代社会主义计划经济体制，我国高等教育制度相应地进入探索期和改革期。其中，高校收费体制改革也随之展开。1984 年开始，我国正式确立了普通高等学校招行委培生制度；1985 年，我国开始对大学招生制度和高校学生毕业分配制度进行改革，对高校招收自费生和委培生的制度给予肯定。1990 年，我国正式下发了《普通高等学校招收自费生暂行规定》在部分地区开展自费生试点。1992 年，我国正式出台了《关于进一步完善普通高等学校收费制度的通知》，全面推行高校收费制度改革。之后，我国高校教育开启全面收费时期，截至 1997 年，我国高校几乎全部完成了收费制度改革。全面收费体制的实行，使得我国高校的免费助学金模式废止。

高校收费制度的全面改革，促使我国高校资助体制的全面实行。这一时期，我国相继发布了试行奖学金制度、助学金制度、贷学金制度、勤工助学制度及特困学生学费减免政策，初步开始建立起高校资助体系。尤其是自 1987 年以来，我国开始探索利用金融手段完善高校学生助学贷款制度。助学贷款制度的实行，不仅拓展了高校资助手段同时还在国家财力有限的情况下，通过贷款的资助手段，有效拓展了我国高校的资助总金额。这一时期，我国高校助学贷款的德育功能主要体现在经济援助方面。尤其是高校助学贷款方面的援助，高校助学贷款首先在本、专科层次的教育中实行，该制度主要通过助学贷款保证学生在校期间的学习和生活费的基本需要。1999 年，随着我国地方本科学校的大幅扩招，以及一批地方专科升级为本科学校，大批高校出于扩建校园的需要，以及提升高校软硬件水平的需要，学费全面上涨，而不断上涨的学费与高校扩招带来的影响，使得高校家庭经济困难的学生数量也不断增加。这一时期，我国高校贷款政策也日益规范化、系统化。由于我国正处于转型期，社会主义市场经济体制打破了社会主义计划经济体制中的"平均主义"思想，同时也打破了建立在平均主义之上人民助学金的一家独大的形势，而开始试行资助面广的全新的资助政策。

随着我国改革开放的实施和深化，原有的单一的人民助学金形式已经不适应市场经济条件下的资助方式，而以助学贷款为主的多元化的助学金形式打破了原有的单一助学金的德育功能，使得德育功能更加丰富。一方面，助学贷款的实行有利于提高我国高校的资助效率，有效解决我国高等教育的扩张与国家有限财力之间的冲突；另一方面，奖学金的助学方式有利于激发学生的竞争意识，调动学生的积极性和主动性，打破学生的安逸心态，以便在竞争中更好地培养现代型人才。综上所述，这一时期，我国高校资助工作的德育功能的探索更加深入，主要为发挥经济援助的功能，帮助家庭经济困难的学生解决入学保障和必要的生活需求问题。

（三）21世纪我国高校资助工作中的德育功能

20世纪末21世纪以来，中国高等教育理念还体现出多元化发展的特色。具体包括：第一，本土化与国际化理念，中国本土的高等教育理念与西方高等教育理念相互融合、冲突，逐渐形成了适合我国国情的高等教育理念。第二，世界一流大学理念，我国教育部发布的《全国教育事业第十个五年计划》和《2003—2007年教育振兴行动计划》中均对建设高水平的一流大学进行了阐释。关于世界一流大学，我国教育界并没有统一的概念，然而却包括一些相同的共性认识，例如，世界一流大学是世界公认的大学排榜前列的研究型大学，必须为国家经济科技发展作出突出贡献等。除以上两种理念外，改革开放以来，我国高等教育还形成了可持续发展的高等教育理念、和谐高等教育理念、"以人为本"教育理念、创新教育理念、终身教育理念等高等教育理念。在这些高等教育理念的影响下，我国形成了具有中国特色的现代教育理念体系。

随着我国高等教育大众化的进程越来越快，高校的招生规模也逐渐扩大，除此之外，随着我国社会经济发展速度越来越快，我国高校的教育成本也相应增加。学费上涨使得高校贫困学生的人数逐渐增多，在高等教育上呈现出高等教育的发展规模与教育经费需求之间的矛盾越来越突出。对此，我国于2000年开始，逐渐开始在20世纪90年代资助工作的基础上，继续改革和完善资助政策，并逐步建立起现代高校资助育人体系。

这一时期，随着我国高等教育的建设和发展，高等教育成为现代教育公平的体现，此外高等教育人才因符合了社会和国家形势的发展，在社会上的认可度越来越高，在实现个人发展中起着越来越重要的作用。这一时期我国高校的资助工作中的德育功能主要从学生的发展出发，以学生为本，为学生提供灵活而多元化的资助方式，以促进学生的全面发展。

二、高校资助育人工作中的德育功能分类

中国自改革开放以来，我国学者对德育的功能问题的认识取得了长足进步。20世纪八九十年代，由于当时我国学者对德育功能的认识在概念上存在诸多争议和混乱，因此展开了热烈的讨论。其中，鲁洁是较早对德育功能进行关注，并进行深入分析的学者之一。自1992年起，鲁洁即发表多篇论文或专著对德育的功能进行探讨。当前，关于德育功能，我国学者对高校资助育人工作中的德育功能进行了详细分类。其中，鲁洁、王逢贤两位学者在《德育新论》中指出，德育的功能可以细分为社会性功能和个体性功能两大类型。其中，德育的社会性功能包括德育政治功能、德育经济功能、德育文化功能、德育生态功能四种类型；德育的个体性功能则包括个体的品德发展功能、个体的智能发展功能、个体享用功能。除此之外，我国学者王仕民在《德育功能论》中指出德育功能分为社会功能和个人功能两个不同层次，其中，德育功能的社会功能除政治功能、经济功能、文化功能外，还包括现代发展论。而德育的个体性功能则包括个体生存功能、个体发展功能及个体享受功能等多个层面。我国学者夏博艺则指出，高校资助育人工作中的德育功能也可以分为社会性功能和个体性功能两大类型。其中，高校资助工作的德育社会性功能主要指政治意识的再生产功能、经济发展的协调功能、文化传承与借鉴功能、推动社会阶层流动功能；高校资助工作的德育个体性功能主要包括道德品格塑造功能、理想信念引领功能、权责意识培育功能和精神动力激励功能。

我国高校资助育人体系中的德育功能十分重要，既是高校教育公平的体现，也是高校经济效益和社会效益均衡的体现，还是精英教育和大众教育协同的表现。因此，高校资助育人工作中的德育功能划分既要考虑德育功能的社会工具层面意义，又需要考虑德育功能的人学层面意义。本书结合以上学者的观点，认为高校资助育人工作中的德育功能可以分为社会性功能和个体性功能两大类型。其中，德育的社会性功能包括政治功能、经济功能、文化功能；德育的个体性功能包括品德发展、智能发展、个体权责意识功能等。其中，高校资助工作中德育的个体性功能与高校资助工作中的育人功能相似，这里不再赘述，下面就高校资助工作中的德育的社会性功能进行阐述。

（一）高校资助育人工作中的政治功能

德育的政治功能主要是指德育通过培养受教育者特定的思想政治道德素质来实现对政治发展的推动作用。^①德育是社会性功能的一种，德育本身的性质和特征决定了德育具有一定的政治性。高校资助育人体系是一种特殊的、体现政治意识的重要手段，高校资助育人体系中的德育功能相应地被赋予了一定的政治功能，主要表现在通过资助工作让学生体会到执政党和国家的关心与爱护，从而使受资助的学生产生强烈的政治认同感，以此达到维护和促进社会政治稳定，巩固社会政治制度的目的。

其一，高校资助育人工作中德育功能起着引导主流思想意识的作用。

社会主流思想意识即各阶级、社会集团的社会观、政治观、历史观及根据这些观点提出的政治主张。我国高校资助工作的德育功能体现出较明显的引导主流思想意识的作用。一方面，我国高校资助金额来源大部分为国家财政支持，助学贷款则为国家信用担保，高校家庭经济困难的学生在接受资助的过程中，能够较深刻地感受到党和国家的关心和关爱，产生较强的政治认同。而政治认同在现代社会政治组织生活中具有重要作用，不仅能够将受资助的贫困大学生的思想高度统一起来，还能够带动整个高校大学生群体的政治认同，从而产生较强的政治凝聚力，以抵制其他政治意识或与主流思想意识相违背的社会思潮的侵蚀。另一方面，我国高校资助方式中，一些资助方式的资助条件也体现出较明显的主流思想意识引导作用。例如，2007 年，我国发布的《普通本科高校、高等职业学校国家奖学金管理暂行办法》《普通本科高校、高等职业学校国家励志奖学金管理暂行办法》《普通本科高校、高等职业学校国家助学金管理暂行办法》中所包含的申请条件均包括热爱社会主义祖国，拥护中国共产党领导；遵守宪法和法律，遵守学校规章制度等内容，家庭经济困难的学生只有符合这些前提条件才能申请奖学金，而这在一定程度上也对高校家庭经济困难学生的思想意识具有一定的引导作用。

其二，高校资助育人工作中德育功能具有引导政治行为的作用。

政治行为即社会成员的行为中表现出来的政治行动，其与社会成员的政治文化程度和素养之间具有密切相关关系。政治文化对政治目标的选择和认同具有重要的影响作用，而政治文化的提升则与高校的德育功能有关。高校资助育人工作中的德育功能也具有较强的提升政治文化、引导政治行为的作用。高校资助活动中的政治行为的引导，是通过对高校受资助群体的文化引导，从而对

---

① 程建平．现代德育功能论［J］．求实，2004（04）：85.

受资助群体的政治价值观和政治思维模式进行引导，对学生形成一定的政治行为准则。高校资助过程中，通过民主投票评选的方式培育受资助学生的政治民主意识，一方面可以达到公平、公正、合理的资助效果；另一方面可以培养受资助的贫困学生的政治民主意识，而贫困学生奖学金民主投票的方式常常在班级内举行，班级学生均为见证人，这种民主评选方式有利于培养全体高校学生对中国特色社会主义政治生活的组织方式和组织原则的熟悉和习得，从而不断加强高校大学生群体对我们党和国家的民主制度的认同，推进高校学生群体的政治社会化。

（二）高校资助育人工作中的德育经济功能

高校资助育人工作中的德育的经济功能与德育的政治功能之间存在客观而密切的联系。经济基础决定上层建筑，德育具有一定的上层建筑的性质，其政治功能的实现是为经济功能的实现而服务的，此外，德育政治功能的实现还受到经济功能的影响和制约。高校资助育人工作中的德育经济功能主要表现在以下两个方面。

其一，高校资助育人体系中的德育功能通过对贫困大学生的劳动能力的培养和塑造，以及劳动人才的就业方面进行引导，实现德育的经济功能。

随着我国高校资助方式逐渐丰富化和多元化，我国高校的人才培养方向和人才就业方式也随之发生相应变化。新中国成立以来至中国改革开放前，我国高校资助工作采用人民助学金的单一资助方式，这一时期，我国高等教育的受教育人群相对较少，高校毕业生采取统一分配的方式，由于当时我国实行社会主义计划经济，各行业的工资待遇、工作环境均由国家进行统一调节。改革开放后，随着我国社会经济的发展及高等教育改革的深化，我国高校逐渐取消了国家统一分配的毕业生就业方式，采用自主就业的形式，由市场统一调节各行业的工资待遇、工作环境。然而，在市场的统一调节下，社会上的人才和资源呈现出向工资待遇高、工作环境好的行业倾斜。而一些国家建设所必需的、工作环境差、工资待遇不高的行业却少有人问津。为此，我国在遵循社会市场规律的前提下，通过各种调控手段对劳动人才的培养方向、培养目标及就业方向进行引导。其中，高校资助工作对人才培养和就业方向具有一定的积极引导作用。例如，我国高校资助方式中对一些国家人才紧缺的工作领域、工作条件艰苦的行业采取免学费、国家代缴的方式，吸引高校家庭经济困难的学生加入这些行业。其中，最典型的是我国于2007年推出的高校师范类学生免费上大学制度：从2007年秋季入学的新生开始，国家在北京师范大学、华东师范大学、东北师范大学、华中师范大学、陕西师范大学和西南大学六所部属师范大学实行师范生免费教育。免费教育师范生在校学习期间，免除学费、免缴住宿费，并补助生活费。除此之外，录取为部属师范大学免费师范生的学生，入学前与学校和生源所在地省级教育行政部门签订协议，承诺毕业后从事中小学教育十年以上。2007 年新招收的有志从教并符合条件的非师范专业优秀学生，在入学两年内也可以在教育部和学校核定的计划内转入师范专业，并由学校按标准返还学费、住宿费，补发生活费补助。享受师范生免费教育的学生毕业后，一般回生源所在省份中小学任教，并从事中小学教育十年以上。① 这些均体现出我国高校资助工作中德育对人才培养方向和目标的影响，从而间接对社会经济产生影响。

其二，高校资助育人体系中的德育功能通过协调区域经济发展的方式体现出来。

我国地域经济、城乡经济的发展呈现出不平衡的现象，而这一现象不利于我国全面建成小康社会。为了推动我国区域经济、城乡经济的发展趋于平衡，使人才向经济不发达地区流动，以推动经济不发达地区的建设，我国高校通过多种资助方式，引导高校贫困大学生到中西部地区和边远农村地区就业。其中，以我国 2009 年颁布的《高等学校毕业生学费和国家助学贷款代偿暂行办法》规定中所指出的高校大学生毕业后到中西部地区和艰苦边远地区基层单位就业、服务期在三年以上的学生，学费由国家实行代偿。而对于家庭经济困难并在上大学期间受到助学贷款资助的学生，则由国家代其偿还助学贷款本金及利息。除了代偿学费或助学贷款之外，我国为了鼓励名校大学生到农村基层及西部地区就业，还设立了志愿服务西部及基层地区的奖学金，这些奖学金大多由名校自身设立，例如，清华大学设立的启航奖学金、中国农业大学设立的基层就业奖、华中师范大学设立的毕业生服务西部和基层奖学金等，其目的是引导所在学校的学生到基层工作和服务；向西部及国家基层地区输送人才，以此推动西部和基层的经济发展，实现德育的经济功能。

（三）高校资助育人工作中的德育文化功能

德育的文化功能即指德育作为一种文化存在的能力和效用。德育的文化功能是德育的基本功能之一，也是一种具有多种效能集合的功能。德育的文化功能主要体现在对高校大学生的导向功能、爱国主义的凝聚功能、校园文化的建设功能和社会文化的辐射功能方面。高校资助工作中的德育的文化功能则主要体现在以下四个方面。

---

① 程建平. 现代德育功能论［J］. 求实，2004(04)：84.

其一，高校资助育人工作中德育对大学生的导向功能。

德育的文化功能能够对大学生形成一种独特的感召力，将受资助的贫困学生的德育文化特质引导到社会主流文化道德观方面。我国高校资助育人工作中德育的文化功能与高校德育课程中所学习的马列主义、毛泽东思想和邓小平建设有中国特色的社会主义理论等一致，均引导受资助的学生坚持党和国家的各项方针、路线，并要求高校受资助的贫困学生为建设富强、民主、文明的社会主义现代化强国而奋斗，坚定中国特色社会主义文化之路。

其二，高校资助育人工作中德育的爱国主义凝聚功能。

爱国主义是我国传统文化中的核心要素之一，也是我国高校资助育人工作中的德育文化功能的重要体现形式。爱国主义能够充分激发学生的责任感和爱国意识，引导受资助的贫困学生在享受国家的关心与资助之外，关心国家和民族的命运，培养学生强烈的爱国主义精神，激发学生养成以天下为己任的大局观和豪迈气概。当前我国社会面临着极其复杂的世界环境，既面临着国际社会新技术革命的挑战，又面临着西方资本主义对社会主义制度进行渗透的种种考验，因此，必须深入培养当代大学生的爱国主义情怀，引导当代大学生践行爱国主义行动。而高校资助工作中，许多资助活动，例如，奖学金、助学金、贷学金等均以学生的爱国思想和价值观为前提，能够有效激发受资助贫困学生的爱国主义情怀。

其三，高校资助育人工作中德育的校园文化建设功能。

高校校园文化是由高校学生群体所掌握的文化知识、思想道德风范、校园物质环境等形态所形成的。高校校园文化与高校资助育人工作中德育功能之间存在密切联系，一方面，高校校园文化对高校资助育人工作中的德育功能有着直接的影响作用；另一方面，高校资助育人工作中的德育功能对高校校园文化也有着一定的反作用。高校资助育人工作所面向的主要群体为高校家庭经济困难的学生，这部分学生在高校全体学生中虽然所占比例较小。然而，高校受资助学生在国家政策的支持下，受各种资助方式的支持，解除了后顾之忧，得以全身心地投入到学习中。这部分群体对科学文化知识的追求，在一定程度上能够带动班级、校园对文化知识的追求，从而有利于促进积极向上、乐于助人的校园文化的形成。

其四，高校资助育人工作中德育的社会文化的辐射功能。

高校受资助的群体在国家、社会和高校的多元化资助方式下，得以解决现实中面临的实际困难，帮助家庭经济困难的学生顺利完成学业，学得一技之长。这些受资助的大学生群体在受资助过程中进一步培养和激发了其爱国主义、强烈的责任感及公益精神，受资助的学生群体毕业后，走出校园，其爱国主义行为、投身公益等行为能够对周围人产生极其重要的影响和带动作用，从而直接或间接对社会文化产生影响，对社会主义精神文明建设起到重要的引导和示范作用。

第三节　高校资助育人的德育功能建设

本节主要从高校资助工作中德育功能影响因素及德育功能建设路径两方面进行分析。

一、高校资助育人工作中德育功能的影响因素

高校资助育人工作中德育功能受到高校资助政策、高校资助工作者和高校受资助群体三方面因素的影响。

（一）高校资助育人工作中的德育功能受高校资助政策的影响

高校资助政策的制定与高等教育所处的发展阶段、社会经济发展及社会文化的发展等因素有关。例如，新中国成立初期，我国高等教育处于起步阶段，此时我国高等教育还处于精英教育阶段，只有少数人可以上大学。此外，这一时期由于新中国刚刚成立，各行各业均处于百废待兴阶段，我国高校资助政策实行人民助学金制度。高校大学生无论家庭经济状况如何均由国家统一负责其学费。改革开放后，随着我国社会主义市场经济改革、高等教育体制改革，我国高等教育迅速从精英教育阶段迈进大众教育阶段，我国高校的收费政策逐渐完善，高校资助政策历经数次改革，逐渐朝着多元化的资助育人体系方向发展。不同时期高校资助政策对高校资助工作的德育功能的影响十分明显，例如，新中国成立初期和 21 世纪后我国高校资助工作的德育功能有着明显的区别。当前，我国高校资助育人政策已取得了初步成果，然而我国高校资助政策的制定仍然存在一定问题，从而影响我国高校资助工作中德育功能的实现。

其一，我国高校资助政策中缺乏有效的沟通渠道。

我国高校的资助政策的制定一般由国家教育部门、财政部门等相关部门出台原则性文件及政策实行的主要方针，之后，不同地方高校根据国家有关规定，由高校的资助主管部门对高校资助政策进行详细管理，并且由各个院系的资助主管部门进行具体的、自上而下的贯彻。这样的格局在一定意义上扩大了院校的资助自主权，同时也在无形中分散了高校的资助格局。这种分散的资助

现象一方面能够使高校的资助政策更加灵活，能够根据本校家庭经济困难学生的实际，采取适合的政策；另一方面，则使高校的资助工作难以形成统一的协调资助格局，自上而下缺少有效的沟通渠道，使得高校的资助经验难以汇总，从而影响高校资助的制度化和体系化，不利于资助工作的德育功能的发挥。

其二，我国高校资助政策中民主化和法治化力度不足。

民主和法治是现代化社会的两个重要标志，也是我国社会主义现代化社会建设的两个重要因素。高校资助政策离不开民主和法制思维，其中，资助政策中的民主能够确保资助的公平与公正，而资助政策的法制化则能够确保资助工作的有序展开，从而避免滥用资助权力等情况。当前，我国教育部门不断加强对高校资助工作的监督和管理力度，然而，许多制度却并没有上升到法律高度，而是仅仅停留在行政命令层面，这就造成了一种资助的尴尬境地。一方面，由于缺乏必要的资助监管法律和法规，无法保证高校资助中的德育功能的效果，从而造成现实中，高校资助评审部门相关人员的素质和素养不高，不能发挥良好的资助德育功能；另一方面，资助工作中一部分贫困学生通过利用法律漏洞，获取不当个人利益，从而造成国家资助资源浪费，影响国家资助的公平性，有损国家资助的初衷。

其三，我国高校资助政策中弹性需求机制的缺乏。

我国高校资助政策虽然已经形成了多样化的资助层次，然而与国外资助政策相比，资助资金来源、具体资助方式、资助还款政策等却缺乏弹性需求机制。例如，我国高校资助方式中的助学金多由学生所在院系根据院系的应有人数按照一定比例得出，与院系中实际存在的贫困人口比例存在一定差距，受资助的学生名额与实际资助名额之间缺乏必要的弹性空间。此外，由于不同资助方式的名额有限，限定了受资助的贫困大学生受资助的弹性空间，在很大程度上，受资助学生的自主权和选择权较小。除此之外，受助学贷款资助的学生毕业后的贷款还款事宜也缺乏一定的灵活性。高校资助政策中的灵活性和弹性需求机制的缺乏，不利于受资助的学生自主选择权的落实，对高校资助工作的德育功能效果产生一定影响。

（二）高校资助育人工作中的德育功能受高校资助工作者的影响

高校资助育人工作中的资助工作管理者包括高校的资助统筹管理人员，即高校资助中心的工作人员，也包括各个院系的资助工作的实际管理人员，即各个院系的辅导员及分管学生工作的老师。一般来说，高校资助工作更依赖于高校各个院系的实际管理人员，尤其是班主任或辅导员，他们既是高校资助工作的实际管理者，同时也是高校实际资助工作中德育功能的实践者和引导者，在高校资助工作中扮演着十分重要的角色。然而，高校资助工作的落实人员当前却存在一定缺陷，从而导致资助工作中的德育功能受损。具体体现在以下几个方面。

其一，高校资助工作者的人员数量较小，使高校资助工作中德育功能的发挥受到一定影响。

我国高校资助工作的工作量较大，高校资助工作者不仅要负责每年秋季入学的大一新生的家庭经济困难学生的资助申请事宜，还要负责大一新生的助学贷款、国家助学金、新生奖学金等资助工作事宜，还需要对大二至大四学生的奖学金、助学金、学费减免、助学贷款办理等事宜进行核查。这些工作十分繁重，一般由各系、各班级的辅导员兼任高校资助人员，并对这些资助事项进行处理。我国高校一位辅导员通常负责200名学生，不仅要负责学生的日常学习和生活事宜，还负责贫困学生的资格申请及奖学金、助学金等的申请事宜。因此，辅导员必须具备多样化的利益格局，才能满足贫困学生的资助工作的需求。这就要求辅导员投入较大精力，才能在家庭经济困难的学生在申请贫困生资格、不同资助方式的申请过程中保持公平、公正，确保利益协调。传统资助工作中辅导员在进行资助的过程中的德育工作量大、难度高，呈现出资助需求与资助供给之间的冲突，难以有效发挥高校资助工作中的德育功能，使得高校资助工作中的德育功能效果大打折扣，无法适应贫困学生对德育工作的需求。

其二，高校资助工作者的事务性工作繁杂，资助育人体系中的德育功能不能完全发挥。

进入21世纪以来，随着我国高校资助工作的不断完善，我国高校资助工作者所需承担的责任更大，我国高校资助工作的基层工作者即高校辅导员。高校辅导员作为高校学生日常工作的负责人，负责年级学生的日常管理工作、年级学生的思想政治教育、道德教育及党建工作、高校学生资助工作等。由于高校辅导员事务工作繁杂，大量时间和精力被学生日常事务挤占。高校资助工作环节众多，导致高校辅导员常常出现心有余而力不足的现象。繁杂的事务性工作使得高校辅导员在资助工作的德育功能方面投入的精力有限，导致高校资助工作缺乏必要的渗透性和感染力。例如，高校资助工作中的德育功能中个体的道德品格塑造需从受资助学生的家庭、学校、社会再逐渐扩展至党和政府，需从小到大、从具体到抽象逐步开展，然而在现实生活中，高校辅导员由于时间和精力有限，往往跨越德育阶段或只注重高校资助政策，忽视高校资助工作中的德育功能，导致高校资助工作中的德育功能不能完全发挥。

其三，高校资助工作者的素质不高，德育功能实践手段单一。

高校资助工作者中的基层负责人——高校辅导员由于受自身繁杂的事务所限，在处理高校学生资助工作时，既要兼顾公平、公正的资助原则，又要兼顾资助工作的德育功能。高校辅导员在时间和精力有限的情况下，常竭力追求资助工作中的公平与公正，常将有限的精力和时间用在避免学生利益冲突方面，存在资助工作者德育素质不高的现象。高校资助者在开展资助的工作中，常从学生的资助需求出发，发挥德育功能。常用的德育手段为定期召开资助讨论、高年级学生资助座谈会、民主资助评审方式、奖学金评选等，这些传统的资助方式通常只能对资助政策进行单一解读或集体说教，难以结合受资助者的具体心理进行德育引导，在一定程度上降低了资助工作中德育功能的吸引力和感召力。

（三）高校资助育人工作中的德育功能受高校受资助群体的影响

我国高校受资助群体在申请资助或接受资助中，一般要经过四个环节，即申请资格认定—资助评选—结果公示—资助发放四个阶段，而资助工作的德育功能即贯穿于资助申请中的四个环节中，因此，我国高校资助工作中的德育功能的效果与各个环节的德育功能有着直接相关关系，如果其中一个资助环节出现问题，就会影响到整个资助工作中德育功能的效果。在高校资助工作中，受资助群体的德育建设，除了被引导之外，还包括学生的自我德育教育。当前，我国高校受资助群体的自我德育教育存在一定困境，主要表现在以下三个方面。

其一，我国高校不良资助氛围影响受资助群体的德育功能。

我国高校现阶段资助工作中出现了一些受资助群体德行不良的情况。例如，受资助的学生群体在接受资助的过程中，不但没有养成自立自强的品德，反而形成了等、靠、要的心理，依赖于国家的资助，并将之视为理所当然。甚至一些家庭经济困难的学生或非家庭经济困难的学生为了获取国家资助不惜伪造虚假资料，以套取国家资助。这种贫困造假行为使得许多本没有受资助资格的学生获得资助，导致我国高校形成了一种不良资助趋利行为，这种氛围不利于我国高校资助工作中的德育功能的发挥。高校不良资助氛围是由于我国高校资助政策不完善所致。我国高校对家庭经济困难的学生的认定标准及执行标准存在模糊定位，大多根据学生家庭所在地的民政部门开具的贫困证明及学生自己所写的贫困申请进行贫困学生资格认定。这种资助认定标准在一定程度上为弄虚作假行为提供了便利。高校资助政策中的这种漏洞不仅引发了学生严重的趋利倾向，而且高校资助政策中的平均思想也不利于资助育人体系中的德育功能的发挥。

其二，我国高校受资助群体的自我德育不足。

自我德育是指让学生参与德育目标制订、自我规划德育目标实施步骤。我国高校传统德育教育是一种以教师为主体的灌输式教育。当前，我国高校逐渐改革教学模式，以学生为主体，在教师引导的基础上，实行学生自我德育。我国高校受资助的群体的德育教育中，除高校中专门开展的德育课程，以及资助工作中的德育教育外，高校学生的自我德育教育也是德育教育的一种重要方法。然而，我国高校受资助的群体却普遍存在自我德育不足的现象。高校受资助群体的自我德育即通过资助行为引导学生自主朝着理想道德的方向发展，然而，由于我国高校资助工作中存在的一些不足，导致受资助群体的自我德育教育不足。以勤工助学的资助方式为例，我国高校勤工助学的方式有限，不能覆盖所有需要资助的人群，并且勤工助学岗位形式大多为体力工作，缺乏智力型工作，大多枯燥无味，不能提升学生的智力或全方位能力；大多数高校勤工助学岗位并非与社会服务挂钩，导致勤工助学过程中的德育引导效果有限，既不能引导学生全面提高业务能力，又不能培养学生良好的德育素质，从而影响学生自我德育效果。

其三，高校受资助群体缺乏持续的德育跟踪与反馈。

当前，我国高校资助工作中，对受资助群体的德育教育多发生在资助前和资助过程中，而在受资助的群体接受资助后，其德育引导则被忽视。受资助的群体生活在一个开放的高校环境中，不可避免地受到高校校园文化、各种思潮和观念的影响。尤其是随着我国经济的发展，人民群众物质生活水平的提高，越来越多的学生受到拜金主义、享乐主义的影响，以及校园中"奖学金请客吃饭娱乐"不良风气的影响，使受资助的群体极易养成不良道德习惯。然而，大部分高校对受资助的群体的资格评审、资助评选和公示环节较为重视，却忽略了对受资助的群体接受资助后的德育教育。以我国高校资助体系中的奖学金为例。当前我国高校的国家奖学金及国家励志奖学金的数额较高，奖学金金额最高可达 8000 元，而家庭经济困难的学生面对这样一大笔资助，如果缺乏合理的规划和较强的自制力，极易受到周围同学或社会不良风气的影响，养成不科学的消费习惯，盲目使用资助金额。受资助的学生在接受资助后的盲目消费、冲动消费则会加剧高校受资助群体的不良行为，与高校资助初衷相悖离，制约资助工作中德育功能的发展。

二、高校资助育人工作中德育功能建设路径

高校资助育人体系自 2007 年形成奖、贷、助、补、减的基本体系后，我

国高校资助工作中的德育功能不断完善和加强，在我国高校德育功能建设中发挥着越来越重要的作用。然而，随着我国经济社会层面的改革逐渐深化、高等教育体系改革的深化，以及我国高校学生的自我主体意识的不断觉醒，我国高校资助体系的德育功能暴露出一些短板和缺陷。对此，本节主要从资助理念的德育功能建设、资助德育主体的德育功能建设、资助方式的德育功能建设，以及高校学生自我教育的德育功能等路径进行分析。

（一）从资助理念方面看德育功能建设

我国高校资助育人体系中的德育功能被赋予了丰富的内涵，然而从现有资助育人体系的资助理念来看，我国高校资助工作中的德育功能建设还有待完善。具体可从以下三个方面着手。

其一，转变高校资助工作中的德育理念。

高校资助理念直接关系到高校资助政策的制定，以及高校资助体系中德育功能的发挥。高校资助理念的确定受到社会经济的发展、学生受资助思想的变化等因素的影响，当前我国资助理念与高校学生的思想及我国经济社会的发展存在一定差距，因此，为了适应社会经济和高校学生思想的发展，更好地发挥高校资助工作中的德育功能需对高校资助理念进行转变。当前我国高校资助理念注重对学生政治意识的培养，所采取的德育培养方式为被动式的德育培养方式。对此，一方面，应关注受资助的贫困学生个体的成长环境、学习成绩及生活方式，从而从学生的自身实际情况出发，在资助工作中对其采取适合的引导方式，充分发挥资助工作中的德育功能，培养受资助的学生良好的道德品质。另一方面，应改变现有高校资助方式中的无偿资助与有偿资助的比例，加大高校有偿资助比例，以充分调动受资助学生学习和工作的主动性和积极性，引导高校受资助的学生形成正确的世界观、价值观和人生观。

其二，健全高校资助政策，促进资助育人体系的德育层次建设。

当前，我国高校资助育人体系中的德育功能建设取得了一定成就，然而受高校资助政策所限，我国高校资助育人体系中的德育功能层次当前大多停留在确保高校资助工作公平、公正的基础上，帮助受资助的学生完成学业，而缺乏深入的德育教育。对此，应从高校资助政策入手，进一步丰富高校资助政策内涵，拓宽高校资助工作的育人层次，从而进一步完善高校德育功能。当前，我国高校资助政策主要集中于高校资助方式及资助资格方面，除此之外，还应进一步健全自我评估阶段、资助受理阶段、资助实施阶段，以及资助后的跟踪与反馈阶段的高校资助政策。另外，还应在现有资助政策的基础上，进一步健全国家资助政策、地方资助政策、高校资助政策及院系资助政策的层次资助政策体系，以便逐步形成上级指导下级的高校资助政策体系，进一步深化高校资助体系中的德育层次。

其三，加强高校资助立法，促进高校资助工作中德育理念的改革和完善。

高校资助工作中的德育功能的发挥既与高校资助政策有关，也与高校资助立法和资助制度有直接关系。高校资助体系中的立法是高校资助制度体系建设的关键所在，也是高校资助体系中德育理念完善的基础，以及高校资助体系中德育功能发挥的基础。从立法角度来看，对高校资助工作中德育理念的改革和完善，应从建立健全我国个人社会信用体系制度、高校资助立法、对社会慈善、金融，以及保险等涉及高校大学生权益保护的方面进一步健全立法，以确保高校德育理念的完善及德育功能的发挥。

（二）从资助德育主体看德育功能建设

高校资助工作中的德育功能是我国高校德育教育的重要组成部分，也是高校开展德育教育的主要阵地之一。我国高校资助工作中的德育主体即为高校资助管理者和责任者，从这一角度来看，强调高校资助工作中的德育功能建设应从以下几个方面入手。

其一，提高高校资助管理者和执行者的责任意识，加强高校资助工作的德育功能建设。

高校资助管理者和执行者是高校受资助的群体接触较多的人，也是高校资助政策制定与执行的重要实践者，他们的责任意识直接关系到高校资助工作的顺利开展，以及高校资助工作中德育功能的发挥。加强高校资助管理者和执行者的责任意识，一方面，应在高校中设立专门的资助管理中心，以及透明的资助管理网络平台，使得高校经济困难的学生均可通过网络平台自主了解高校资助方式、资助流程及资助结果。除此之外，高校资助管理人员和执行人员还应加强对资助法律法规的理解，明确高校资助工作的目的，以便更好地维护高校申请资助的学生的利益，为德育工作的开展营造良好的条件。另外，在高校资助工作中，资助管理者和执行者还应从学生的个体情况出发，确保在资助公平和公正的基础上，对高校贫困学生进行资助，改善资助工作的德育效果，充分发挥资助工作的德育功能。

其二，转变高校资助工作中的德育方式，提高德育功能。

我国传统高校资助工作中的德育方式主要为简单、直接的灌输方式，随着我国高等教育的改革与发展，以及高校学生主体意识的增强，我国高校学生群体的思想行为状况与心理健康状况发生了较大变化。因此，我国高校资助工作中的德育方式也应进行相应的改革，即从以教师为主体的、灌输式德育教育方式转变为以学生为主体的、引导式德育教育方式。具体来说，可以从以下两方面着手。一方面，将高校资助政策的宣传工作与高校资助引导工作相结合。当前，我国高校资助政策的宣传存在诸多不足，既存在宣传工作不到位的情况，也存在德育功能渗透不足的情况。因此，高校资助政策的宣传应进一步深入，覆盖面进一步扩大，并加强宣传工作中的德育渗透，引导学生形成正确的世界观、人生观和价值观。另一方面，将高校资助工作中集体德育教育与个体生活德育教育相结合。高校资助工作中的集体德育是指通过召开资助说明会、学生西部志愿服务计划动员会、国家奖学金评选公告，以及奖学金民主评选会议等活动，这些活动通常是针对所有家庭经济困难的学生群体或面向全体大学生的活动。高校资助工作中个体生活德育教育则是指针对个体受资助者的具体经济情况、心理特点及受资助心态而开展的德育引导和德育教育。只有将两者结合起来才可以真正发挥高校资助工作中的德育功能。

其三，通过多元化的德育模式，整合资助工作中的德育功能。

我国高校资助育人体系中包括多样化的资助方式，这些资助方式的德育功能可以细分为认知导向模式、情感导向模式、行为导向模式等。其中，认知导向模式是指以培养受资助者的品德认知能力为目标和任务，强调资助工作中对德育功能的认知能力。情感导向模式则是指通过对受资助者的心理状态进行了解，并以受资助者的心理状态为基点，对受资助者的道德情感进行引导和培养。而行为导向模式则是指对在引导和培养受资助者正确的品德认知能力和道德情感能力的同时，培养受资助者良好的行为习惯，使高校受资助者通过参加社会实践活动收到良好的德育效果。

（三）从资助方式比例看德育功能建设

高校资助育人体系中的资助方式包括贷、助、奖、免等多种资助方式，这些资助方式中，以国家资助和各级地方资助为主，资助资金来源单一。当前，随着我国经济、教育方式的发展与变化，高校资助方式的比例已不能满足高校学生的经济和德育需要。

其一，不断增强社会资助力度，提升高校德育功能。

近年来，随着我国高等教育大众化的逐渐深化，越来越多的学生有机会走进大学，享受公平、优质的大学教育。与此同时，越来越多的高校受资助的贫困学生需要得到资助，仅凭借国家或各级地方政府的资助难以收到良好的资助效果，提高资助的德育功能。因此，应通过改变资助方式比例，改善高校资助经济效果和资助德育效果。一方面，通过鼓励社会资本和社会力量参与高校资助活动，搭建高校与社会力量的协作平台，从而增加社会资助金额，并形成一个国家、高校与社会共同互惠互利的格局。另一方面，通过加强高校与企业之间的合作渠道，不断拓展校企之间的合作领域和合作渠道，以便为受资助的贫困学生提供多样化、数量更多的勤工助学岗位，并在此过程中不断扩大学生德育实践领域，形成资助体系良好的德育功能。

其二，不断拓展高校资助工作的德育认同，提升高校德育功能。

德育认同在学生德育教育中起着极为重要的作用，一种资助方式只有引发高校受资助的学生的认同，才能使得资助方式发挥理想的德育功能。强化和拓展高校资助工作德育认同可以通过以下两个方面着手。一方面，借助互联网信息科技不断提升高校资助宣传工作，提升高校资助宣传的影响力，并借助一些具有品牌影响力或新闻影响力的平台提升资助工作的影响力，提高资助德育功能。另一方面，通过加强对高校的资助监管，有效对高校受资助学生的德育进行引导，避免因资助工作中的平均主义和骗取资助贷款行为及克扣资助款的行为的出现，造成受资助的学生对资助工作的不良印象，从而降低资助工作的德育认同。

其三，不断开发资助的社会服务项目，提升高校德育功能。

高校资助方式多样化，不同资助方式之间的组合能够产生不一样的资助效果，发挥不同的德育引导功能，因此，可以通过探索多样化的、灵活的资助组合方式，将国家资助行为与社会资助行为相结合，从而不断提升高校资助工作中的德育引导功能。具体可从以下两个方面着手。一方面，通过高校资助方式与多样化的社会服务项目的结合，对学生的思想和行为产生有效、积极的引导作用。高校社会服务项目种类多样，具体可以细分为入学前服务、上学间隙服务、毕业后服务等，高校可以根据自身专业特点，灵活地将国家资助方式与社会服务项目相结合，通过优化学生社会服务资源的配置，有效提高社会服务资源的专业性和技术难度，避免学生在社会服务活动中陷于简单重复的项目，从而导致资源浪费的情况，提升高校受资助学生的德育引导功能。另一方面，通过挖掘社会服务的载体资源，开展受资助学生的多样化社会服务实践活动，让受资助的学生在社会服务实践活动中不断提高自身素质和能力，从而提升高校德育功能。

（四）从受资助者的自我德育方面，有效提升高校德育功能

自我德育教育是德育教育的一种十分特殊的教育形式，自我德育教育是受教育者在认同和接受社会要求的德育基础上，通过对德育的自我反思、自我批判和自我改造的教育活动。自我德育教育在高校德育教育中属于德育的高级阶段，对学生的德育引导具有十分重要的作用。高校资助工作中的自我德育教育主要表现在以下三个方面。

其一，通过积极开展受资助学生的自我教育活动，有效提升高校德育功能。

高校资助工作，每一位家庭经济困难的受资助学生和自我心理发展状况、自我发展需要与资助需求，以及资助方式之间的关系均有所不同。高校受资助的学生虽然正处于心理发展阶段，然而已经具备了较为成熟的理性选择心理和比较心理，可以通过对学生进行积极的自我教育引导，有效提升高校德育功能。具体可从以下两个方面着手。一方面，引导受资助的学生正确认识自我，端正受资助学生的自我意识。家庭经济困难的学生接受资助的过程即是家庭经济困难的学生不断正确认识自我的过程。高校受资助的学生通过全面对自我家庭经济状况的了解，认识家庭及自我受资助的原因、了解自我家庭与同龄学生家庭之间的差距、较全面地了解自我的优势和劣势、认识自我的资助规划，以及从资助规划中习得什么样的知识，从而对自我未来一段时间内的学习和工作进行有效规划梳理。通过这样的自我认识，使学生正确认识自我。在这个过程中，引导受资助的学生正确处理与老师和同学之间的人际关系，引导受资助的学生端正自我意识，保持较积极的受资助心理，从而为引导受资助的学生的德育发展奠定基础。另一方面，通过引导高校受资助的学生处理好自我需求与资助导向之间的关系，有效处理自我需求与资助导向之间的关系，避免资助扎堆或有资助不公平现象，有效增强资助工作中的自我德育功能的发挥。

其二，通过引导学生保持积极健康的资助心理，有效提升高校德育功能。

高校在对学生的经济资助过程中，除了帮助受资助者解决物质经济问题之外，还必须兼顾受资助者的心态，引导受资助者产生较为积极的主观情绪，使受资助者保持积极而健康的心态，从而提升高校德育功能。具体可以从以下两个方面着手。一方面，有效做好受资助的贫困学生的隐私保密工作，保护受资助的贫困学生的自尊心，在资助过程中，始终保持平等和友善的氛围，让受资助的学生在友善的氛围中接受资助。另一方面，引导受资助学生建立积极、健康的受资助的心态，并积极调整不良受资助心理，例如，"等、靠、要"的心理、自卑心理或过度消费心理等，以便有效提升高校德育功能。

其三，通过有效引导受资助学生改造自我，有效提升高校德育功能。

高校在提升大学生文化知识的同时，有效帮助大学生通过积极改造自我，形成自我同一性，从而引导高校大学生适应和融入社会。高校资助工作中的德育功能即通过对家庭经济困难的学生进行资助，有效帮助贫困学生解决经济困难的同时，通过对贫困学生的思想改造，引导贫困学生在资助中接受教育或提升品德修养。在这个过程中，受资助的学生的自我改造主要从以下两个方面着手。一方面，通过深化高校学生对资助工作中德育内涵的理解，充分发挥网络媒体及校园媒体的宣传导向作用，挖掘资助工作的德育功能，从而提升受资助的学生的德育水平。另一方面，通过不断地拓展受资助学生的沟通平台，打破资助工作的德育功能发挥渠道的瓶颈，从而让受资助的贫困学生感受到强烈的关心和关爱，引导受资助的学生分享自我德育感悟，并引导学生学习并践行德育功能要求，从而不断提升受资助的学生的德育影响力。

第六章 高校资助育人的精准化探索

近年来，随着我国高等教育体制改革的深化，高校招生规模不断扩大，以及高校办学水平的提高，我国高等教育呈现出稳步发展的趋势。然而，在高校迅速发展的大趋势下，我国高校教育资源发展不平衡，以及贫困地区教育水平落后、办学成本提升导致学生学费和生活费用成倍上涨的事实却客观存在，这些现象为高校学生增添了巨大的经济压力。尽管近年来我国高校资助育人体系取得了较大成就，然而，长期以来，我国高校资助育人体系中却存在着资助资源运用不合理、资助政策执行不到位、资助精准化程度较低的情况。党的十八大以来，精准扶贫上升为国家社会建设的战略思想，习近平同志曾强调"扶贫开发贵在精准，重在精准，成败之举在于精准"[①]。在全国精准扶贫的大背景下，精准化资助成为我国高校资助育人体系的必然选择。

第一节 高校资助育人精准化的概念阐释

高校资助育人属于我国精准化扶贫工作的重要组成部分，高校资助育人精准化不仅能够更好地优化资助资源配置，提高资助经济效果，同时还能提升高校育人效果，有利于减少高校资助工作中的不良德育行为。

一、精准资助概念及政策

我国高校资助育人体系中的精准资助概念建立在我国精准扶贫的政策基础之上。

---

① 谭亚男．高校资助育人精准化研究［D］．广西师范学院，2017：8．

（一）我国精准扶贫政策的出台及发展

我国精准扶贫政策最早是 2013 年 11 月习近平同志在湘西十八洞村考察调研时提出的："扶贫要实事求是，因地制宜。要精准扶贫，切忌喊口号，也不要定好高骛远的目标。"[①] 继第一次提出"精准扶贫"的概念后，2015 年习近平同志在云南省进行调研时，提出"十三五"期间要打好扶贫攻坚战，并提出了"（扶贫）贵在精准，重在精准，成败之举在于精准"的思想，多次强调对困难群众的帮扶工作中应坚持精准化，从困难群众的个人诉求出发，为他们提供需要和帮扶。2015 年"两会"期间，习近平同志提出，帮扶贫困首先要增强其智力发展，作为高校学生资助，其首要目的是育人，培养学生的创业本领和能力，绝对不是简简单单的济困。[②] 2015 年 6 月，习近平同志在贵州考察时，提出了扶贫开发工作的"六个精准"要求，即资助对象精准、项目安排精准、资金使用精准、措施到位精准、因村派人精准、脱贫成效精准。2015年 12 月，国务院新闻办公室举行"十三五"脱贫攻坚工作有关情况的新闻发布会，时任扶贫办主任的刘永富指出，精准扶贫和精准脱贫是我国脱贫攻坚的基本方略，并将"六个精准"作为精准扶贫和精准脱贫的主要途径。"六个精准"的扶贫途径构成了一条完整的脱贫链，这一脱贫链成为我国实现精准脱贫目标的推动助力器。

党的十九大报告中再次强调了精准扶贫的重要性，并提出打好精准脱贫攻坚战需要"注重扶贫同'扶志''扶智'相结合"，以实现"真脱贫、脱真贫"的目的，避免在脱贫过程中，贫困家庭产生"等、靠、要"的思想及脱贫后因种种原因再次返贫的情况。除此之外，我国精准扶贫工作中特别强调扶贫先"扶智"，并特别强调防止"贫困家庭的孩子输在起跑线上""贫困代际传递"等现象的出现，强调扶贫工作应当注重造血，阻止贫困代际传递，强调对经济困难家庭的智力扶助和教育扶助，从传统的生存式扶贫到发展式扶贫，最终建立起真正的、可持续性的脱贫机制，以实现人的全面发展。

（二）国家精准扶贫对高校精准资助的影响

我国高校精准资助工作是我国国家扶贫的一项重要内容，我国作为社会主义国家，以实现共同富裕为最终目的，并允许一部分人先富起来，然而在此基础上，必须做好贫困保障工作，以确保社会共同体的和谐与稳定发展。高校资助育人体系是我国扶贫项目中的重要组成部分，主要表现在以下两个方面。

---

① 谭亚男. 高校资助育人精准化研究 [D]. 广西师范学院，2017：11.

② 刘凤萍. 高校精准资助的制度育人研究 [D]. 长安大学，2016：25.

其一，高校精准资助是实现国家精准扶贫管理的组成部分。

国家精准扶贫离不开精准管理。长期以来，我国扶贫工作建立了较为完善的机制，尤其是自从国家推行精准扶贫以来，推行"六个精准"要求，即资助对象精准、项目安排精准、资金使用精准、措施到位精准、因村派人精准、脱贫成效精准。"六个精准"要求的落实离不开各个环节的精准管理。我国高校精准资助是从高校教育方面的学生对家庭经济困难的学生进行的精准帮扶。高校精准资助即要做到对贫困生身份的精准识别，对贫困对象的精准帮扶及精准评价等，每一个环节均离不开精准管理。例如，我国精准扶贫中通过对贫困户建档立卡的行为，实现贫困户身份的精准识别，以及根据档案卡片上的贫困户致贫原因、具体家庭情况等，确立贫困户扶贫方法，并根据贫困户帮扶效果适时调整扶贫方法，以达到理想的扶贫效果。在高校精准资助中，可与国家精准扶贫工作结合起来，通过对高校学生建立档案和卡片，对高校贫困学生的情况进行详细了解，同时针对不同贫困学生的特点，确定有效而灵活的资助方案，并对资助效果进行实时监控，最终达到提高资助精确性的效果。高校精准资助作为国家精准扶贫的一部分，有助于实现国家精准扶贫管理。

其二，高校精准资助是阻断贫困代际传递的根本途径。

高等教育是培养未来社会人才的重要基地。高校作为人才培养基地，一方面，可以为国家和社会培养人才；另一方面，也可以通过对贫困学生的能力培养，使贫困学生自身得到发展。我国国家精准扶贫政策中明确提出"扶贫先'扶智'"，并将"发展教育脱贫"作为重要的攻坚措施。高校精准扶贫正是通过为家庭贫困的学生提供与其他学生相同的公平接受高等教育的机会，并通过对家庭经济困难的学生的精准资助，将贫困生培养成符合国家和社会需要的人才，从而在一定程度上减小原生贫困家庭对贫困学生的影响，全面发展贫困学生的综合素质，从而充分发挥学生的"造血"功能，减弱国家、高校和社会对贫困家庭的"输血"。最终实现阻断贫困代际传递，实现精准扶贫的目的。

（三）高校贫困生精准资助内涵及特征

2015年"两会"上，习近平同志在参加广西代表团审议工作报告时强调："扶贫先'扶智'，绝不能让贫困家庭的孩子输在起跑线上，坚决阻止贫困代际传递"[①] 在这一思想的指导下，我国高校贫困生资助工作已取得了初步成效，当前，在社会经济发展的新形势下，以及我国精准扶贫政策的大背景下，我国

---

① 丁正荣 刘文庆．新常态下高校学生"精准扶贫"问题分析与实施策略 [J]．机械职业教育，2016（06）：35.

教育扶贫也坚持精准扶贫，"十三五"期间，我国学生资助工作理念是以建立精准资助工作机制为抓手。精准扶贫为我国高校资助育人工作提供了新思路，成为我国高校资助工作的必然选择。

精准资助内涵十分丰富，具体可以包括三个方面，即对象精准、需求精准，以及评价精准。

其中，对象精准是精准资助的前提条件，也是先决条件，还是高校资助工作的出发点和落脚点，以及最终目的。当前，我国高校资助育人体系中的资助对象的确定由一系列政策所确定，即家庭经济困难的学生提出申请，家庭经济困难的学生所在地方行政单位出具书面证明。然而，这一贫困生资格确认政策却存在一定漏洞，易引发非家庭经济困难的学生通过伪造纸质文件骗取资助资格，而一般家庭经济困难的学生则可通过政策漏洞伪造特困证明。这种行为有悖于高校资助的真正目的。对象精准是指通过对资助对象的精准判断，实现资助人员的科学而有效的认定，避免因政策漏洞而带来的资助对象偏差，为实现高校资助的公平性和公正性奠定基础，从而极大地提升高校资助工作服务管理和绩效水平。

需求精准是精准资助工作的重要保障，也是高校资助育人工作中的重要环节。需求精准必须建立在充分了解和掌握受资助者实际情况和需求的基础之上。不同家庭经济困难学生所面临的实际经济困难、学习状况及资助需求不同，因此，在对高校贫困生进行资助之前，应充分了解贫困大学生的情况，尤其是其资助需求，唯有如此，才能针对贫困生所需为贫困生提供其需要的、合适的资助，而非过度的或不足的资助。高校资助工作中的需求精准可以在确保资助公平和公正的基础上，避免资助过度而使贫困学生产生消极的、不正确的道德思想，另外也可以避免由于资助不足而导致高校贫困学生承担巨大的经济压力与精神压力。

评价精准则是精准资助工作的重要组成部分，也是高校资助育人工作中的重要环节。评价精准是指对高校受资助的学生的评价既要全面考察学生的学习情况，也要全面考查学生各方面的素质和能力，此外还要避免高校贫困学生在评价环节产生任何形式的造假行为，以确保资助公平，并使真正品学兼优的学生获得正向激励。

高校资助育人精准资助的特征主要包括三个方面，即目标精准、方法精准、管理精准。目标精准是指高校资助育人工作中，既需要制定一系列科学有效的资助认定标准和认定方法，并根据这些资助方法对受资助者的身份进行精准识别，又要通过对高校受资助学生情况的了解，准确地对受资助的学生进行贫困分级和定位，以提升资助行为的精准性。方法精准，是指高校贫困学生资助是一项十分复杂的工作，尤其是高校受资助贫困学生的思想和心理正处于发展时期，心智仍不成熟，这些受资助的贫困学生的实际情况千差万别。有的受资助的学生的学习水平与其他同学相比较差，有的受资助的学生的经济压力较大，有的受资助的学生性格孤僻、有的受资助的学生内心十分自卑，还有的受资助的学生的内心十分自负等。而方法精准则强调对高校贫困生的资助应从贫困生的实际情况出发，针对贫困生的具体心理状况和具体需求对贫困生进行有针对性的资助。从而在有效解决高校贫困生经济困难的同时，对高校贫困生的心理进行积极引导。管理精准是指高校资助工作中政府及高校有关部门应对贫困对象的受资助情况进行实时跟踪和掌握，以便对贫困生的资助情况进行有效而精准的管理，以确保资助金额被切实应用到合适的场所，而非被挥霍或挪用，以确保达到资助目的。

二、高校资助育人精准化理论

高校资助育人精准化理论中最为重要的支持理论为贫困理论、正义理论和效率理论。

（一）贫困理论

贫困是全人类共同面临的挑战，世界上最早的贫困标准是以收入来衡量贫困与否的，之后随着世界各国学者对贫困问题研究的深入，对贫困的界定也越来越全面，越来越朝着多元化的趋势发展。其中，阿玛蒂亚·森从发展的角度提出了能力贫困理论、奥斯卡·刘易斯从社会文化的角度提出了贫困文化理论。之后，学者们又陆续从多个维度提出了多种贫困理论。其中较有影响的为英国学者朗特里提出的收入贫困理论、阿玛蒂亚·森提出的能力贫困理论、奥斯卡·刘易斯提出的贫困文化理论。

收入贫困理论最早是于 1901 年由英国学者朗特里在其著作《贫穷：对城市生活的研究》一书中提出的概念。朗特里在这本著作中将货币预算分为食物和非食物两部分，并按照"获得维持体力的最低需要"的"购物篮子"所需要的货币预算，对英国约克市的贫困线进行了货币量化定义。[①]朗特里所提出的收入贫困理论是当前世界上使用最广泛的贫困定义和衡量尺度，具体是以个人或家庭收入和消费是否能够满足生存标准来进行衡量的，如果生存标准低于某一底线，那么即被认定为贫困。

能力贫困理论最早是于 1983 年由阿玛蒂亚·森首次提出的，能力贫困是

---

① 曾敏. 精准扶贫视角下贫困大学生的资助效果研究 [D]. 广西大学，2018：21.

指一个人所具有的可行能力，包括良好的健康状况、能够受到的教育、社会成就等一系列具有可能的功能性活动。能力贫困理论跳出了传统以收入和物质来衡量贫困的标准，而是提出了贫困实际上是一种能力和权利的剥夺，人只有不断全面提升自己的能力，才能提高自己的可行能力，从而摆脱贫困。

贫困文化理论最早是于 1959 年由奥斯卡·刘易斯提出的，刘易斯从社会文化视角指出人们如果长期在贫困环境中生活，其所形成的、固定的居住方式使得贫困群体与外界其他群体之间形成了一种隐形隔膜，从而形成一种脱离社会主流贫困亚文化，这种贫困亚文化对人们的思维产生了影响，甚至产生了代际传递，只有打破这种贫困文化，人们才能真正打破贫困，重新树立自力更生及脱贫的能力和追求。

除了以上三种影响较大的贫困理论之外，多维贫困指数也是一种影响较大的贫困理论。多维贫困指数是从贫困来源的角度对贫困程度进行衡量的，其生动地反映了贫困人口的受剥夺情况。阿玛蒂亚·森认为多维贫困测量多用健康、教育和生活标准三个维度的十个指标，这些指标的剥夺维度越高，则表明贫困人口被剥削的权利越多。

以上贫困理论可对高校精准资助提供帮助。例如，基于能力贫困理论，贫困大学生的综合能力越高，则其脱离贫困的可能性越大。根据贫困文化理论，则需从高校贫困大学生心理入手，对贫困大学生进行正向的、积极的心理引导。

（二）正义理论

正义理论是于 19 世纪 70 年代，由美国著名哲学家、伦理家罗尔斯在《正义理论》中提出的理念。罗尔斯认为正义的核心即平等，平等即社会权力和利益的公平分配。罗尔斯的这种正义论的观点是建立社会结构的两个因素，即公民的政治权利和社会发展及经济利益等方面，罗尔斯试图通过探索人类在这两个因素中的权利来探讨社会现实中的制度平等。根据这一理论，罗尔斯指出，正义的最大价值为社会基本结构，即主要的社会体制分配基本权利与义务和确定社会合作所产生的利益的分配方式。罗尔斯指出，正义的前提是处于原始状态中的各方是一种平等关系，所有人都拥有相同的选择权利，个体作为道德主体，有着成熟的、善良的观念和较强的正义感，个体之间是一种平等关系。

罗尔斯还提出了正义理论的两个原则，即平等自由原则和经济平等原则。其中，平等自由原则是指每一个人对于一种平等的基本自由的适应体制是一种不可剥夺的权利，而这种体制与适应于所有人的同样的自由体制是相容的。经济平等原则是指合理的经济不平等原则，这种不平等原则有两个前提：一个前提是社会民众所从属的公职和职位应该公平、平等地向社会所有人开放，这一前提即机会公正平等原则；另一个前提是合理的经济不平等应该有利于社会中弱势群体的最大利益，又称之为差别原则。① 这两个前提中的第一个原则优先于第二个原则，第二个原则建立在第一个原则的基础之上。

教育公平是社会公平的重要组成部分，对于促进社会公平起着十分重要的作用，而教育公平中的教育机会均等则是教育公平中的核心部分之一，又可以细分为起点均等、过程均等和结果均等，这三个因素在教育平等中起着决定平等的教育和成功的机会的作用。其中，正义论中的平等自由原则体现在教育方面，即是指所有学生均享有平等的受教育的权利。而正义论中的机会公正平等原则和差别原则体现在教育中则是指社会为每一个具有相似天赋的人提供公平教育的机会，以便社会上处于不同阶级的群体能够进行公平的竞争。差别原则是指在教育中每位学生在享受公平教育的前提下，还应根据学生的个体特征对学生进行差别指导。在高校精准资助方面，差别原则要求在尊重公正平等原则的基础上，根据学生的不同心理状态或经济贫困状态而进行差别对待。从而确保学生受教育的权利，并因材施教使学生平等地接受高等教育。

（三）效率理论

效率理论是现代经济学的核心，效率理论是经济学上一个古老的话题，从古典经济学的分工理论、竞争效率理论，到帕累托效率、动态效率理论，效率理论始终处于不断创新和发展之中。其中，配置效率理论是对相对稀缺的资源，在各种不同用途上加以比较而作出的选择。社会经济发展到一定阶段，人们的需求与资源之间总是表现得不对等，人类对相对有限的、稀缺的资源的合理配置可以使用最少的资源生产出最佳的商品，以获得最佳效益。其中，资源分配的理想状态称之为帕累托最优或帕累托改进。帕累托最优是获得公平与效率的理想王国，而帕累托改进则是达到帕累托最优的条件，也是一种在没有任何境况变坏的前提下，使至少一个人变得更好。

配置效率理论在我国高校精准资助中起着十分重要的政策指导作用。从经济学的效率理论来看，在我国扶贫资源基本确定的前提下，精准扶贫是对扶贫对象、扶贫资源的优化，高校精准资助也是如此。当前，我国已建立起相对完善的资助育人体系，其中的资助资源大部分均由国家或各级政府提供，并逐渐加大社会资助资源力度。从配置效率理论来看，只有对学生进行精准资助，才

---

① 约翰·罗尔斯. 作为公平的正义——正义新论 [M]. 姚大志，译. 上海：三联书店出版社，2002.

能精准确定受资助的对象，并在兼顾公平公正原则的基础上改善高校资助工作中存在的平均分配、滚动受助的情况，从而将扶贫资源全部合理地分配到真实的贫困者身上。精准资助既符合经济学原理中的最优配置资源的原则和要求，也能够有效提升高校精准资助中各种扶贫资源配置的效率，从而达到较为理想的资助效果。

改革开放以来，随着我国国民生活水平的提高，我国社会经济得到了飞速发展，生产力水平迅速提高，我国贫困人口的实际人数和总比例也在不断缩减。从国家利益角度来看，对贫困学生的资助可以将贫困学生培养成国家和社会所需要的优秀人才；从贫困学生的角度来看，高校精准资助能够提高贫困学生各方面的综合素质和能力，帮助学生拥有多种选择的机会，从而培养学生自立脱贫的能力，使学生走出贫困。

综上所述，以上贫困理论、公平理论及效率理论为高校精准资助奠定了基础，有利于精准资助目标理念的实现。

第二节　高校资助育人精准化的现状与问题

改革开放以来，随着我国社会市场经济改革的推进，我国高校资助育人体系取得了较大成就。一方面，我国高校资助政策日益完善、资助力度不断加大，资助体系也越来越完善，并在高校资助工作中发挥着极其重要的作用；另一方面，我国资助育人理念逐渐确立，形成了他助、自助和助人的"三助"育人理念，此外，资助也逐渐规范化，育人效果越来越明显。然而，当前我国高校资助育人体系中仍然存在种种问题，尤其是在资助和育人的精准化方面，问题较多。

一、高校资助育人精准化中存在的问题

高校精准资助制度以育人为目的，其资助育人功能包括济困、激励、服务和发展四个方面。其中，济困是高校资助育人体系中精准资助育人的基础，激励和服务则贯穿于整个精准资助过程，发展则是高校资助育人体系的最终价值追求。当前我国高校资助育人体系的问题主要体现在以下几个方面。

（一）高校资助育人体系中资助对象识别和认定不精准

近年来，随着我国高校资助育人体系的完善，高校资助育人力度的不断增

加，我国高校对贫困学生的资助成果十分可观。然而，高校资助育人体系中的精准化仍然不到位，首当其冲的即为资助对象识别和认定不精准。精准地识别和认定资助对象是高校资助育人体系的第一步，也是十分关键的一步，是其他资助育人步骤的基础。当前，我国许多高校对资助对象的识别途径主要依赖于两个环节。一个环节是贫困学生提交贫困生申请，并附上相应的证明材料，这些材料大多为申请人所在地的县、乡、村三级行政机构的证明或盖章表格。另一个环节是申请人所在的高校贫困管理有关部门对申请学生所提供的证明进行审核，大多采取三级层面审核制度，即班级初评、二级学院审核、学校审核的方式，对贫困学生进行身份识别，同时确定受资助的对象。这一贫困生身份识别的途径存在不合理的一面，具体体现在以下几个方面。

其一，现有资助育人体系中的认定标准不合理。

当前我国高校在贫困生资助标准认定中常常将家庭收入和消费水平是否平衡作为依据，却忽略了我国经济发展不平衡的特点，来自不同城市的学生因受地域经济条件所限，其家庭经济收入可能在当地生活能够达到收支平衡，然而在一线城市中，其收入与学生所在高校的支出可能存在误差，难免导致高校认定标准的不合理。

其二，高校资助育人体系中的认定方式过于简单。

高校资助育人体系中，贫困生资格认定的评判标准为学生的贫困申请表和各种各样的困难证明，然而，申请人所在的高校常常由于人手较少，而贫困资格申请的人数相对太多，使得高校难以抽出足够的人手对学生的实际家庭经济情况进行调查和核实，这就为一些胆大的学生伪造证明材料提供了便利，导致高校贫困生评判标准缺乏科学性。除此之外，学生所在高校与学生故乡所在地方之间的信息不对称性的特点，也在一定程度上造成了贫困对象识别的不清准。

（二）高校资助育人体系中资助信息管理不精准

现阶段，经过多年扶贫工作，随着我国国家扶贫工作进入深化期和关键期，我国在全国范围内推行贫困户建档立卡，通过贫困人口的摸底调查与实际走访，建立起了详细的贫困人口档案。通过对贫困人员的档案文件即可判断出贫困人员的具体贫困等级，并由相关部门根据不同贫困人员或贫困家庭的情况为其提供合理的、科学的资助和帮扶。

高校资助育人体系的建立推动了我国高校贫困生信息管理系统的发展。当前我国大部分高校均建立起了独立而完善的贫困生信息管理系统，其中，贫困生信息统计工作常由学生处的专职教师根据各系和各学院上报的贫困生情况整理、录入而成。由于高校贫困生信息统计和录入人员相对较少，贫困生群体的规模相对较大，而且贫困生信息统计工作十分烦琐，导致许多高校负责对贫困生信息进行统计和录入的老师在规定时间内无法对上报贫困生学生的身份进行识别，难以做到将每一位贫困生的具体情况与其所在地的人口、低保、扶贫等部门的信息系统对接或信息共享，而仅仅满足于将学生贫困生资格申请表上的信息进行录入和整理，造成贫困学生的信息整理过于简单，难以在此基础上实现高校精准资助的目标。

此外，高校贫困资助信息管理的不精准还体现在资助政策无法满足高校贫困生的需求等方面。我国高校资助方式中，几乎每一种资助方式都呈现出需求与供给相差较大的现象。例如，高校助学贷款是我国高校资助体系中最基础、资助数额最大、资助人数最多的资助方式。然而，高校助学贷款的名额与高校所有贫困生人员相比，差距仍然较大。又如，勤工助学岗位、奖学金、助学金等也存在受助人员与实践贫困人数相比差距较大的现象。这一现象导致我国高校对勤工助学和奖学金的发放通常通过"比惨"和"卡学习成绩"等方式下发。这些方式不仅与高校资助的公平性原则相违背，而且还使得高校资助呈现出不精准的特点。

（三）高校资助育人体系中资助分配体系不科学

高校资助育人体系由助学贷款、勤工助学、奖学金和学费减免、隐性资助、"绿色通道"等方式组成。这些资助方式的资助作用不同，具体的资助名额也不相同，从总体上来看，高校资助育人体系中存在资助结构不科学的现象。

近年来，随着我国社会经济的发展，我国贫困人口的数量大大降低，然而，从高校受资助的群体来看，与之前相比，高校贫困学生的总人数却没有显著变化。这是由于国家为了实现"不让一个学生因为家庭经济困难而失学"的目标，高校每年进行贫困生资格认定时，会为每个学院下发基本贫困指标，这一贫困指标通常为30%，即高校学院内大约有近1/3的学生会受到贫困资助。通常高校各学院对这30%的名额进行再分配时，为了表示公平，将名额均等地分到各系、各班级中。这就导致一部分班级或系中贫困生名额过剩，而有的班级或系中贫困生名额不足的情况，这种情况直接导致高校贫困生资格认证管理的不精准，相应地造成高校精准资助力度下降。

除此之外，当前，我国高校资助育人体系中，获得各项资助的前提为不挂科，即如果学生某一门成绩挂科，那么，即便其家庭经济困难且已被认定为贫困学生，也无法获得高校资助体系中的某些资助。不挂科这一硬性指标看起来是对高校受资助群体的基础要求，然而在现实实践中，由于许多贫困学生均来自经济不发达或经济落后地区，这些地区的教育水平也相对较为落后，由于师资力量远逊于经济发达地区，因此，通常这些地区的贫困学生的综合素质与能力与经济发达地区的学生相比存在较大差距。来自偏远山区或偏远乡村的贫困学生的学习成绩相对较差，与其他同学相比，科学文化知识的底子较薄。这就导致许多贫困学生在日常学习中相对较为吃力，而一些贫困学生为了经济负担，通常还在校内或校外从事兼职工作或勤工助学工作，这些工作在一定程度上挤占了贫困学生的学习时间，久而久之形成一种恶性循环，导致贫困学生的成绩落后于其他学生，甚至导致贫困学生挂科。一旦挂科，贫困学生即无缘于高校的任何资助项目，在巨大的经济压力下，挂科学生则必须用更多的时间兼职以赚取生活费，导致更大的恶性循环。这种由于资助分配体系的不科学而导致的资助分配不均衡和不合理情况，在一定程度上有损于高校资助的精准性。

（四）高校资助育人体系中资助评价和监督体系不完善

我国高校资助育人体系中，贫困生的资助存在多个环节，其中每个环节中均应设置相应的监督体系，以确保各个资助环节的科学性和透明性，确保资助的公正性。然而在资助实践中，却存在大部分资助环节的监督体系存在感弱，评价体系不科学、不规范的现象。

我国高校资助环节中开具贫困证明环节缺乏必要的监管部门，导致许多学生通过开设虚假贫困证明骗取贫困生资格。而资助项目中的勤工助学、奖学金发放中，高校通常采取班级评议小组进行评审的原则，然而其过程中却存在许多评议小组成员选择与自己交际关系较好的同学的情况，甚至在一些高校中还出现了贫困生在评选前通过各种不法形式进行拉票的现象，针对这些评选中的方法和不良现象，高校缺乏相应的监督机制，导致由于监督不到位而造成资助不精准的现象。此外，高校资助过程中，通常各班级或各系选出资助对象后，还需经由学院公示，在公示期一旦受资助者被举报，则撤销该贫困生的受资助资格。然而，在资助实践中，大部分学校的公示期是一种形式，而形式化的背后是即便出现虚假或不公平现象，绝大部分学生出于不找事的心理，不愿揭发，导致学院审核的环节沦为形式主义。

此外，大部分高校在受资助学生获得资助款项后，较少对其进行监督，导致一些受资助的学生在拿到资助金后，并没有使用在学习上和生活上，而是用资助款项来打游戏、购买各种名牌等，不致力于学习的提升和整体综合能力的进步，自甘堕落，仅仅凭借贫困生资格而理所当然地争取各种资助款项。这种不良现象常使得努力学习但没有获得奖学金等资助的学生产生严重的不平衡心理，长此以往，导致学生产生严重的不良心理，不利于资助育人体系中育人功能和德育功能的发挥，影响我国高校资助的精准性。

二、高校资助育人精准化中问题形成的缘由

影响高校资助育人精准化的原因主要包括以下几个方面。

（一）高校贫困生认证机制不科学、不合理

我国高校贫困生认定机制相对较为简单，仅凭纸质证明、家庭情况调查表及学生个人所写的资助申请即可进入班级评议环节，而由学生和老师进行投票决议确定学生的贫困生资格，其间存在多个漏洞，这种认证机制的不科学和不合理导致贫困生资格认证不精准。

我国高校贫困生认证机制的不科学和不合理主要体现在贫困生评定标准方面。我国贫困生的条件认定以"家庭经济困难，生活简朴"作为参考标准，然而这一条件却极为笼统，在执行实践中，具有较大的争议性，很难对家庭经济困难的标准进行具体量化，因此，无法提供真实的认定贫困的依据。而高校大学生的心理正处于发展时期，其人生观和价值观还处于不稳定时期，并且高校大学生长期生活在封闭的校园中，对社会的实际发展缺乏有效判断，导致一些学生对自身家庭经济情况无法进行正确判断。一些学生在对贫困标准进行确认时，主观地认为自己家庭贫困，还有一些学生出于对自身家庭经济情况的不科学的判断而认为家庭经济困难，从而进行贫困生申报，并常常由于认证体制中存在的漏洞而申请成功。对于这种现象，一方面，由于各班级每年分配的贫困生名额有限，大量主观贫困生会挤占真正贫困生的资格，导致真正的贫困生得不到资助或只能得到少量资助，不足以解决其在校期间的学习和生活困难的问题，这些不良现象均造成资助不精准。

除此之外，高校贫困生认证机制中高校教师受困于工作量和人数，对学生的实际家庭情况往往不做辨别和调查，因此很难发现贫困生申请人员的真实家庭情况，使得贫困生资格认定常常流于形式。此外，在奖学金等资助方式的评选中，班级评选小组成员常常是随机组成的，这种由小组成员选择受资助贫困生的方法受小组内各成员的主观影响较大。此外，高校辅导员通常还担任推荐受资助成员的重任，然而，由于辅导员平时还兼有大量其他琐碎工作，不能对班级内的所有贫困生的情况进行详细了解，在推荐受资助贫困学生时难以做到客观和公正。基于这两种情况，导致高校贫困生认证的精准性较低。

（二）高校资助过程监督机制不足

高校资助育人体系中的监督机制不健全，导致资助过程缺乏有效监督，从

而造成精准资助缺乏的现象。我国高校资助育人体系中对地方政府和各级民政部门的职能进行了明确规定，赋予了这些部门对贫困生资助工作的监督职责。然而，实际上各地行政部门由于日常工作繁杂，对高校贫困生资助工作不重视，当学生开设贫困证明时，不能对学生的具体家庭情况进行有效审查，在开具贫困证明时存在工作程序不严谨、随意性较强的现象，从而导致我国高校贫困生资助工作中，地方政策行政单位没有充分发挥监督职责，从源头上对贫困生证明的开设审查不严，为精准资助留下了较大隐患。

高校在对贫困生资格进行审查时，往往规定由辅导员或其他负责教师对贫困生进行观察和了解，然而在实践中由于辅导员身兼多种事项或职务，缺乏足够的时间和精力对贫困生进行了解。此外，奖学金等资助项目中，受资助人往往是由班级评审小组选出来，并经辅导员认可的，受资助的人员确定后，上报到学院，理论上在公示期辅导员还应对评选出来的、受资助的学生的行为进行监督，如果发现受资助人员有不良行为或是非贫困学生后，须及时上报，撤销受资助的学生的受助资格。然而现实中，由于辅导员受自身精力和时间所限，往往不能对评选出来的受资助人进行有效监督。即使发现评选出来的受资助者不合格，常常陷于复杂的审查程序或由于学生求情等原因，而不对其进行揭发和上报，从而使得高校资助过程中的监督机制流于形式，如同虚设，丝毫没有起到应有的作用。

除此之外，高校资助育人工作中还要对受资助学生的思想进行监督和管理，要求对受资助人员按时开展感恩教育、劳动教育、诚信教育等，以改变受资助学生的"等、靠、要"思想，从而引导受资助学生建立正确的人生观、价值观，培养自强不息的奋斗精神，树立受资助的学生的诚信意识、责任意识和感恩意识等。然而，在资助实践中，大部分高校教师却不重视受资助学生的思想引导，将高校资助育人工作变成一种单纯的救助行为，不注重对学生思想道德观念的监督，从而导致现实生活中大学生贷款失信行为屡屡发生，为我国高校资助的精准性产生了不良影响。

（三）高校贫困生资助信息管理系统不完善

改革开放以来，随着我国高校资助育人体系的逐渐完善，我国逐渐摸索出了一套高校资助管理办法，这套资助管理办法的实施使我国高校资助育人工作取得了一定的成效。然而，从高校贫困生资助信息管理系统来看，还存在着不完善的现象，主要体现在以下两个方面。

一方面，我国大部分高校还未建立起独立的、完善的贫困生信息管理系统。当前，我国高校对贫困生信息的统计通常由学生处专职人员负责，这些人员根据各班级、各系上报的贫困信息进行汇总，汇总后形成一系列包括学生姓名、家乡、家庭具体贫困情况的表格，在这些表格中，不能体现贫困学生的全部信息，只能体现贫困学生的表面信息，而贫困生家庭的贫困程度、贫困原因及有针对性的解决办法等均没有体现，使高校资助管理人员难以有效而明确地了解受资助学生的受资助要求，无法对其提供有效的资助。另外，当前我国高校的贫困生信息管理系统并未建立有效的与国家精准扶贫策略中各级地方政府的贫困数据资源共享系统，只能依靠相关部门教师通过与学生的谈话，收集学生的基本家庭经济情况，又由于我国高校的贫困生资助信息系统没有实现与我国人口、低保等部门的信息系统对接，导致学生的一些基本贫困信息无法核实，对贫困生的真实信息和家庭情况无法鉴别。

另一方面，高校贫困生信息管理系统中对资助政策的公布及贫困生资格认定和资助情况的公示，多采用网站公示的办法，即在校内网中开辟专门的网页进行公示。然而，由于受到信息传播所限，许多学生由于不关注学校网站，较少浏览专门的监督网页，导致高校贫困生资格公示的信息无法真正起到应有的作用，导致高校贫困生资助信息管理系统不完善，影响了高校精准资助功能的发挥。

（四）高校贫困生资助惩罚机制缺失

西方一些国家在高校贫困生资助工作中建立起了相对较为完善的资格审查系统，一旦发现高校贫困生在受资助过程中存在欺骗行为，将通过法律手段对其进行严厉的惩罚，这在一定程度上有效防止了资助行为中弄虚作假行为，从而提升了高校贫困生资助的精准性。当前，我国高校资助育人体系中对弄虚作假行为的惩罚机制没有建立起来，即便发现了高校资助过程中一些学生的弄虚作假行为，也难以对其进行有效惩罚以达到震慑其他学生的目的。

我国高校贫困生资格评审中常以学生的家庭经济困难与否作为衡量标准，而对学生的学习成绩、品德及在校期间的表现等要求不高。我国高校资助工作中的无偿资助居多，需偿还性资助较少，助学贷款在学生毕业后还建立了多种国家代偿机制。另外，各高校每年贫困生名额占全体新生名额的近1/3，这使得一些学生产生了"不拿白不拿"的心理，眼红家庭经济困难的学生所得到的多项资助，因此产生了通过制造虚假材料冒充贫困生的行为。我国高校资助体系中由于存在种种制度漏洞，导致虚报贫困生的现象泛滥，即便高校查出学生的虚报行为后，一般只给予不认可为贫困生或取消贫困生资格，这种惩罚对于高校大学生几乎不受影响。由于虚报代价小，风险低，因此导致高校贫困生虚报现象屡禁不止，而虚报现象的大量增加对高校精准资助产生了不良影响。

第三节　高校资助育人精准化的实现路径

上节中对高校资助育人精准化资助存在的问题及原因进行了详细分析，本节主要从精准识别、精准管理、精准监督三个方面对高校资助育人精准化的实践路径进行分析和研究。

一、高校精准资助实现路径之精准识别

高校资助精准识别是高校精准资助的基础与前提，同时也是最难把握的一个环节。高校资助精准识别可以从以下几个方面实现。

（一）制定科学的精准识别标准

高校精准资助中，除现有的高校学生家庭情况调查报告、学生个人贫困申请及各级行政单位的贫困证明外，还可以从三个方面进行。

其一，将地域宏观经济状况与学生个人家庭经济状况结合起来以综合判断学生的家庭经济状况。

改革开放以来，我国经济发展十分迅速，然而各地经济的发展速度却并不均等，东部沿海地区经济发展较快，中西部地区经济发展较慢，城市经济发展较快，乡村经济发展较慢，经济发展的不平衡导致东西部地区、城乡之间的贫富差距较大。对贫困学生的精准识别应结合学生家庭所在区域的整体经济状况，并根据当地经济水准来判断学生家庭贫困与否。除此之外，还应结合学生个体的经济情况，观察学生本人是否有高档电脑、手机、手表及名牌衣物等高档消费品，如果学生本人拥有这些高档消费品，还需弄清楚这些高档消费品的来源是学生个人所买、家长所买，还是亲戚所赠，不能盲目地因为学生拥有高档消费品就认定学生不是贫困学生，还应结合学生的日常消费水平等综合制定贫困学生的识别标准。

其二，将学生个人家庭收入状况和个人基本消费情况结合起来，进行综合判断。

根据贫困收入理论，家庭收入状况是直接关系判断家庭经济情况的重要标准。贫困家庭一般收入来源较少或没有收入来源。一方面，由于贫困家庭缺乏必要的劳动力，多为单亲家庭或孤儿家庭。另一方面，贫困家庭多为农村家庭，家庭收入来源多为农作物种植所得，由于农作物收入来源单一，收益较低，造成家庭贫困。这类家庭的学生考上大学，巨额学费成为其巨大的经济负

担。因此，家庭收入状况是判断学生是否为贫困学生的重要标准。当前，我国高校资助体系中对学生家庭经济情况的判断多通过学生个人所写的家庭调查表和各地行政单位的贫困证明判断。由于高校学生来自全国各地，高校所设立的资助部门无法对学生的具体情况一一进行调查。因此，应将学生自己所反映的家庭经济状况与学生的个人消费习惯结合起来。学生的个人消费习惯在一定程度上反映了其家庭收入状况。因此，可以通过学生一卡通反映出学生的消费状况，从而对学生的家庭状况进行判断和识别。

其三，将学生个人自己所述和他人所见结合起来，对贫困学生进行综合判断和识别。

在判断学生家庭的真实情况时，不能仅凭学生的一面之词，而应将学生所述情况与其同学的印证及院方的调查相结合，三方比较、对证，以对学生的真实情况进行查询和判断，以此对贫困生的身份进行科学识别与判断。

（二）建立详细的贫困学生档案

我国高校资助体系中，对贫困学生的精准识别应尽可能排除贫困学生鉴定过程中的主观判断和地区差异等因素的影响，而应该建立起详细的贫困学生档案，以便为贫困生精确认证和资助奠定基础。贫困学生的详细档案应包括学生的生源地、家庭情况、学生高校所在地域、学生的消费水平、学生所在学校与生源地之间的距离和交通费用等情况。其中，学生的生源地和家庭情况包括贫困学生所在生源地的最低生活标准、贫困学生是否为独生子女、贫困学生家庭的总人口数量与年收入情况、贫困学生家庭成员健康状况、贫困学生的生活费用来源、学费缴纳情况等；高校所在地区的经济发展情况及最低生活标准；学生在校期间的学习成绩、身体健康状况、是否在外兼职、是否接受勤工助学工作、学生在校期间的日常消费情况、老师对学生的评价、贫困学生班级同学的评价等。通过详细的贫困学生档案的建立，为高校贫困生的精准识别奠定基础。

（三）打通高校贫困信息数据库与国家相关部门信息数据库之间的壁垒

在建立详细的贫困学生档案的基础上，进一步完善高校的贫困生数据库，并将高校贫困生数据库与国家贫困帮扶系统中所建立的贫困家庭档案卡、省市扶贫信息系统、各地市的低保数据库、银行贷款信息系统等部门的网络相连接，以实现资源共享，更加精准地判断学生的贫困状况。通过打通高校贫困信息数据库与国家相关部门信息数据库之间的壁垒，一方面，信息共享可以与贫困生所在行政部门开具的贫困证明，以及学生所写的家庭情况调查表相呼应，可以减少高校对贫困学生的调查工作，以便精准识别高校贫困生。另一方面，打通高校贫困信息数据库与地方政府信息数据库之间的壁垒，能够详细了解贫困生家庭致贫原因，对精准把握高校贫困生的心理状况有着重要的指导作用，能够以此作为依据对高校贫困学生实行精准资助方案。

二、高校精准资助实现路径之精准管理

建立高校贫困生精准系统后，即可对高校贫困生进行精准识别，而在高校资助活动实施阶段，则离不开资助过程中的精准管理。具体来说，实现高校资助的精准管理需从以下几个方向着手。

（一）加强高校资助育人体系中的有偿资助方式，提高精准资助

高校资助育人体系中的主要资助方式包括助学贷款、奖学金、助学金、勤工助学、学费减免、隐性补助、"绿色通道"等。这些资助方式中，绝大部分均为无偿资助。其中，助学贷款是由国家进行担保的一种无息或低息贷款；奖学金是由国家、地方政府和高校等多个部门或单位进行资助的一种无偿资助方式；助学金和学费减免一般为对特困学生的资助，属于无偿资助；隐性补助则是定期通过饭卡补助为贫困学生提供资助。这些资助方式大多为无偿资助。对贫困学生来说，获得这些资助并不需要付出任何代价，只需获取贫困生资格即可。这种资助方式虽然在帮助贫困学生解决经济问题、缓解学生精神压力等方面取得了极大的成果，然而，这种资助方式也引发了种种问题。一方面，高校资助育人体系中由于无偿资助较多，有偿或需偿还的资助方式较少，使得高校资助育人体系中的造假行为严重，并且易使高校贫困学生产生"等、靠、要"的思想，易产生非精准资助行为，从而影响高校资助方式的精准性。另一方面，高校资助育人体系中的有偿资助较少、社会参与性低，不利于高校资助育人体系的进一步完善。加强高校资助体系中的有偿资助方式可以从以下几个方面着手。

其一，加强高校资助宣传，积极呼吁社会力量、民间公益组织对社会的回报。

通过不断吸纳社会资助，不断丰富我国高校资助资金，只有当资助资金达到一定的规模后，我国资助资金才能有足够的、充裕的力量对贫困学生进行灵活的、多样化的精准资助。否则，仅仅依靠国家财政拨款，以及学校自身的力量，难以实现和保障精准资助。除此之外，精准资助以学生的多样化需求为目标和导向，即从"输血"式资助向"造血"式资助转变，单纯依靠高校自身的力量无法为受资助的贫困学生提供多样化的勤工助学岗位，而只有借助社会的力量才能为学生提供充足的岗位保障，为精准资助提供保障。

其二，拓展高校有偿资助方式，通过对高校贫困大学生的思想引导，增强高校资助的精准化。

我国高校资助方式中，以无偿资助为主，这种资助方式引发了种种问题。例如，非家庭经济困难学生冒领贫困生资格，从而造成高校资助不公平现象，影响真正的贫困生树立正确的思想认知。因此，在当前高校资助育人体系下，各高校应加强对学生的有偿资助，通过组织班级贫困学生广泛参加各式各样的公益活动，对贫困学生加强思想和实践引导，帮助高校贫困学生树立自立自强的积极思想，改变贫困学生"等、靠、要"的不良思想。此外，有偿资助方式可剔除一部分非贫困生，以增强贫困生资助的精准性。

（二）优化高校资助育人体系中的资助结构，提高精准资助

当前，我国高校资助育人体系已初步形成多样化的资助体系，但这些资助体系在实践中并没有达到相互补充、相辅相成的效果。从不断优化和完善高校资助体系，不断提升高校资助精准化的方式来看，我国高校资助体系中的各个资助项目之间还没有形成一个互相补充、相辅相成的完善体系。对此，一方面，高校在以国家为主的资助方式之外，应严格执行国家相关政策规定，每年从高校学费中拿出相应的比例专门用于贫困学生资助事宜，这部分资金应设立专门账户，专款专用，不能无故减少，更不能挪作他用，以此保障高校在资助体系中充分发挥应有的作用。另一方面，高校对贫困生的资助应与国家资助形成相应的互补结构。加强勤工助学等有偿性资助方式，与国家以无偿资助为主的资助方式形成互补。在为贫困学生解决经济困难的同时，全面加强对贫困学生的思想引导，通过树立和强化贫困学生的自立自强意识，全面提升贫困学生的综合能力和素质，从而达到真正阻隔贫困代际传递的目的。

除此之外，在当前高校资助育人体系中，应不断加强高校资助资金的灵活性，在坚持资助金额年度化使用的同时，允许资助金跨年度调节，以便高校针对不同年份贫困生数量的增减变化，对贫困生进行灵活的资助方式调整和资助金额调整，以对贫困学生进行精准资助。

另外，在高校贫困生现有资助体系中，还应加强对贫困生紧急救助机制的管理，建立相应的贫困生紧急求助机制。贫困生紧急救助机制是针对高校所有学生的一种资助形式。贫困生紧急救助机制是指当高校贫困生家庭出现突发性变故而导致家庭境况变化时，对贫困生所实施的特困救助。俗话说，人有旦夕祸福，该资助方式与其他资助方式相比，灵活性特点突出。

（三）建立和完善贫困生信用机制，加强精准资助

当前我国的全民信用机制正在建设之中，全民信用机制的建立有利于通过

个人信用机制对贫困生的行为进行约束。现阶段，高校学生信用系统还未完全建立起来，受助学贷款资助的学生毕业后违贷现象、拖欠贷款不还等现象屡禁不止，失范现象严重。然而，银行作为第三方金融系统，却没有制约高校贷款失信的方法，当出现受资助的学生违规拒不还贷时，银行只能在网络上和校园内公布其失信信息。除此之外，不能对失信学生产生任何有力度的惩罚或约束，也不能采取法律手段让其归还贷款。除了高校助学贷款学生的失信行为之外，在高校贫困生资格申请中还存在诸多弄虚作假行为。这类行为是高校精准资助的巨大阻碍。

有鉴于此，我国高校就借助现代信息手段建立信用档案，以便对学生的行为进行监督，并且具有便于查阅的特点，而这一点也符合现代科技发展的趋势。我国高校贫困生信用记录系统的建立应与社会金融行业中银行类商业机构的信用记录相似，保持信用体系的法律强制性和社会公信制约性。一旦发现高校贫困生资格作假，或在受助过程中违反规定，则取消贫困生受助资格、没收受助资金，并全院通报批评，在高校贫困生信用系统中体现，以便高校对贫困生的受助信息、还贷行为等进行详细记录，靠这种完善的信用机制保障实现精准资助，可有效减少高校贫困生的失信行为。

（四）优化班级评审机制，加强精准资助

高校资助体系中对奖学金、助学金等的评定，大多以班级为单位，由学生组建班级评议小组，全体同学积极参与，并在班主任或辅导员的主持下进行公开、透明、民主的评审。然而，现阶段我国高校中的班级评议小组在进行民主评选时，存在着对贫困生情况了解不够，盲目评选；或存在只选择与其亲近的贫困生的情况。甚至一些贫困生为了在民主评议中拔得头筹，不惜对班级评议小组的成员大肆贿赂。这些不良现象违背了班级民主评审的初衷，不利于精准资助的实现。

对此，在班级评议小组中要坚持公开、透明的原则。班级评议小组应由班委和班级先进分子组成，整个评议过程应坚持公开和透明的原则。在进行贫困生资格评选时应综合考虑高校贫困生的家庭实际贫困状况，以及贫困生的综合素质和能力等，然后再由班级评议小组投票决定贫困生人选及获得资助等级。为了防止班级评议小组成员在评选中出现偏向性及贫困生拉票等情况，可以通过让评议小组成员在投票时说明理由，并以书面形式进行备案，以便所选择的贫困生在公示阶段被提出异议后，可进行书面查证。除此之外，应坚持评选流程的规范化，评选结果出来后，应通过各种渠道对结果进行公示，不仅包括高

校官方网站或校园公示栏，还包括班级 QQ 群、班级微信群等，确保学生们都可以看到。当评选结果有问题时，应及时进行纠正。

（五）加强高校德育引导，提高精准资助

近年来，随着我国改革开放越来越深入，科学技术发展越来越快，尤其是随着互联网信息技术的出现及发展，兼之我国社会正处于社会转型时期，高校作为一个思想相对开放的地方，大学生身处其中，受到各种价值观和思潮的影响。作为伴随着互联网长大的青年一代，当代大学生与往届大学生相比，更加注重个性、崇尚前卫、追求个性，也更加注重个人利益。大学生正处于价值观、人生观的成型时期，心理发展不成熟，极易受到他人的影响，因此，在高校精准资助过程中，应加强对大学生的思想引导和德育教育。

当前，在我国高校资助育人体系中，一些学生由于受到不良思想的影响，认为奖学金、助学金等无偿资助方式是国家白给的钱，不拿白不拿，导致一些非家庭经济困难的学生即使家庭不贫困，为了得到免费资助也不惜伪造贫困材料，冒充贫困生。还有一些贫困生在得到资助后，没有建立起正确的消费观念，或缺乏感恩之心，将国家的资助视为理所当然，在得到资助后，却将资助金用以请客吃饭，挥霍消费，产生了极其恶劣的影响。因此，应加强对高校学生的德育引导，提高大学生品德修养，引导大学生建立正确的人生观和价值观，减少高校大学生的失信与失德行为，提高精准资助。

三、高校精准资助实现路径之精准监督

高校资助育人体系中的精准资助实现路径，除了精准识别和精准管理之外，还需加强对资助工作的精准监督。高校资助的精准监督主要体现在以下三个方面。

（一）建立完善的资助公示制度和资助投诉机制

在高校资助育人体系中，无论哪种资助方式中的资助名单确立后，均需进行对外公示。然而由于当前高校资助育人体系中的资助公示多通过官网、校内公告栏等平台公布，这些平台上的信息却不能确保所有高校大学在校生都能看到。确保资助结果的公开、透明，减少相应的暗箱操作，则是确保精准资助的核心之一。因此，高校资助育人体系应建立完善而规范的资助公示制度，规范的公示制度是资助程序规范化的有力保障，也是对资助活动的一种尊重。高校资助育人体系中的资助公示制度除通过官网、院系报刊栏张贴贫困生评选结果外，还可以在学校贫困生信息系统发布评选结果，参与评选的学生或其他学

生均可通过微信或官方平台在线查询评选结果。除此之外，还可以在班级群中及时公示贫困生评选结果，以便对评选结果进行监督。

除了高校资助公示制度之外，还需建立资助投诉机制。资助投诉的建立有利于学生在对贫困生评选结果产生异议时，可以通过明确的渠道进行投诉。贫困生评选结果出炉后，在法律规定的公示期间，可以通过书面、电话或电子邮件等形式向贫困生所在院系进行反映或举报。而贫困生所在的院系老师在接到举报或投诉后，针对学生投诉的问题应及时开展调查，在应对评审投诉的过程中应保持公正和客观的原则。一方面，要避免偏听偏信，既要认真听取投诉人的投诉意见，同时也要对投诉者反映的问题进行认真调查，冷静客观地看待双方，以事实为依据对贫困生评选资格进行复议，并在一定时限内对调查结果向投诉者进行反馈或回复。当投诉者对反馈结果不满意时，还可以通过全国高校学生资助热线进行投诉。资助投诉机制的建立既有利于加强高校资助体系的公正、透明，又有利于激励举报者，并对举报情况属实的学生给予适当的物质奖励和精神奖励，如果情况不属实则不予以处罚。高校资助体系中的举报机制的建立，能够对弄虚作假的贫困生产生较强的震慑作用，同时还可以免除举报者的后顾之忧，因此，在资助实践中可以切实起到监督的作用，从而有效提高资助的精准性。

（二）建立完善的贫困生动态观测机制，适时更新贫困生家庭经济信息

高校家庭经济困难的学生中家庭致贫原因具有多样化的特点，有的家庭经济困难的学生由于家乡处于边远山区的农村，以务农为生，收入方式单一，因此致贫；有的学生则是因为家庭经营不善破产而致贫；或因家人生病而致贫等，原因不一而足。而在贫困生上大学期间，家庭经济情况也并非一成不变，而是充满了变化。有的贫困生在入学时由于家庭经济困难获得了贫困生的资格，然而，第二年或第三年家庭经济状况则可能发生好转。对此，我国高校资助工作除在大学新生入学时为贫困学生建立详细的档案信息外，还需建立完善的贫困生动态观测机制，定期对贫困生家庭经济信息进行关注，以确保资助公平和精准资助。具体可以从以下两个方面着手建立贫困生动态观测机制。

其一，每年或每学期对高校贫困生家庭经济情况进行调查。近年来，随着我国精准扶贫项目的大力推进，全国各地的脱贫攻坚战已进入深化期，尤其是2020年全面建成小康社会的目标下，我国贫困人口数量极大减少，数以千万计的家庭经济状况得到了改善。因此，高校每年应对贫困学生的家庭经济情况进行一至两次确认。具体可以通过日常观察和访谈、电话调研等方式，并将调研后的信息及时进行上传和整理，适时更新高校学生贫困信息。对家庭经济状况改善较大，不符合贫困生标准的高校学生适时取消其贫困生资格，将其移出高校资助数据库；对于家庭发生重大变故并因此而致贫的学生，则及时为其建立贫困档案，并将其添加至资助数据库。了解了贫困学生的实时家庭经济状况后，针对贫困学生的具体特点，以及贫困学生的心理状况和学习成绩等，为贫困学生制定或更新资助方式。对贫困学生的信息进行动态化监测，可以促进精准资助目的的实现。

其二，建立贫困生家庭经济状况抽检机制。当前，我国社会正处于巨大变革期，经济社会中充满了各种机遇，高校学生的家庭经济状况在这一社会背景下也并非处于一成不变的状态。除每年或每学期对贫困生家庭经济情况进行重新调查和修正外，高校还可以对贫困生家庭的经济状况进行抽检，每年定额抽取一部分贫困学生，并对其进行家访和调研，以核实贫困生的家庭经济状况。这种贫困生家庭经济状况抽检机制一方面可以对非贫困学生的弄虚作假行为进行震慑，减少非家庭经济困难使用虚假材料冒领贫困生资格。另一方面可以对贫困学生的家庭经济和学生心理状况进行详细了解，以便根据学生的具体情况制定适合贫困生的资助方案，并对贫困学生的不良心理进行适时更正，提升高校资助工作的精准化。

（三）建立健全高校贫困生资助后的监督和管理

高校贫困生资助中的各种资助金使用方式均为专款专用，是为了帮助高校贫困学生解决上大学期间的学费和生活费问题所设的。因此，理论上只能用于缴纳学费、住宿费及交通费等日常花费，以及为了提高学业或学术研究的花费，而不能用于其他花费。然而，现阶段在资助实践中，我国高校资助工作中存在着资助金被挥霍、被滥用等诸多情况。有的贫困学生在获得奖学金后，大肆无理智消费，将奖学金用于请客吃饭、购买奢侈品等方面，这种行为严重违背了我国高校资助体系的初衷，在大学校园中形成了种种不良风气，同时易使其他贫困学生产生不服心理，增强了社会的不稳定性因素。针对这种现象，应建立健全高校贫困生资助后的监督和管理，具体可以从以下几个方面着手。

其一，对高校贫困生资格进行适时调查，加强对贫困生资助评定的监督与管理。

当前我国高校为了及时落实对高校贫困生的资助，不让一位高校贫困生因为家庭经济困难而失学，因此在高校贫困生入学时开通了"绿色通道"。在确认贫困生资格后，还应对贫困生加强事后监管，一方面，通过电话调研的形式对贫困生的家庭经济情况进行核实；另一方面，加强对高校大学生在校内消费情况和生活情况的调研，通过对高校学生同宿舍或同班级学生的访谈，了解贫困学生的日常生活和消费状况。如果在对贫困生资格调查时，一旦查实冒领贫困生身份，必须即刻追回已发放的资助金，同时对通过虚假材料冒充贫困生的学生给予相应的法纪处分。

其二，对高校贫困生受资助后的消费与心理进行考察和引导。

当高校贫困生接受奖学金、助学金或学费减免等无偿资助后，可以通过辅导员或资助工作者与受资助的学生进行定期谈话，问卷、抽样、座谈等方式，对贫困学生的心理进行引导和把握，针对受资助人的不良心理进行积极引导，帮助贫困学生树立正确而积极的人生观、价值观和世界观。另外，在关注高校受资助贫困生的心理的同时，还需对高校受资助贫困生接受资助后的行为进行关注，如果高校受资助贫困生在接受资助后，在短时间内产生频繁的、大宗的具体消费行为时，则可以通过与受资助的贫困生的交谈、与受资助的贫困生的同宿舍舍友或同学进行交谈，了解受资助的贫困生的日常消费和受资助后的消费行为，及时发现问题，并对贫困学生的不良消费行为进行及时引导和帮助，以帮助贫困学生建立正确的消费观和价值观，在对受资助的学生进行经济资助的同时，改变受资助学生的思想，打破其思想隔阂，通过改变受资助学生的思想，引导受资助的学生形成优良品德，从而为受资助的学生成才、摆脱贫困奠定基础。

第七章 新时代高校资助育人的保障机制与技术支持

2020 年是全面建成小康社会和"十三五"规划的收官之年，在中国"两个一百年"奋斗大目标下的历史交汇点上，中国国内外社会环境面临着极其复杂的发展环境，高校资助育人即将进入新的发展阶段。新时代高校资助育人体系的发展方向颇为瞩目。本章主要从新时代高校资助育人的模式、保障机制及技术支持三个方面入手进行分析与研究。

第一节 新时代高校资助育人的模式探索

近年来，我国高校资助育人工作聚焦国家脱贫，秉持"精准资助、资助育人、规范管理"的理念，将"扶贫"与扶智，扶志结合起来，开创了多种高校资助育人的新模式。本节主要对"三全育人"模式、发展性资助育人模式进行详细分析。

一、"三全育人"资助育人模式

习近平同志在全国高校思想政治工作会议上指出，要坚持把立德树人作为中心环节，把思想政治工作贯穿于教育教学全过程，实现全程育人、全方位育人，努力开创我国高等教育事业发展新局面。党的十九大以来，我国高校资助育人体系的逐渐完善与深化发展中，将"三全育人"作为我国高校资助育人模式的重点，探索适应新时代发展的资助育人模式。

（一）"三全育人"资助育人模式的背景

高校"三全育人"资助育人模式是建立在我国"三全育人"理念基础之上的。2017 年 2 月 27 日，中共中央、国务院印发了《关于加强和改进新形势下高校思想政治工作的意见》提出了坚持全员、全过程、全方位育人（简称

"三全育人")的要求。该意见中指出，"三全育人"综合改革工作的总体目标是以习近平新时代中国特色社会主义思想为指导，坚持和加强党对高校的全面领导，紧紧围绕立德树人的根本任务，充分发挥中国特色社会主义教育的育人优势，以理想信念教育为核心，以社会主义核心价值观为引领，以全面提高人才培养能力为关键，切实提高工作亲和力和针对性，强化基础、突出重点、建立规范、落实责任，构建内容完善、标准健全、运行科学、保障有力、成效显著的高校思想政治工作体系，使思想政治工作体系贯通学科体系、教学体系、教材体系、管理体系，形成全员、全过程、全方位育人的格局。

2018 年，习近平同志在全国高校思想政治工作会议上强调指出："要坚持把立德树人作为中心环节，把思想政治工作贯穿教育教学全过程，实现全程育人、全方位育人，努力开创我国高等教育事业发展新局面。"[1]为新时代加强和改进高校思想政治工作提供了基本遵循。"三全育人"不仅是党和国家推进新时代高校思想政治工作的战略性方针，还是高校从责任主体、经费支持、队伍建设、制度保障、评价监督等方面构建的思想政治工作体制机制，也是高校教师教育教学的具体方针指导。

高校资助育人工作中的出发点和落脚点，即为"育人"。而"三全育人"则是符合新时代人才培养要求的重要育人模式。现阶段，我国高校资助育人工作中存在着一系列的问题与困难，面临着极其复杂的全新资助育人环境，而将"三全育人"模式引入我国高校资助工作，有利于打开资助育人的新局面。

（二）"三全育人"资助育人模式的内涵

"三全育人"资助育人模式是建立在"三全育人"理念之上的，清晰而深入地了解"三全育人"资助育人模式的内涵，首先应了解"三全育人"的内涵。

自"三全育人"理念提出后，我国学者对"三全育人"概念的界定可谓仁者见仁，智者见智，并没有统一的说法。从"三全育人"的内容来看，包括"全员育人、全程育人、全方位育人"三个方面。

全员育人，是指从高校育人工作的主体来说，要做到人人育人，人人都是育人者。具体来说，要求高校所有的教职员工，包括专任教师、行政人员、后勤人员都应该有育人的意识，都有育人的责任。高校大学生的德育教育即为马克思主义理论课和思想政治教育课，然而全员育人则是指除了"两课"教师之

---

① 习近平在全国高校思想政治工作会议上强调：把思想政治工作贯穿教育教学全过程 开创我国高等教育事业发展新局面 [N]. 人民日报，2016-12-09.

外，其他文化课程的教师在做好本职工作时也需要兼顾育人工作。除了教学教师之外，行政人员做到"管理育人"，后勤人员做到"服务育人"，各个部门相互配合，构成育人的统一体，最终形成高校思想政治教育工作的新常态。

全程育人，是指从工作的横向维度上来看，贯穿大学生从高中毕业进入大学，到大学毕业的整个过程。在这个过程中，大学生会经历不同的成长阶段，在每个阶段所遇到的学习问题和成长问题不同。全程育人则要把握处于不同年级、不同阶段大学生的心理发展规律，有针对性地对其开展思想政治教育。

全方位育人，是从大学生全面发展的纵向维度上来看，高校思想政治教育的根本目标是要实现大学生的全面发展，全面发展不仅要求学生具有扎实的专业基础，还要有良好的思想品质和其他各方面的优秀的品质。因此，高校在育人的过程中就要注重培养学生各方面的能力，做到全方位育人。

从高校资助育人体系来看，"三全育人"资助育人模式中全员育人、全程育人和全方位育人是从三个不同角度来对育人工作进行衡量的。三全育人资助育人模式是一个立体的三维坐标，三个维度之间既存在内在联系，又有着一定的区别。三全育人三个维度中的"全程育人"从时间维度对资助育人工作提出了要求；"全方位育人"则从内容维度对资助育人的具体项目进行了规定；而"全员育人"则从育人主体的维度对高校资助育人进行了规定。整个"三全育人"资助模式中，三个维度相互依存、相互影响，缺少其中的任何一个维度都会导致育人模式的不完整。

除相互联系外，三全育人资助育人模式中的三个维度之间还存在一定区别。不同维度的资助育人工作的侧重点不同。其中，"全员育人"是从资助育人工作的主体来看的，高校资助育人的主体包括高校的行政管理者、资助工作负责人及后勤服务人员等。其中，高校行政管理者负责资助政策的制定，资助工作负责者则直接负责资助工作方案的实施和资助工作的具体执行，后勤服务人员则对资助执行提供协助。从全员育人的角度来看高校资助育人工作的成果好坏，与资助育人主体的素质和能力高低直接相关。

高校资助育人中的全程育人则是从时间维度对高校受资助群体进行教育和引导。高校受资助群体的思想品德不是一成不变的，而是随着科学文化知识的掌握和社会经验的逐渐丰富而不断发生变化。许多贫困学生刚入学时，由于承担着较重的经济压力和学习压力，贫困学生的心理普遍较为敏感，而在高校资助育人工作的影响下，高校贫困生的心理也会产生相应的变化。因此，高校资助育人工作应针对贫困大学生的不同成长阶段、不同需求和不同特点，施以个性化教育和引导，以不断增强高校资助育人工作的实效性。

高校资助育人中的全方位育人则是以实现大学生全面发展为目标导向，以育人为核心，在为贫困学生提供必要的经济资助的同时，培养贫困学生的良好思想品质和高尚人格。在此过程中，应始终坚持学生的主体地位，挖掘贫困学生的潜能，全方位提高和发展贫困学生的综合素质。

（三）"三全育人"资助模式的基本特征

"三全育人"资助模式的基本特征包括三个方面，即整体性、全程性和全面性。

其一，"三全育人"资助模式的整体性。

高校资助育人体系是一项综合育人工程，通过对高校贫困学生的经济资助达到减轻贫困学生经济压力的目的，让贫困学生可以与其他学生一样公正地接受优质大学教育，提高学生的科学文化知识，不断提升高校贫困学生的思想道德素质。三全育人资助模式中的全员育人，即高校资助工作中除了辅导员、班主任及资助工作的专门负责老师之外，高校内的专业课教师、"两课"教师及其他行政工作岗位的教师等均在完成本职工作的同时，开展隐性思想政治教育，将高校各个部门进行整合，不断拓宽高校资助育人渠道，以充分发挥高校资助育人资源的作用，从而形成资助育人合力。

其二，"三全育人"资助模式的全程性。

高校大学生正处于心理发展时期，以及人生观、世界观和价值观的形成时期，这一时期的大学生心理十分敏感，并且极易受到外界不良思潮和观点的影响。高校大学生的思想品德的形成是一个极其复杂的过程，其不是一朝形成，也不是一蹴而就的，而是经过反复重塑而成的。高校三全育人资助模式中的全程育人，即站在一个发展的角度来看待受资助的贫困生的资助与教育，倡导从大学生走出高中、走进大学开始，直到大学生毕业，在大学期间的每一个发展阶段都充分发挥资助育人的作用。因此，三全育人资助模式的特点之一是要求资助育人主体根据大学生的心理发展特点，把握大学生成长的发展规律，从受资助大学生的资助需要和心理需要的角度出发，做到"因人而异、因地制宜、因时制宜"，不断提高资助育人工作的针对性和实效性。

其三，"三全育人"资助模式的全面性。

高校资助育人体系以育人为最终目的，在确保贫困学生顺利完成学业，不断提高科学文化知识的同时，对贫困学生的思想进行引导，不断打破高校贫困学生的思想壁垒，通过有偿资助和无偿资助相结合的方式，培养受资助的学生自立自强的精神和正确而健康的消费观、金钱观。在资助育人工作中以学生的全面发展的目标为导向，采用不同途径和手段对学生开展思想政治教育，锻炼学生各方面的能力，培养学生优秀的道德品质和文化素养。

二、发展性资助育人模式

发展性资助育人模式是基于我国现阶段国内外经济的发展特点，以及高等教育深化改革的基础上建立起来的，适应高等教育国际化发展趋势的一种资助育人模式。

（一）发展性资助育人模式的背景

我国高校资助育人体系是为适应我国高等教育改革而逐渐建立并完善起来的。新中国成立初期，我国高校实行人民助学金的免费制度，改革开放后，随着我国高等教育的迅速发展，人民助学金资助方式已不适应高等教育的发展。1989 年起，我国开始打破高校免费教育模式，实行高校收费模式。这一时期，随着我国改革开放的深入和国家允许一部分先富起来的政策，导致我国区域经济、城乡经济发展不平衡，兼之 20 世纪 90 年代末我国高校实施大面积扩招，一大批地方专科升级为地方本科，极大地推动了高校的建设与发展。地方高校升级带来了高校硬件和软件建设的高潮，高校学费随之迅速上涨，贫困生数量也逐渐上升，我国高校资助育人体系也逐渐建立并完善。2020 年是我国实现小康社会目标的关键之年，也是实现贫困人口全部脱贫、贫困县全部摘帽的关键之年。2020 年我国实现全面建设小康社会的目标时，社会贫困面貌得到了较大改善。然而，我国经济发展中的城乡之间、地域之间的经济差距尚难以一举消除，因此，我国社会上的相对贫困现象依然存在，并且在实现共同富裕目标的大前提下还会长期存在。因此，高校贫困生问题仍然是一个需要受到社会重视的、不可避免的现象。

近年来，随着我国社会的深化发展，高校资助育人体系中的缺陷逐渐暴露出来，尤其是我国高校资助育人体系现阶段的功能多集中于"济困"，即侧重解决贫困学生在高校学习和生活中遇到的种种经济困难，而对高校资助育人体系中的育人功能的重视相对不足，造成高校部分贫困生的思想和心理上存在较为严重的问题，高校受资助贫困生的不良道德行为屡屡发生。在此背景下，高校资助育人工作中的贫困生发展型资助理念应运而生。2016 年，我国教育部颁布了《2016 年中国学生资助发展报告》，该报告中指出，教育部全力推进各地各学校在全面落实学生资助政策的基础上，把工作的重心由保障型资助向发展型资助转变，重视培养受资助学生成长成才。[1]2017 年，我国教育部发布《高校思想政治工作质量提升工程实施纲要》，其中明确提出了将扶困

---

① 周明晶. 发展型资助理念下高校贫困生心理扶贫探析 [D]. 浙江大学，2019：7.

与"扶智",扶困与"扶志"结合起来,建立国家资助、学校资助、社会捐助、学生自助"四位一体"的发展型资助体系。

近年来,随着世界经济一体化的发展,世界人才竞争的加剧,我国高校树立了建设世界一流大学、多层次办学的目标,而要达到这一目标,既需要保障高等教育的公平性和公正性,也需要保障高等教育对世界一流人才的培养,需要建立起一套成熟而完善的高校资助体系,即发展性资助体系。

(二)发展性资助育人模式的内涵

高校发展性资助育人模式是一种全新的资助模式,这种资助模式建立在传统高校资助育人体系上。与传统高校资助育人体系相比,高校发展性资助育人模式是指学校、社会、学校除了为贫困生提供资金帮扶之外,以促进贫困生自我成长、成才为行动导向,根据他们的成长需求和发展规律,通过道德浸润、能力拓展、精神激励的方式,为其创设条件和提供平台,提高他们的能力水平和综合素质,实现贫困生自我救助,进而实现资助育人目的的一种新型资助方式。[①] 高校发展性资助育人模式是指除了对高校贫困生提供资金帮扶之外,以满足高校受资助贫困生的经济需求,帮助贫困学生专注学业,提升能力;另外,则通过对高校受资助贫困生的精神帮扶和心理疏导,全面提升高校受资助贫困生的综合素质和自身的技能水平,促进我国高校全面发展的一种新型资助理念和资助模式。

高校发展性资助育人模式的主体包括国家、社会、高校、受助学生,这些主体将国家资助、社会资助、高校资助及受资助学生自助等多主体化的资助方式统一起来,以实现资助育人的最终目的。高校发展性资助育人模式的内容则包括物质帮助、道德浸润、能力拓展和精神激励四个方面。其中物质帮助是对高校受资助贫困生的直接经济资助,也是最基础的资助,只有对高校贫困学生进行充足的经济资助和支持,才能保障高校贫困学生的生活和学习的基本需求,也才能保障贫困学生的发展。如果高校发展性资助育人模式中的物质资助不能满足高校贫困学生所需,不能为学生提供充足的经济支持,那么高校贫困学生就不能改善学习条件、生活条件,不能获得良好的发展性资助金,相应地也不能培养学生成长为世界一流人才。

道德浸润、能力拓展和精神激励则是指高校发展性资助育人模式从受资助的贫困生的心理出发,通过对大学生心理健康的关注,注重受资助大学生的心理发展,以达到育人的目的,培养高校受资助的贫困学生全面发展。世界一流

---

① 周明晶. 发展型资助理念下高校贫困生心理扶贫探析 [D]. 浙江大学,2019:15.

人才的培养标准首先是拥有健康的心理素质，这一点是确保高校大学生身心健康、保障幸福生活的基础，也是适应新时代发展要求，促进学生自身发展的前提条件。传统的高校资助育人体系对高校贫困生心理层面的关注主要集中于贫困生存在的自卑、敏感、适应能力差、人际交往障碍、心理焦虑等心理困扰和心理障碍方面，而对贫困生心理的扶助也多停留在恢复贫困学生的心理健康方面，忽略了对贫困生健全人格的培养和良好心理品质的发展性教育。高校发展性资助育人模式则从高校大学生的心理发展出发，在积极引导贫困学生走出消极心理、提高健康心理水平外，还十分重视培养高校贫困学生正确认识自我，增强自我调控、承受挫折、适应环境的能力，培养健全的人格和良好的心理品质的发展性教育，最终达到培育世界一流人才的目的。

（三）发展性资助育人模式的基本特征

高校发展性资助育人模式的基本特征主要包括三个方面。

其一，保障并凸显高校贫困学生的主体地位。

传统的高校资助育人模式中无偿资助方式远多于有偿资助方式，受资助的贫困学生多处于一种被动接受资助的状态，这种资助方式具有两个缺点。一方面，高校受资助的贫困学生长期被动接受资助，易使受资助学生产生"等、靠、要"的心理，不易培养和激发受资助的学生的主观能动性。长此以往，不利于高校贫困学生主动积极提升自己的能力，也不利于培养脱贫信心，不相信自己可以改变贫困状况。另一方面，高校受资助贫困学生长期被动地接受资助，不需付出额外代价，易使学生产生利用虚假资料获取贫困生资格的不良心理，从而引发高校资助的不公平性。高校发展性资助育人模式则一改传统高校资助育人模式，保障并凸显高校贫困学生的主体地位，适度增强高校资助育人体系中的有偿资助方式，从而不断增强高校贫困生的自我主观能动性，激发贫困生主动提升自身能力，坚定高校贫困学生的脱贫信心。

其二，坚持高校贫困生资助的差异性原则。

传统的高校资助育人模式以高校所有贫困学生的需求为基础，常采用单一型资助形式，而不考虑贫困学生的实际需要。这就造成在资助工作中，有的学生接受的资助多于个人所需，而有的学生接受的资助却不足以解决学习和生活中的实际困难。这一方面导致高校资助育人中的精准性不高，不利于高校资助育人体系实效性的提高；另一方面，也易于造成高校资助资源的浪费。高校发展性资助育人模式则对传统的单一型资助形式进行了改变，针对贫困学生的致贫原因、贫困学生的心理压力和性格特点、贫困学生的能力差异等多种因素，确定贫困学生的资助需求，并根据他们的需求对高校贫困学生进行不同内容、不同方式的资助，以便有效满足贫困学生的需求，提高贫困资助的精准性，达到贫困资助共性与个性的统一。

其三，注重高校贫困生资助的可持续发展原则。

传统的高校资助育人模式的主要功能为济困，即着眼于解决高校贫困学生现实中存在的经济困难，虽然涉及对高校贫困学生的道德引导，然而却更侧重于帮助学生解决一时的经济困难。而高校发展性资助育人模式与传统的高校资助育人模式相比，以培养贫困生的心理素质和综合能力为取向，着重于对其进行思想引导、心理辅导、就业培训、人文素养培养、社会实践训练，促进高校贫困生全方位发展成才，以便确保高校受资助的学生能够得到全面发展。

第二节　新时代高校资助育人的保障机制

自 2007 年国务院颁发《关于建立健全普通本科高校、高等职业学校和中等职业学校家庭经济困难学生资助政策体系的意见》，同时出台了一系列相关配套文件，形成了包括"奖、助、贷、减、免、补、勤"的资助体系。新时代高校资助育人的保障机制主要包括以下几个方面。

一、新时代高校资助育人主体保障机制

新时代高校资助育人主体是指高校资助育人队伍。新时代高校资助育人主体包括辅导员、班主任、高校资助办公室人员、行政人员及后勤人员等。这些人员构成的资助队伍是构成育人主体保障机制的关键。

（一）新时代高校资助育人主体保障机制之专职资助队伍建设

新时代高校资助育人主体的保障机制中首先是专职资助队伍建设。我国各高校中的资助育人专职工作人员是高校资助工作的核心人员。这些人员整体素质的高低、工作方法和工作水平的高低及有无育人意识等是关系到高校资助育人的关键。为此，即应当重视各高校资助育人主体的保障机制，可以从外部入手重视各校资助工作。高校资助育人工作的主要目的和根据出发点是育人，为了强调高校的育人功能，可以通过加强国家政策的引导功能、区域内高校相互监督的方式来实现这一目的。我国国家资助政策中明确强调"扶贫既要'扶智'，也要'扶志'"，即强调在对受资助人员进行经济资助的同时，加强全国范围内高校资助队伍的育人共识。此外，还可以通过加强省市地方资助育人政策强调高校资助育人功能。

其一，加强地方高校资助育人政策的引导作用。地方立法是政策合法化的保障和最终选择，也是提高我国高校资助育人效果，达成育人目的最重要的手段。我国高校资助的国家层面资助政策虽然明确，然而大多停留在宏观规定层面，具体的各高校育人主体保障机制还需要通过地方性资助政策引导。例如，地方政策中明确加强各高校对资助育人专职工作队伍的建设，不断提高资助育人工作者的整体素质，加强高校资助工作专职工作人员对资助中的育人效果的重视。

其二，提升地方高校资助育人的良好氛围。

充分借助省资助中心的力量，由各省资助中心牵头，借助每年的资助工作表彰机会，加强各高校资助工作中除了经济资助成果之外的育人资助成果的表彰，以引导省内高校对资助育人工作的重视。除此之外，在省资助中心表彰大会上，还可以对个别高校资助育人工作开展取得重大成效的高校进行经验分享，并将此类高校的育人经验通过省内资助系统通报表彰、新媒体平台的主题传播等方式进行宣传，在区域范围内充分营造高校资助育人的良好氛围。此外，还可以借助每年在省内召开的资助工作研讨会的形式，加强各高校提高资助育人工作的科学性，提高省内高校的资助工作育人成效。例如，现阶段我国一些地方范围内的高校开展资助育人工作较好的地区，如广东省教育厅自 2015 年起就开始推行"广东省高校学生资助育人提升计划"，通过设立专门的资助育人课题研究项目，引导高校资助队伍加强对资助育人工作的实践研究与理论探讨。

（二）新时代高校资助育人主体保障机制之院系资助队伍建设

新时代高校资助育人队伍是高校资助育人主体的实施者，高校资助育人队伍的建设与资助育人的效果之间有着直接而紧密的联系。高校资助育人工作中，院系资助队伍是资助育人工作的直接实施者，一般由各系辅导员、班主任、高校资助后勤管理人员或各院系负责资助工作的其他老师组成，其工作目的既包括济困又包括育人，并且对育人理念多有重视，在资助过程中，培养学生的思想品德素质和整体素质。高校资助队伍建设主要是指对辅导员或校内、校外负责资助育人工作的老师进行业务培训，一方面，通过加强业务培训的方法使高校资助队伍全面掌握高校资助育人政策，不断提高高校资助队伍的业务熟练度，培养高校资助队伍的育人理念，使辅导员等直接从事高校资助工作的教师不断优化工作方法，提高高校资助队伍的整体能力。另一方面，通过加强对高校资助工作老师队伍的考核和表彰，不断提升我国高校资助队伍的素质。在对高校资助工作的考核中，不仅要加强对高校资助人员经济资助成果的考核，还要重视并增强资助工作中的育人效果的比例，以引导高校资助队伍不断加强对育人工作的重视，最终朝着全方位育人模式和发展型育人模式的方向发展。除此之外，高校各院系资助育人工作还可以通过表彰的方法，树立高校资助育人模范榜样，激励高校各院系展开卓有成效的积极竞争，不断增强高校辅导员及其他高校资助育人工作者的激情和热情。

二、新时代高校资助育人资源保障机制

新时代高校资助育人工作中的资源保障是我国高校资助育人工作开展的基础。所谓高校资助育人资源主要指高校物质和经济资助资源。当前，我国高校资助育人体系自 2007 年形成以来，经过十多年的发展，正朝着资助资源丰富化和多样化的方向发展，然而从总体上来看，我国高校资助育人工作中的资助资源虽然呈现出逐年增多的趋势，却依然没有达到完全解决所有贫困学生问题的效果。当前我国高校资助育人工作仍然需要大量国家、地方政府、社会、高校等多层面、多维度的资金支持。

（一）我国国家资助资源保障

我国自 2007 年高校资助育人体系实行以来，形成了助学贷款、奖学金、助学金、减免学费、"绿色通道"、隐性资助等多种方式的资助体系，其中国家资助在这些资助项目中占绝对的主体地位。国家资助资源呈现出逐年攀升的趋势，这些资助基本满足了贫困学生的日常学习和生活的需要，甚至一些大学中还出现了院系贫困学生申请名额小于院系贫困学生规定名额的情况。然而，在高校国家资助资源总体上呈现出上涨趋势的前提下，我国高校国家资助资源的分配却呈现出不平衡现象。例如，公办高校国家资助远远高于民办高校中国家贫困学生资助的总人数和总金额，尤其是国家奖学金和国家助学金的资助比例，公办高校和民办高校相差达两三倍。从高校学费来看，民办高校由于基础硬件建设较好，其学费常常为公办学校两倍至三倍，这种民办高校的学费和资助费用的反比现象，不仅不利于我国民办高校资助的公平性，也不利于高校资助资源的合理分配。高校资助育人体系的主要目的是为高校贫困生解决当前面临的最主要经济困难的问题，即起到"雪中送炭"的作用。为此，我国在逐渐加大国家资助资源的同时，也应注意合理分配高校公办和民办资助资源，适度平衡公办和民办高校资助资源比例。

（二）我国地方政府资助资源保障

地方政府在高校资助中所起的作用十分重要，国家高校资助育人政策比较笼统，而地方高校资助育人政策则是高校资助育人政策的具体执行。地方高校的资助育人政策各不相同，尤其是地方政府对民办高校的资助资源支持各不相

同。以黑龙江省为例，我国黑龙江省十分重视公办和民办高校资助资源的丰富性。一方面，不断创新思维，出台政府对公办和民办学校资助资源的保护性政策，确保地方政府每年投入一定金额资助高校贫困生群体；另一方面，不断加大对我国高校公办和民办资助育人的财政支持力度，通过设立专项教育发展资金，以及加大地方政府奖学金和助学金的投入比例等方式直接增强地方政府对高校资助资源的支持。除此之外，黑龙江省还通过成立专门的机构对我国公办或民办高校中资助政策措施的制定和落实，以及资助改革措施、资助效果评估和论证等方式，不断加强我国地方政府对高校资助资源的保障。又如，陕西省高校资助资源的支持中不断完善地方资助政策，通过创新高校办学机制，在全面培养适合当前和未来社会发展的高校综合素质人才的同时，不断加强地方政府对高校资助资源的保障。再如，重庆市通过不断建立健全高校金融体制，建立市、县政府基金，为高校贷款提供贴息支持等政策，不断加强地方政府对高校资助资源的保障。

（三）我国高校的资助资源保障机制

我国高校的资助资源保障机制主要表现在以下多种资助方式上，其中主要为高校奖学金和勤工助学岗位方面。高校奖学金是指高校每年从学费中拿出一定比例的资金用以支持高校贫困生学习和生活保障的费用。由于不同高校的层级、所在地域、学生人数及学费数额等均不相同，因此，我国不同高校的资助资源的支持力度也不完全相同。高校资助方式中的奖学金、助学金及学费减免等方式，大多根据当年高校贫困学生的具体情况而定。一般来说，高校奖学金和助学金的数额远低于国家奖学金和助学金的数额，并且每年所获得奖学金和助学金的人数比例相对于国家贷款来说较少，高校奖学金比例的大小与不同高校对大学生的发展能力的重视程度有关，如果某高校对贫困大学生的发展能力较重视，则高校对贫困大学生的奖学金资助项目和种类就较多，反之则较少。高校资助方式中的学费减免是针对学校特困学生或作出重大创新、在专业方面作出重大突出贡献的贫困生的奖励。此外，高校的资助方式中的隐性资助是我国部分高校中对贫困学生实施的一种资助保障，不同学校的隐性资助方式的标准与前提条件也不相同，大休与高校所在地区的经济平均消费水平有关，例如，陕西西安某大学和北京某大学的隐性资助的金额即存在一定差距。总而言之，建立健全高校的资助资源保障是我国资助工作保障机制中的重要组成部分。

（四）我国社会资助资源保障

现阶段，我国高校资助育人体系中的社会资助资源与国外发达国家相比，其资助总金额和资助力度稍显不足。欧美等国家由于高校自产生开始即建立了较全面的社会慈善资助方式，因此，现代高校资助中的社会资源较为丰富，社会资助方式呈现出多样化发展的趋势。与国外高校相比，我国高校资助中的社会资助力度和广度均稍显不足。当前，我国高校中的社会资助资源呈现出资助金额与高校的名气和层次呈正比的关系。即高校名气越大、层次越高，则社会资助总金额越多，社会资助的项目也较多，有的高校中每年来自社会的资助资源多达数十项；与之相反，建校时间较短、综合排名相对落后，专业性和特色性不足的高校的社会资助资源也相对较少。除此之外，高校社会资助资源的多少还与高校的性质存在一定关系。综合性大学生中专业特色不突出，人才培养特色不明显的高校所获得的资助资源往往低于那些与企业建立良好合作关系的职业学校，特色明显且实验室名气较大的学校所获得的社会资助资源则相对较多。高校资助资源保障中，除社会资助资源保障除物质或经济资助外，还包括勤工助学岗位的支持等。高校与社会资源充分合作，企业高管的现身说法、励志事迹报告也可以有效引导高校贫困学生逐渐建立起积极的精神和思想，起到精神资助的效果。

三、新时代高校资助育人制度保障机制

制度保障是新时代高校资助育人保障机制的重要组成部分，是我国高校资助育人工作中必须遵循的行为准则，其能够对人们的行为产生良好的制约和规范作用，同时，有利于推动高校资助工作朝着预期的方向发展。制度育人是通过不断完善我国高校资助育人体系中的各项制度，充分发挥制度的作用，不断提升我国高校资助育人的保障机制。现阶段，我国高校资助育人体系中的各项资助制度相对较为健全，然而在所有高校资助制度上，并未突出从物质和精神两个角度育人的机制。

高校资助制度的定位十分清晰，即济人之困，育人以诚。从我国高校资助制度的历史变迁来看，我国高校资助制度的育人精准性较低，暴露出资助育人制度的不完善、不健全，资助制度缺乏，"一刀切""撒胡椒面式"资助频频出现。

新时代我国高校资助育人制度资源包括我国现行的贫困生认证制度、管理制度、监督制度等。新时代我国高校资助育人制度的贫困生认证制度是根据我国 2007 年出台的《关于认真做好高等学校家庭经济困难学生认定工作的指导意见》中对高校家庭经济困难学生的认定工作提出了制度依据，然而，由于这一政策中大部分内容均围绕大学生进行定性，对经济困难的学生的定量则明显不足。因此，根据这一现象，我国高校资助育人体系制度中贫困生认证制

度的精准性不足。除此之外，我国高校现行资助政策大多是以全国作为参照体系出台的各项制度，这些资助生认证机制可能并不适合所有地区的高校生评判标准。因此，除适用于全国各地贫困学生的认证制度外，我国高校资助育人认证制度应当遵循"放之四海而皆准"的道理，除此之外，高校资助育人中的认证制度还与高校所在地域的发展思路相结合，通过高校所在地区的经济发展水平、结合省市等地方教育部门和财政部门确定的认定标准，以及学生的日常消费行为、家庭致贫原因等，制订精准的贫困生认证制度。

高校贫困生管理制度则是指面对分配到各校的不同的资助方式和资助资源，高校资助育人制度对这些资源的管理和分配。现阶段，我国高校贫困生资助育人体系已形成了"奖、助、贷、勤、免、补"等多种资助方式并存的形势。其中，国家助学贷款是高校资助育人体系中最主要的方式，国家、地方政府根据每年与金融或银行系统的合作总名额，分配给学校一定的助学贷款名额，其他高校资助方式也是如此，国家、地方政府将各项资助方式中资助名额分配至各高校，各高校再细分至各学院和各系、各班等。高校资助育人工作小组则将这些名额进行公平、公正地分配，并对各项资助方式进行管理。而高校资助管理制度的保障机制不仅包括对高校贫困学生的经济资助和按需资助，还包括对高校贫困学生的心理济困、就业济困，引导我国高校贫困学生建立积极的、和谐的人生观和价值观。现阶段，我国高校资助育人体系中存在着资助管理制度不精准、不完善的特点。从内容上来看，我国高校资助育人体系中并没有形成合理的、统一的规范性标准，现行资助资源的结构比较散，国家占比较大、地方和高校及社会占比较小。除此之外，较少结合学生的具体资助需求对学生进行精准化资助。

随着我国社会经济的飞速发展，以及科学技术水平的不断提高，我国高校贫困学生的思想受到的冲击越来越大，许多贫困学生不仅存在较严重的经济贫困问题，还存在精神贫困的问题，这方面突出表现在不愿接受有偿的助学贷款资助，而只愿接受无偿奖学金、助学金及学费减免等资助方式，在接受资助的过程中，形成了"等、靠、要"的不良心理。另外，许多高校受资助贫困学生与其他学生相比，综合素质较差，对此，一些高校贫困生对自我的认识不足，产生了自卑心理，有的高校贫困生则产生了严重的自负心理，过低或过高估计自己，均不利于学生良好的、积极健康的价值观和思想道德的形成。因此，高校资助管理制度保障机制中，除了对贫困学生的经济帮扶和救助之外，还应加强对学生的精神引导，帮助贫困学生实现精神脱困的目的，以期达到良好的育人效果。

高校资助管理制度保障机制在建设过程中还应从三全育人和发展型育人的角度出发，从学生入学开始，到学生走出校门、走进社会为止，对学生进行全过程、全方位、全员资助，确保高校资助管理的全面性。明确高校资助管理并非是辅导员或资助小组、资助部门的责任，而是专业教师、德育教师、心理咨询教师等共同参与管理的资助活动。此外，在高校资助管理制度保障机制中还应从学生的全方位发展角度对高校贫困生进行资助管理。

四、新时代高校资助育人监督保障机制

监督保障机制是我国新时代高校资助保障机制的重要组成部分，也是我国高校资助保障机制中最为关键的部分。良好的高校资助育人监督保障机制不仅能够确保高校资助的精准性，提升高校资助的实效性，对受资助的贫困学生和资助管理教师产生良好的约束作用。另外，还可以有效带动高校受资助学生能力的发展，提升高校资助育人制度对学生的精神激励作用，最终达到育人的目的。新时代高校资助育人监督保障机制主要包括以下两个方面。

（一）制定受资助学生的监督和考核制度，以建立和完善高校资助育人监督保障机制

高校受资助的学生是高校资助育人体系的受益者，是我国高校的弱势群体，还是我国高校中的少数群体。当前，我国高校受资助的学生群体中存在种种不良现象，即肆意挥霍资助金的现象、思想道德低下现象、道德失范现象等。我国高校资助育人体系的主要目的是育人，而高校资助育人监督保障机制则通过制定各种监督和考核的方式，对学生弄虚作假、挥霍资助金、道德失范等种种不良现象进行遏制，通过监督和考核等方式，引导高校受资助贫困学生形成良好的道德思想和行为。具体来说，可以制定受资助学生的监督和考核表，即结合高校贫困学生的实际情况，制定高校受资助学生监督考核表。高校所在地域不同、层级不同、特色专业不同、学校性质不同、校园风气不同等，其学校内部的贫困学生的特点也不相同。对此，高校受资助学生监督考核表中应当包括受资助的贫困学生的课堂出勤情况、学习成绩、校园文化实践参与度、校园竞赛参加情况、校内外学生志愿活动或公益活动参与情况、受资助学生所获得的奖励情况、受资助的贫困学生的违纪情况、受资助的贫困学生的挂科情况等。这些内容可以充分反映出受资助学生的学习和心理状况。如果受资助学生的每项表现均较佳，则说明受资助的贫困学生在接受资助后，已初步形成了自立自强的精神和较好的社会道德。相反，如果高校贫困学生的各项考核内容不佳，则辅导员或其他高校资助教师可以针对学生的具体考核结果分析

高校贫困学生的心理，并有针对性地对高校受资助学生进行资助调整和心理辅导。除此之外，受资助的学生监督考核表的制订有利于对学生起到较佳的激励效果，促进高校受资助的贫困学生不断朝着良好道德方面发展。

（二）要求受资助的学生既要接受爱，也要传递爱，以建立和完善高校资助育人监督保障机制

新时代高校资助育人工作中监督考核机制的制定不仅可以对受资助的学生起到良好的监督和激励作用，还能让学生在接受资助的过程中充分感受到国家、社会和高校三方面对其发自内心的关心和关爱，易引发学生的道德感和责任感，以及强烈的感恩意识。高校资助育人体系中的监督考核机制的建立，在使受资助学生充分感受到社会的关爱时，还可以引导受资助的学生尝试着通过力所能及的公益活动回馈社会的关爱。例如，引导受资助的学生参加校内外勤工助学活动，在图书馆整理书籍，帮助成绩差的学生辅导功课，帮助打扫教室，活动室和走廊等，不断提升高校学生的劳动意识及责任感，帮助学生正确地认识自我。另外，高校资助育人体系中、监督考核机制中，通过引导受资助的学生参与义务献血、参加支教活动、参与交通协管员活动和到社会福利院等地参加义务劳动等，通过自身劳动将所获得的爱心不断传递出去，在传递社会爱心的同时，不断提升学生的个人能力和综合素质。

第三节　新时代高校资助育人的技术支持

新时代高校资助育人的技术支持离不开新技术和新方法。20 世纪 90 年代以来，随着世界计算机通信技术和互联网信息技术的飞速发展，世界一体化趋势越来越强，人们的沟通更加通畅，使得高校资助育人的技术支持也更加坚固。

一、新时代高校资助育人体系的互联网信息技术支持

高校资助育人体系中存在着一系列问题，近年来，随着我国教育事业持续扩大，我国在高校教育中的投入越来越大，与此同时，由于社会经济发展相对不平衡，高校教育的不平衡问题也越来越明显，经济差距带来的受教育的机会不均衡在一定程度上影响着我国高校的教育公平。

20 世纪 60 年代因特网诞生。1991 年因特网正式应用于商业，短短数十年中互联网在全球迅速崛起，以计算机和互联网为代表的信息技术革命引发了

社会信息化，互联网信息产业正在颠覆和改变着人类精神社会和物质文明的一切领域。据《"数字2018"互联网研究报告》显示，截至2017年12月31日，全球网民总数超过40亿，占全球总人数的53%。① 当前，互联网已成为全球一体化的重要工具，不仅改变着世界，还创造了独特的互联网文化。近年来，互联网信息技术的飞速发展，将人们带进了一个全新的时代，互联网的开放性、快捷性、知识海量性和无边界性等特点使得人们随时随地，只要通过手机、电脑等连接网络都可以获得海量信息和数据，人们将之称为"大数据"。随着移动互联网技术的发展及智能终端的发展，世界政治、经济、文化及历史等各方面的信息都朝着数据化的方向发展。学术界对"大数据"一词的来源尚未具有准确、统一的定义。本节认为所谓大数据即是指海量数据与信息，人们通过计算机软件所获得的海量数据和信息，并对这些信息和数据进行分析，将这些信息和数据转化为知识，并使之产生价值。互联网信息技术的发展极大地改变了社会生产和生活方式，互联网信息技术既具有工具导向，也具有价值导向，在一定程度上实现了工具导向和价值导向的契合。互联网信息技术的发展极大地推动和影响着高校资助理念的发展。互联网信息技术不仅是一种新的工具，也是一种全新的思维，对高校资助工作的精准性的提高具有重要作用。

互联网信息技术在高校资助育人体系中所起的重要作用主要体现在以下几个方面。

（一）互联网信息技术能够使高校受资助学生的信息精准化，确保高校资助信息有据可查

高校资助育人工作的每一步即是对高校家庭经济困难的学生进行情况调查和数据统计。这是确保高校贫困生认证精准化的第一步，也是新时代我国高校资助育人体系改革和完善的第一步。长期以来，我国高校贫困生资格证明的关键即为几张表格，包括大学新生家庭经济情况调查表、大学生贫困证明、大学生贫困生资格申请。然而这种传统的高校贫困生资格认定模式中却存在着极为重大的隐患，一方面，传统高校贫困生资格认定的纸质化申请方式易产生造假行为，一些非家庭经济困难的学生可以通过政策漏洞，通过伪造证明，骗取贫困生资格。这种情况不利于高校贫困生资助公平和公正。另一方面，传统高校贫困生资格认定方式并没有对贫困生的家庭情况进行详细核实，不利于了解贫困生的资助需要，难以有效地提升贫困生资助的精准性和实效性。高校资助活动中要充分发挥高校大数据库的优势，通过多种途径采集高校学生的信息。既

---

① 李青.从连接到智能：互联网演进路径及趋势[D].武汉大学，2018：14.

可以通过与地方贫困资助系统进行联结，将高校资助信息与社会扶贫信息结合起来，以及低保系统、残疾人系统等相互联系起来，又可以通过相互联通的方式对高校贫困学生的家庭经济状况进行佐证。除此之外，传统高校资助工作中，一些高校学生虽然在开学时递交了家庭贫困证明，然而其在日常生活中却常常大手大脚，高校对这些贫困生的情况进行核实时，常通过与贫困学生的老师与同学的交谈作为调查佐证，然而，许多同学却出于不得罪人的心理，故意替高校贫困大学生进行隐瞒，造成调查结果的不真实。如果运用互联网信息技术，则可以将高校分散的数据进行整合，通过学生的一卡通消费情况对学生的家庭经济状况进行研究。除此之外，还可以通过对高校贫困生的阅读、写作、网页访问、社交平台留言等对贫困学生申请资助的真实原因进行解读，不断提高校精准资助效率。

（二）互联网信息技术能够对贫困学生的真实需求进行分析，提升高校资助的精准性

互联网信息技术能够通过大数据挖掘将高校贫困生的致贫原因、学习成绩、心理状况、家庭人口受教育情况、家庭人口劳动情况等进行详细整理，进一步明确高校贫困生的资助需求，并对高校贫困生进行有针对性的资助。我国高校现阶段的资助体系包括助学贷款、奖学金、助学金及学费减免、"绿色通道"、隐性补助等多种形式。长期以来，不同资助方式之间的差异功能却并没有很好地体现出来，资助形式十分粗犷，看到贫困生就让其申请助学贷款，并为其推荐勤工助学，只要贫困生学习优秀就为贫困生推荐国家奖学金，而不顾及贫困学生个体的感受。这种传统的资助方式只关注贫困学生整体，而不关心贫困学生个体，这不仅造成了国家资助资源的浪费，而且还易养成青少年毫无进取的特点，以及"等、靠、要"的心理。而互联网信息技术则可以改善之前高校资助方式中资助面狭窄、资助弱化等问题，通过互联网信息和技术对贫困学生的情况进行数据分析，可以做到针对贫困学生的家庭实际情况，充分挖掘贫困学生的需求，对贫困学生进行有的放矢的精准资助。例如，通过互联网信息技术分析高校贫困学生的日常生活需求不足时，可以通过为高校贫困学生安排勤工助学岗位，让高校贫困学生能够一边学习，一边通过自己的劳动获得足够的生活费用；又如，通过互联网信息技术分析到某个贫困学生的学习能力较强，学习成绩较为突出，平时花费大量时间阅读有关专业创新的书籍，并在日常学习中进行探索与创新，针对这类学生，可以通过对贫困学生的科研学习数据、学习成绩等详细分析其未来发展的方向及可能性，对其进行国家、高校和社会等多维度奖学金支持，确保贫困学生能够减轻经济压力，全身心地投入到科研和创新之中，为国家培养创新和科研人才。再如，通过互联网信息技术分析到某个贫困学生虽然学习成绩突出，然而在得到资助金后出现短时间内密集消费的现象，针对这种现象，辅导员或其他高校资助育人工作的教师、"两课"教师、心理咨询师等可以对该贫困学生进行心理健康指导，及时对此类贫困生的思想进行引导，引导此类贫困生建立正确的价值观、人生观和世界观，将高校贫困生培养成品学兼优的学生。

（三）互联网信息技术能够对贫困学生的家庭经济进行实时动态化管理，提升高校资助的精准性

高校贫困学生的家庭经济致贫原因各不相同，在大学生上学期间，其家庭经济状况也并非一成不变。尤其是在现阶段，我国全力推进扶贫工作，建设全面小康社会的历史时期，一些高校贫困生的家庭可能实现脱贫，并持续朝着经济改善的方向发展。与此同时，一些高校大学生在上学期间也可能发生家庭经济变故，导致一些非贫困生突然遭遇家庭经济困难，而面临较重的经济负担。如果不能及时了解贫困学生的家庭经济状况，一方面会导致高校资助资源分配不均；另一方面则会导致一些新的贫困生由于种种原因不申报资助，而面临较大的经济压力和生活压力，不利于贫困学生的学习和发展。互联网信息技术则能够对贫困学生的家庭经济状况进行实时监测，通过学生的家庭收入和家庭消费水平变化，对高校贫困学生的资助情况及时进行调整，以便在提升高校资助公平性的同时，极大地推动高校资助的及时性和精准性。值得指出的是，利用互联网信息技术对高校贫困学生进行数据采集和监督的同时，务必保护受贫困学生资助信息的安全性，确保资助行为和大数据采集和监督的合理合法。

二、新时代高校资助育人体系的科学检测和认定技术支持

新时代高校资助育人体系的科学检测和认定技术支持是高校资助育人体系的最基础的技术支持。现阶段，我国高校资助育人工作中的贫困生认定中存在种种问题。改革开放以来，随着我国社会的经济发展，社会区域经济发展不公平和城乡经济发展不平衡等现象日益严重，在这种情况下，社会教育不公平现象越来越突出，贫困差距导致贫困家庭学生受教育的权利和机会受到了严重影响。为此，我国高校通过构建高校资助育人体系，对贫困生进行多元化资助，而对贫困学生进行有效资助的前提则是贫困学生的认定。当前我国高校贫困生身份造假情况十分严重，我国高校所实行的贫困生认定体系存在两个较为明显的缺陷。一方面，贫困生身份造假现象屡屡出现，严重损害了整个贫困生系统资助工作的公平性和公正性。另一方面，一些真正的贫困学生由于性格较为内

向，内心十分敏感，有的甚至不能对自己的家庭状况进行准确表述，这使得高校贫困生的认定存疑，为高校贫困生的精准资助埋在下了种种隐患。因此，我国高校资助育人体系中应建立起科学的检测和认定技术支持，同时，还应结合高校贫困学生的贫困现状建立起动态信息检测机制，以科学掌握高校贫困学生的信息，提升高校贫困学生资助的精准化。

第八章　高校资助育人的实效性探索与研究

高校资助育人体系的最终目的是"育人"，因此，新时代高校资助育人实效性的提高的出发点和落脚点都应着眼于"育人"。本章主要从高校资助育人的思想引导、高校资助育人的环境创建，以及高校资助育人的政策体系完善三方面对高校资助育人的实效性进行探索和研究。

第一节　高校资助育人的思想引导

大学作为未来国家和社会建设的人才输出单位，担负着为党和国家培养合格建设者和可靠接班人的重大使命，要完成这一使命，必须重视高校资助育人工作。近年来，我国对高校资助工作的支持力度越来越大，资助金额越来越高，资助主体和资助方式也朝着多元化的方向发展。然而，改善我国资助育人工作的最本质和最核心、最基础的所在则是资助育人理念和资助育人思想的改变。

一、高校资助育人思想的引导原则

为了提升高校资助育人的实效性，新时代高校资助育人思想应坚持以下几个原则。

（一）高校资助育人思想的务实性原则

新时代高校资助育人实效性的提高，决定了高校资助育人思想需坚持务实性原则。所谓务实性原则，即在高校资助育人过程中必须坚持实事求是，从受资助的贫困学生的心理特点出发有侧重地对受资助的大学生进行引导。

实事求是马克思主义思想的重要观点，也是我国社会建设和发展过程中始终坚持的基本原则。根据马克思主义唯物辩证法的基本观点，世界是物质的，物质是世界的第一性，世界上的万事万物都处于不断发展与变化之中，而这种变化与发展是具有内在规律可循的。事物变化和发展既受到外界因素的影响，同时也受到事物本身发展规律的影响。然而在所有事物的发展中，起决定作用的均为事物的内部因素，因此，事物的发展规律体现出内因和外因相结合的辩证统一的关系。人具有主观能动性的特点，具有独立的思维、独立的意识和思想，这些决定着人对客观世界的发展具有主观能动的反映。根据马克思主义历史唯物主义观点，社会存在决定社会意识，人们通过社会实践对客观世界进行接触、感知、把握和改造，这种人类对客观世界的把握和改造并不是盲目的，而是具有一定的自觉性。因此，无论从事什么工作，都必须从客观实际出发，把握事物的客观规律，并通过因势利导的原则，坚持主客观相统一的事实求是原则。

实事求是原则不仅是马克思主义世界观和方法论中的重要观点，还是我党的基本经验。新中国成立后，我党将马克思主义基本理论与中国具体发展过程中的实践相结合，形成了一种独特的理论风格，即实事求是。在实事求是的理论指导下，我国在国内外环境发展变化时，从实际出发确立了改革开放政策，之后为了适应时代要求，坚持社会主义四项基本原则，探索建立社会主义市场经济体制的新规律，坚持走具有中国特色的社会主义发展道路。而这是我党的一条基本经验。

高校大学生的思想、价值观及心理等均处于发展和形成时期。现阶段，随着国际国内环境的变化，大学生面临着就业难等问题，对此，高校资助育人工作更应从高校贫困学生的实际出发，坚持实事求是原则，不断提升高校资助工作的实效性。另外，高校资助育人工作所面对的群体是具有独立思想的高校贫困大学生，这一群体由于导致家庭经济困难的原因不同，学生的学习生长环境不同、心理特点不同，使得贫困学生的资助需求也不相同。例如，有的家庭经济困难的学生来自中西部经济不发达地区或农村地区，家庭致贫原因与当地的经济发展环境，以及当地百姓的思想之间存在着极为密切的联系。这类贫困学生所受到的资助不仅包括学费资助，还包括生活费资助及心理辅导、学习辅导等；而有的家庭经济困难的学生的家庭致贫原因则是由于家人投资失败或破产导致，这类学生在家庭经济富裕时曾接受过良好的基础教育，学习基础良好，思想相对活跃和开放，所需要的资助需求可能仅为学费等。不同的家庭致贫原因对学生的心理所产生的影响不同，学生的资助需求也不相同。因此，在高校资助育人工作中，应实事求是地从受资助学生的真实资助需求出发，才能全力提升资助育人的实效性。

（二）高校资助育人思想的与时俱进原则

与时俱进的原则是建立在马克思主义发展观基础上的，与时俱进原则要求一方面要适应时代发展的新要求。改革开放以来，我国社会的各个领域均发生了深刻变化，尤其是人们的思想受到多元文化的影响和冲击，产生了巨大变化，呈现出复杂多变的状态。尤其是近年来随着互联网信息技术的发展和通信技术的发展，社会知识载体和传播方式发生了巨大变化。青年一代，尤其是当今大学生多为95后，作为互联网信息环境中成长的新一代，互联网成为大学生群体重要的生存交往手段。互联网信息技术带来的信息传播速度快、信息容量大、信息内容广及信息感染力强的特点，使得高校大学生思想更加复杂和多变，而大学生思想的变化，要求我国资助育人思想也必须符合社会时代发展的需求，与时代发展相结合，加强对受资助大学生的思想引导的深度和广度。

高校资助育人思想的与时俱进原则还体现在适应当前我国思想政治教育改革方面。当前，我国正处于社会转型时期，在新的历史条件下，面临着全新的国内、国际挑战和机遇，而这一点就要求我国思想政治教育工作不能一味固守传统，僵化保守，而是必须坚持与时俱进、改革创新，唯有如此才能适应高校大学生思想的变化，也才能适应时代的发展与改革，不断适应复杂多变的新情况。高校资助育人工作中对高校学生的思想政治教育是我国高校思想政治教育的重要组成部分。高校的思想政治教育是开放式的，只有主动适应复杂多变的新情况，才能适应当前时代及信息化社会变化的新情况，不断增强高校资助育人工作中的思想引导和道德教育的吸引力和感召力。

进入21世纪以来，随着高校扩招，我国迅速从高等教育精英化阶段进入高等教育大众化阶段，并朝着高等教育普及化阶段发展。高等教育的发展对提升我国国民的专业素质和综合能力具有极其重要的战略意义。由于我国高等教育的发展，使得高校学生群体的构成越来越复杂，尤其是为贫困家庭的学生提供了接受高校教育的良好机会。高校贫困学生与非贫困学生相比，具有心理敏感、性格自卑等特点，使得其发展具有不平衡性。高校贫困学生易于接受教育和培养，具有较强的可塑性特点，由于受资助的贫困大学生的思想和心理发展不成熟，其人生观、世界观和价值观具有较强的摇摆性特点，通常具有不愿吃苦，追求享乐的通病。除此之外，高校受资助的贫困学生的思想随着社会和高校环境的发展变化而呈现出新情况。因此，高校受资助的贫困学生的思想引导必须坚持与时俱进的原则。

（三）高校资助育人思想的创新原则

创新是提升高校资助育人实效性的关键所在，而要创新高校资助育人方法，必须先创新高校资助育人思想，才能达到较好的资助育人效果。近年来，随着我国高等教育体制改革的深化发展，我国高校贫困生问题日益突出。我国现阶段资助育人体系中存在着实效性不高等问题，为了解决这一问题，我国许多学者进行了多样化的探索与研究。我国现阶段资助育人体系中的思想创新主要体现在以下三个方面。

其一，向以人为本的资助育人思想转变。

高校资助育人思想的创新首先表现在从传统资助育人思想向以人为本的资助育人思想转变。我国传统高校资助育人思想为从解决贫困生的经济困难出发，因此，在济困的同时，较少关注育人方面。主要表现在重视高校受资助贫困大学生整体的同时，忽视了贫困大学生的主体差异性的特点。贫困大学生群体既具有共性特点，同时也具有较强的个性特点。其共性特点主要表现为贫困大学生均呈现出经济压力和心理压力较大。而个性特点则是由包括贫困大学生的家庭致贫原因、家庭所在地、家庭收入结构和收入方式、家庭成员的能力及贫困生个人能力和综合素质、贫困生个人心理变化等方面。当前我国高校资助过程中，侧重于从高校贫困大学生的共性方面对高校受资助大学生进行教育，而忽视了高校贫困大学生的个性特点。贫困大学生的个性差异直接关系到贫困大学生的资助需要，以及资助的精准性和实效性。因此，在高校资助育人工作中应向以人为本的资助育人思想方向转变。

其二，将资助育人思想与大学生的发展相结合。

我国资助育人思想中既包括对家庭经济困难的学生进行基础保障资助，即对高校贫困大学生的学费、住宿费和生活费进行资助，以确保高校贫困大学生可以顺利完成学业。与此同时，高校作为培养适应社会和未来发展人才的重要基地，不仅在学习方面全面提升高校学生的科学文化知识和素质能力，同时，为了培养符合社会需求的人才，还必须全面培养学生各方面的素质和能力，达到提高学生综合能力的目的。为此，高校资助育人思想还必须重视高校大学生素质的全面发展。我国高校资助方式中的国家奖学金、国家励志奖学金等方式，是一种激励贫困学生在专业方面和创新方面不断发展，培养高校大学生的专业素质和创新精神等素质的重要资助方式。然而，长期以来，该奖学金的真实意图却并不为人们所理解。对此，在高校资助方式中，应加强对高校奖学金的关注，确保奖学金资助起到其应有的资助作用。除此之外，高校资助育人工作中对贫困学生的资助还应贴近大学生的资助需求和生活实际，唯其如此，才能在提升高校大学生资助效果的前提下，全面推进高校大学生的能力发展。

其三，将高校资助育人工作的社会功能与个体功能相统一。

高校资助育人工作的理论基础之一即马克思主义关于人的全面发展理论。

马克思主义关于人的全面发展理论中指出，社会发展受生产力和生产关系的制约，社会思想政治教育的个体功能的发挥受社会功能的制约。高校资助育人中的育人功能主要是对高校贫困大学生的思想道德进行引导。高校资助育人工作具有十分重要的社会功能，即通过对高校贫困大学生的资助，推动我国高等教育的发展，同时不断推动我国高素质人才的发展，全面提升我国国民的整体素质。除此之外，高校资助育人工作还可以进一步推动我国扶贫工作的开展，从提高贫困学生整体能力和素质的角度，防止贫二代的出现，推动我国和谐社会的全面发展。人的自身素质的全面发展，是人的全面发展理论的重要组成部分。从高校资助工作的个体功能角度来看，高校资助育人工作的开展，能够全面提升高校贫困学生的科学文化水平，以及高校贫困学生的思想道德功能。因此，在高校资助育人工作中不能只注重社会功能，还需要将社会功能与个体功能相统一，才能达到更好的育人效果。

二、高校资助育人思想转变的重要表现

在遵循高校资助育人思想引导原则的基础上，高校资助育人工作中的思想转变主要表现在以下三个方面。

（一）将资助理念和育人理念相结合

高校资助育人工作兼具资助和育人两种功能，并以育人作为最终目的和所有行为的出发点和落脚点。高校资助育人体系虽然建立了多样化的资助方式，然而，多年来，资助工作仅仅停留在对高校贫困学生的资助方面，即重视对高校贫困学生的经济帮助，而育人的功能却并没有实现。主要表现在以下四个方面。

其一，重资助、轻自助方面。

我国传统高校资助理念中，十分重视减轻学生的家庭经济负担，并开发出多种资助方式，这些资助方式中大部分为无偿资助，无偿资助的实施固然能够达到在短时间内快速减轻高校贫困学生经济压力的作用。然而，高校在进行无偿资助的同时，却并没有加强对有偿资助的重视。例如，勤工助学作为高校资助方式中为数不多的有偿资助，多年来所受到的国家的重视程度较低。各高校中的勤工助学资助岗位的数量大多较少，种类也较少。高校内部的勤工助学岗位大多为图书馆中的整理图书、打扫卫生等类型，而校外勤工助学岗位则主要为家教、促销员、超市收银员和理货员等岗位，这些岗位的工作固然能够为部分高校贫困学生缓解经济压力，锻炼并提升高校学生的综合素质。然而，由于工作岗位较少，工种单一，难以满足贫困学生的资助需求。这就使得许多高校

贫困学生养成了向国家和学校伸手要资助、等国家和高校主动给资助的心理。这种心理不利于培养高校贫困学生的自立自强素质。

其二，重平等，轻公平。

我国许多高校在对资助资源进行分配时，为了减少冲突和矛盾，常常采用一种绝对平等的方式，先由政府根据当年高校的在校人数确定受资助人数，再由高校平均将受资助人数分配到各个学院，学院则进一步将受资助人数平均地分配至每个系、每个班。这种平等分配受资助名额的做法看似平等，实际上却并不公平。因此，各个高校的贫困学生总数可能并不相同，各个班和各个系中的贫困学生人数也并不绝对相同，这种平等分配受资助名额的方法可能出现高校中有的班的贫困学生人数超过了所分配名额，导致有的贫困生得不到资助的情况；而贫困学生实际人数低于所分配名额的班级或院系中，则可能存在普通学生冒充贫困学生领取贫困资助的现象。此外，这种"重平等，轻公平"的资助方法也不利于对学生开展德育教育，严重影响了资助工作中的育人效果。

其三，重结果，轻过程。

我国高校资助育人工作中长期存在着过于重视多少贫困学生获得了学校的资助，资助了多少金额，以什么样的资助形式进行了资助等情况，却并不重视资助过程，使资助过程缺乏育人效果。这就使得高校明明对贫困学生进行了力度较大的资助，学生却并不满足于高校资助，高校资助并没有起到应有的效果。有的受资助的贫困学生将高校的资助视为理所当然，另一部分没有申请资助，也没有受到资助的普通学生则对高校的资助结果愤愤不平，也使得高校资助没有起到应有的效果。

其四，重救助，轻关怀。

高校贫困学生正处于十分敏感的年龄段，来到大学后，由于家庭经济条件所限，贫困学生与普通学生相比，在衣、食、住、行等方面表现出较大差距，这使得贫困学生在承担着较重经济压力的同时，也承担着极强的心理压力。而高校传统的资助育人工作中，则普遍注重对高校学生经济压力的资助，而较少对学生的心理进行关注，缺乏足够的人文关怀。这又使得受资助的贫困学生在心理上形成了强烈的自卑，甚至由于不愿让同学知道自己的受资助身份而不申请资助，形成隐性贫困。这些均不利于高校贫困学生形成良好的、健康的心理。

因此，高校资助育人思想转变的重点之一是将资助助人理念向资助育人理念转变，将资助与育人两个方面有效结合起来。具体来说，即加强对高校资助工作中的学生自助，鼓励贫困学生通过自身的努力改变家庭经济状况，另外，变平等资助为公平资助，在重视资助结果的同时，加强对资助过程的重视，使学生在受资助的过程中，真切地感受到国家、社会和高校的关爱，培养学生立志成才、回报社会的意识。除此之外，在对高校贫困学生进行经济资助的同时，还应加强对高校贫困学生的人文关怀，对具有心理扭曲的贫困学生进行引导，同时，及时发现学生中存在的隐性贫困现象，加强高校受资助学生的心理引导和关怀，有效减轻高校贫困学生的心理负担。

（二）将扶贫理念与"扶志"理念相结合

党的十九大明确提出"注重扶贫同'扶志''扶智'相结合"，高校资助理念也应如此。根据美国人类学家奥斯卡·刘易斯的贫困文化理论，在社会中贫困人群所居住的地方，形成独特的生活方式，促进了贫困人群之间的互动，从而形成了贫困人群与其他人群在社会生活中的相对隔离现象。即贫困人群之所以贫困，除了贫困人群的能力之外，还与贫困文化有关。这种独特的贫困文化使得贫困人群的思维和行动受到禁锢。根据刘易斯的理论，贫困人群要实现脱贫必须打破思想上的禁锢，跳出贫困人群的固有思维方式，从而更好地解决贫困问题。刘易斯的贫困文化理论提出后，在学术界引发了较大反响，一些学者对这一理论进行了批判，认为刘易斯夸大了贫困人群与其他人群之间的文化隔阂，然而，这一理论却得到了部分学者的认同。贫困文化理论从贫困人群的思维方式入手，对贫困人群的致贫原因进行了分析。而高校资助中将扶贫理论与"扶志"理念的结合即是以刘易斯的贫困文化理论作为依据的。

我国传统高校资助育人工作中，对高校贫困学生的资助多停留在物质资助方面，帮助高校贫困学生解决了学习和生活中的许多经济困难，例如，学费、生活费及日常费用不足等情况。对高校贫困生来说，经济困难只是他们面临的困难中的一个方面，除此之外，高校贫困学生在思想上、精神上、心理上以及能力上还存在着严重困难。如果只注重解决贫困学生的物质和经济困难，而对贫困学生面临的思想上、心理上、能力的困难视而不见，那么就不能帮助贫困学生彻底解决问题，使高校贫困大学生在未来发展方面存在种种隐患。

新时代高校资助育人体系中强调扶贫与"扶志"相结合，是进一步明确了高校资助育人体系的"育人"目的，从这一目的出发，将扶贫与"扶志"相结合具有以下两种主要功能。一方面，加强育人工作的重视。高校资助育人体系是通过对贫困大学生进行经济资助和精神帮扶，帮助贫困大学生顺利完成学业，推动贫困大学生素质和能力的全面发展，使贫困大学生形成爱国、爱校思想。另一方面，培养学生成才。高校育人的目的是为国家和社会未来发展培养合格人才，而人才培养合格与否不仅体现在学生专业素质与能力的提升方面，还体现在学生综合能力和良好道德素质等方面。在高校资助育人工作中将扶贫与"扶志"结合起来，有利于培养学生的综合素质和能力，能够推动高校学生成才，提升高校资助育人工作的实效性。

（三）加强高校受资助学生的责任意识

责任是我国传统道德的重要组成部分，自古以来就深受我国历代统治者和教育者的重视。古代传统文化中的"修身、齐家、治国、平天下"中即体现了强烈的责任意识。大学生作为未来社会和国家建设的生力军，肩负着振兴国家和推动社会建设与发展的重要责任，大学生责任意识的培养并不是一朝一夕能够完成的，而是一项长期且重要的基本任务。我国高校资助育人工作中也应突出对学生的责任意识的培养。

对家庭经济困难的学生，尤其是位于我国中西部经济相对不发达地区或农村经济欠发达地区的学生而言，其家庭的经济收入单一且相对较低，然而，虽然家庭经济相对困难，家长在对贫困大学生的培养方面却十分舍得花钱，有的甚至是倾全家之力培养大学生。因此，对于家庭经济困难的大学生来说，其承担着带领家庭走出贫困的重要责任。传统的高校资助育人工作中，由于过于重视对学生的物质资助，而缺少对学生的精神资助，以及未来工作、发展的资助，使原本双向的资助育人工作变成了单向的救济工作。这种高校资助育人工作方式不利于高校资助育人体系的深化。

当前我国高校资助育人工作中存在着多种受资助的大学生缺乏责任意识的现象，例如，贫困生资格造假等。因此，我国高校资助育人工作中应加强对学生责任意识的培养。具体可以从以下方面着手。一方面，加强高校受资助贫困学生的主动性和积极性。激发高校受资助学生的积极性，引导贫困学生积极主动地关注高校的资助方式，了解资助育人工作，并融入资助育人工作中，使高校资助育人工作形成良好的双向互动效果。另一方面，加强高校受资助贫困学生对资助工作的参与度，例如，在资助评选活动中加入群众评审的方式，使学生充分发挥对资助工作的参与和监督。而学生的参与与监督，可以从外界强化受资助贫困学生的责任意识。除此之外，还可以通过引导高校贫困学生广泛参与校内或校外资助活动，以加强高校受资助贫困学生的责任意识。

第二节　高校资助育人的环境创建

高校资助育人工作是在特定的校园中展开的，而高校资助育人工作的效果也受到高校环境的影响，新时代提升高校资助育人效果离不开对高校资助育人环境的创建。

一、高校资助育人环境中校园环境的创建

高校大学生正处于心理发展时期，其人生观和价值观等均尚为定型，而且高校大学生的心理极其敏感，极易受周围环境的影响。因此，构建良好、积极而健康的校园环境对高校资助育人工作起着极为重要且积极的影响。高校资助育人环境中的校园环境创建主要包括以下几个方面。

（一）通过政策宣传构建良好的资助育人校园环境

高校资助育人工作与高校家庭经济困难的大学生息息相关，然而，长期以来，我国大学生对高校资助育人工作的了解并不多，大部分学生不清楚高校资助育人体系中的育人方式有哪些，更别说对高校资助育人政策进行详细了解了。尤其是新生入学之际，许多新生对高校资助育人政策一无所知，而高校新生入学之际正是高校对家庭经济困难学生进行建档和资助的最佳时期，也是树立大学新生正确的资助理念的绝佳时期。因此，高校资助育人工作中应抓住这一时期在校园内部对高校资助政策进行广泛而深入的宣传，营造良好而积极的校园环境。具体来说可以通过以下几种方法实现。

其一，高校辅导员充当高校资助育人政策宣传大使。

高校辅导员是高校资助育人工作的直接实践者，也是与学生接触最多，关系最为密切，对学生的学习、生活和家庭情况最为了解的高校工作人员。因此，在新生入学之初，高校辅导员应有针对性地召开全体学生参加的高校资助育人政策说明会，对我国高校资助育人政策进行解读，并针对学生的疑问进行详细解答，通过这种形式在大学新生中普及高校资助育人政策，使家庭经济困难的学生能够清晰地了解高校各种资助方式的申请条件和申请办法，以便达到不让任何一名学生因为家庭经济困难而失学的目的。同时，在高校辅导员进行高校资助政策讲解中，还需强调高校资格认证的严肃性和严格性，一旦发现学生通过虚假材料进行贫困生资格申报时的严厉处罚，对具有不良思想的学生形成威慑。除此之外，高校辅导员在进行高校资助育人政策讲解中，还应强调高校资助政策的监督性特点，强调高校资助的公平性原则，以及全体学生在高校资助工作中的监督与举报权利。针对贫困大学生普遍存在的自卑心理，高校辅导员应抓住学生的这一心理特点，在高校资助政策说明会上，运用贫困理论强调家庭经济困难的客观性，打消高校贫困学生的自卑心理，使其能够从实际出发，根据实际需要申请资助。除了辅导员之外，高校资助管理中心还可以通过

开展新生资助政策解读会的方式增强新生和学生家长对学校资助政策、各类奖学金、助学金的评选程序，以及学校以往资助育人工作的开展情况等的了解，对高校资助政策进行解读，营造良好的高校资助育人环境。

其二，通过高校受资助者组建的高校资助育人政策宣讲团对高校资助育人政策进行宣传。高校辅导员的说明会形式虽然具有较强的集中性和针对性的特点，然而其形式却相对刻板。除此之外，高校可还可以通过选择曾荣获国家奖学金、国家励志奖学金、国家助学金、国家助学贷款资助的学生成立高校资助育人政策宣讲团。宣讲团成员一方面可以利用假期回到家乡后结合自身经历对高校资助政策进行宣讲，帮助其所在家乡中已考上大学的贫困学生了解各项资助政策的流程，便于高校新生中的贫困学生提前申请高校助学贷款，以免延误高校贫困学生入学。另一方面，高校开学后，宣讲团成员可以在校园中开展不限次数、不限年级的、针对高校新生的资助政策宣传讲座。与高校辅导员相比，高校资助育人政策宣讲团中的成员大多具有真实的接受国家资助的经历，在讲解资助申请流程时，往往更加清晰，同时对申请中可能出现的突发情况进行说明，可以极大地减少新生中的贫困学生在申请国家资助过程中可能走的弯路。另外，高年级受资助的贫困学生组成的宣讲团在对高校资助政策进行宣讲的同时，也通过对高校资助活动的积极参与实现了爱心传递，有利于激发和提升宣讲团成员的积极性。此外，高年级贫困学生组成的高校资助政策宣讲团的出现有利于强化高校资助氛围，营造积极而健康的校园环境。

其三，将新生招录工作与高校资助育人政策宣传相联系，在实践中宣传高校资助育人政策。

新生招录工作是收集新生家庭经济情况的良好途径，我国许多高校在新生招录工作中为大学新生寄送录取通知书的同时，也将高校的资助政策寄送至新生手中，以便家庭经济困难的新生通过了解高校资助政策及时申请高校助学贷款，减轻家庭经济困难的新生的经济压力。除此之外，随同录取通知书寄达的还有申请贫困生资格必需的家庭经济情况调查表。除此之外，针对家庭经济困难的新生，高校在录取期间直到开学均开通了高校资助育人政策专线。新生中的家庭经济困难的学生通过专线可对相应的资助政策进行了解，而高校资助专线在为家庭经济困难的学生进行服务，以及与家庭经济困难的学生及其家长的交流与回答问题，无形中对高校的资助政策进行了良好的宣传。这种高校资助政策的宣传方式与高校其他宣传方式相比，时间发生在新生入学之前，通过为家庭经济困难的学生解决迫在眉睫的问题，让贫困学生和贫困家庭充分感受到国家、社会和高校的关爱，培养高校受资助的学生的感恩意识。

其四，通过家校联系，在互动中宣传高校资助育人政策。

高校在每学期末可对本学期内获得国家奖学金、国家励志奖学金、地方政府设立的奖学金，以及高校各类名目的奖学金获得者进行统一表彰，树立贫困学生学习榜样，并以喜报的形式将获得各级各类奖学金的品学兼优的学生情况反馈给贫困学生的家中。通过这种形式，一方面，让贫困学生的家长了解贫困学生在学校的学习情况，并对高校资助政策进行深化宣传。通过这种集体表彰和向贫困学生家长寄喜报的形式，在校园内和贫困学生的家乡进一步宣传高校资助政策。另一方面，通过对高校品学兼优的贫困学生进行表彰可以培养学生和家长的爱国、爱校情感，激发学生的感恩意识。让贫困学生意识到通过自己的努力可以实现更大的目标，树立贫困学生通过学习和努力改变家庭经济状况的决心和信心，培养贫困学生的责任感。除此之外，通过这种集体的、隆重的表彰方式，可以有效减少和消除贫困学生的自卑心理，有利于贫困学生不断建立信心，形成积极健康的世界观、人生观和价值观，对良好的校园资助环境的形成起着积极的作用。

（二）加强学生诚信和感恩意识，构建良好的资助育人校园环境

诚信意识和感恩意识是我国传统道德中的两项重要内容，也是我国高校思想政治教育和马克思主义教育中的重要内容。校园内诚信活动和感恩活动的开展，对培养学生诚信意识和感恩意识有着积极影响，在构建高校资助育人环境中起着至关重要的作用。

大学生是未来社会和国家建设的栋梁之材，是整个社会中最有活力、最有生气的力量，其道德素质直接决定着未来国家和社会的道德素质。在大学生中开展诚信教育和感恩教育不仅能够提升高校大学生的整体素质，而且有利于在校园中形成一种诚信氛围和感恩氛围。诚信品质在高校资助育人工作中起着十分重要的作用。近年来，高校资助育人工作中屡屡出现贫困学生失信现象，严重损害了高校资助的实效性。我国诚信机制的建设与提高能够进一步提升高校诚信教育的长效机制，通过诚信机制，高校资助工作者可以秉持诚信做人的态度，以自身的诚信品质，进一步营造高校诚信环境，杜绝弄虚作假行为，让资助工作落到实处，同时，确保家庭经济困难的学生资助的公平、公开和公正。除了资助活动本身之外，高校资助工作者可以借助校园内开展的诚信教育活动，例如，定期举办"诚信教育活动月"主题活动，通过不同主题的诚信活动让学生在诚信活动中充分感受到诚信品质的美好。除此之外，还以可通过"拍视频短片，展诚信风貌""开主题班会，谈诚信心得""办创意画展，观诚信作品""进征信课堂，学诚信知识""写诚信征文，抒践诺之感""寻诚信榜样，

讲身边故事"等多样化的诚信活动不断推动培养学生的诚信品质，通过营造良好的校园诚信环境，潜移默化地对高校学生产生影响。除此之外，高校还可以通过为学生建立健全诚信档案的形式，对高校学生，尤其是受资助贫困学生的日常诚信行为、学习状况、经济状况进行记录，以不断提升高校学生的诚信意识，最终达到减少高校资助工作中的失信行为的目的，有效提升高校资助的实效性。

　　校园内举行的感恩活动，同样可以营造高校独特的感恩氛围，不断提升高校学生的感恩意识。例如，通过马克思主义理论课和思想政治教育课程宣扬感恩意识。还可以在课堂上开展多样化的主题活动，以唤起学生对父母、教师等的感恩意识，让学生明白父母的养育之恩和教师的教导之情均非无所谓的付出，而是带着一种拳拳的爱子或爱生之情，让学生在活动中反思自己的言行，体谅父母的不易，并学会表达对父母的养育之恩、教师教导之情。除此之外，还可以在高校大学生最喜爱的新媒体平台上，通过发布感恩话题，进行感恩教育，以达到吸引学生参与讨论和互动的目的，通过这样的活动在潜移默化中培养高校学生的感恩思维。另外，在高校资助工作中，还可以通过在资助活动中融入感恩教育监察机制，不断推动高校受资助贫困学生的感恩意识的培养，让感恩意识成为一种习惯，伴随着高校贫困学生的资助工作而拥有一颗感恩之心。

（三）在多样化实践活动中构建良好的资助育人校园环境

　　当前，随着社会经济发展和变化越来越快，社会对人才的要求也越来越高，对于一名高校大学生来说，尤其是受资助的贫困学生来说，仅仅学好书本上的专业知识是远远不够的，必须加强对学生综合素质和能力的培养。具体来说，高校大学生在学好专业技能之余还可以通过学校免费开设的公共课程加强对自身外语能力、计算机能力及交际、口才等方面能力的培养和锻炼，以便不断提升高校自身的综合素质。另一方面，高校受资助的贫困大学生还可以通过多样化的勤工助学活动，在工作或实践中不断提升自身的综合素质，锻炼与人交际的能力、培养吃苦耐劳的精神，使受资助的贫困学生在获得一定的经济资助的同时，不断提升自身素质。

　　除此之外，高校资助工作人员还可以有意识地通过对高校贫困学生进行帮扶，不断提升高校贫困学生的综合能力。例如，一些高校贫困学生在中西部经济相对欠发达的地区长大，当地的教育资源较为落后，这类贫困学生的计算机能力和外语能力相对较差，对此，高校辅导员或其他专业学科教师可以针对贫困学生的学习薄弱之处，对此类高校贫困学生进行重点培训，从最基础的知识讲起，因材施教，由浅及深，并采用线上线下相结合的教学方法，设立Ｑ Q群、微信群，配备专业老师及时解答学生的相关问题，使这些学生能够顺利通过计算机等级考试，提升应用计算机的能力。在外语学习方面，可以通过学校教师免费为贫困学生开设周末辅导班的方式，加强学生对四六级、雅思、托福等培训的学习，提升高校贫困学生外语能力的同时，不断提升高校贫困学生通过考试的概率。除此之外，高校还可以通过为在雅思、托福等考试中取得优异成绩的学生报销培训费用的方法，不断激励高校贫困学生提升自己的外语能力，同时为高校贫困学生创造更多学习机会。

除以上几点外，高校资助工作者针对高校贫困学生的整体素质落后于其他同学的现象，可以开展专业点对点帮扶困难学生的专项行动。针对本校贫困学生的综合素质与能力，开展精准帮扶工作，组建由高校研究生导师、本科生班主任及辅导员等人共同组成的高校贫困生素质帮扶队伍，通过采取"一对一""一对多"和"多对一"等形式的帮扶活动，充分提高贫困学生的专业素质和全方位能力，以实际行动帮助贫困学生逐渐抛却自卑心理，建立自信，不断提升高校受资助学生的综合素质，为贫困学生走向社会和工作岗位树立信心，有效提升高校资助育人工作的精准帮扶和实效性。

二、高校资助育人环境中心理环境的创建

高校贫困学生与其他学生相比，承担着较大的心理压力，有学者在对高校资助育人工作的研究中指出，高校贫困学生除经济贫困外，往往还面临着十分严重的心理贫困问题。而贫困大学生的心理贫困是影响高校资助育人实效性的重要因素。

（一）贫困大学生心理贫困的原因及心理

高校贫困大学生的独特心理特点受到社会环境、家庭经济状况、个人成长经历及教育引导机制的影响。改革开放以来，中国实行社会主义市场经济，现阶段，我国正处于改革开放的深化时期，同时也是社会转型时期，旧有的社会模式被废除，而新的社会模式却还未完全建立起来。近年来，随着互联网科技革命的迅猛发展，社会信息的传播方式发生了翻天覆地的变化，西方社会多样化的价值观、人生观和世界观借助互联网形式流传到我国。大学作为一个十分开放的空间，大学生的思维十分活跃，面对各式各样的世界观和价值观常常不能分辨其好坏，易受不良价值观的影响，从而误入歧途。尤其是高校贫困学生，其进入大学后受到的冲击往往较其他学生更大，由于大学生的心理正处于发展时期，其价值观还未定型，易受到其他不良观念的引诱，因此，许多高校

贫困学生进入大学后易受到拜金主义和金钱万能观念的冲击，从而使贫困学生对世界产生了错误的认识，为贫困学生的心理健康带来负面影响。

家庭经济状况是影响贫困大学生心理的重要因素之一，贫困大学生的家庭致贫原因各式各样，然而其共同特点则是家庭经济窘迫。从贫困大学生的生源来看，高校贫困大学生主要分为两种类型。一种是来自中西部欠发达农村地区的家庭，这类贫困生家庭由于所处的环境限制，家庭收入单一，家庭成员的能力相对较弱，因此导致其家庭收入相对较低，形成相对贫困；另一种则是来自城市中的弱势群体家庭，这类家庭的经济收入普遍较低，有的甚至无法解决温饱问题，对于这类家庭来说，学生的学费无异于天文数字，是一种极为沉重的负担。这两种类型的贫困学生所承担的经济压力均较大，长此以往，在高校贫困学生的心理上留下了深刻的烙印。

个人成长经历是影响贫困大学生心理的重要因素之一，贫困大学生虽然面临着共同的较为沉重的经济压力，然而，不同学生的个人成长经历不同，学生所感受到的社会的关爱和人情冷暖、世态炎凉也不相同。这就使得贫困学生的心理呈现出两种迥然相反的特点。有的贫困学生在感受到世态炎凉后，易因经济压力而产生自卑心理；有的贫困学生由于感受到社会的关爱，反而更易激发其奋发向上的心理，以及对社会的感恩心理；还有的贫困学生在社会的过度关心下，易产生对他人资助的依赖心理等。不同的个人成长经历，为贫困学生带来迥异的心理影响，这种心理对贫困学生受资助后的行为与表现起着重要作用。

教育引导机制在贫困大学生心理的形成和变化中起着十分重要的作用。我国高校贫困大学生在进入大学时已经具备了一定的价值观和是非判断能力。然而，由于大学与中学的环境具有较大变化，大学生进入大学后亟须得到老师的关怀和指导。这一时期，高校资助育人工作在对高校贫困学生进行资助，帮助其解决经济问题的同时，对高校贫困学生的心理关怀和引导所起的效果十分明显。因此，当新生入学之际，高校资助工作者对贫困大学生的教育引导机制不可或缺，对帮助贫困大学生走出贫困心理起着重要的、不可忽视的作用。

（二）高校贫困生的心理特点及良好心理环境的构建

高校贫困学生的心理十分复杂，我国高校传统资助育人工作中对高校贫困学生的心理分析往往着眼于贫困学生整体，而新时代高校传统资助育人工作中对高校贫困学生的心理分析除了其共性特点之外，还需关注贫困学生的个体心理特点，以正确把握贫困学生的心理，帮助贫困学生走出"心理贫困"，从而不断提升高校贫困学生的资助实效。高校贫困大学生的心理主要有以下几个特点。

其一，自信与自卑共存。

我国高校贫困学生一方面承受着与同龄人相比更加大的经济压力。由于贫困学生家庭致贫原因、个人成长经历等均不相同，使得不同贫困学生在面对自身的贫困家境时，其心理特点也不相同。有的贫困学生虽然家境贫困，然而性格乐观，能够正视现阶段所面临的贫困压力，面对生活的种种考验能够以一种乐观而充满自信的态度面对。面对国家和高校的资助能够坦然受之，并且在面对高校的勤工助学岗位时，能够积极接纳，在勤工助学活动中，通过社会实践活动不断拓宽视野，从整体上提升自我的能力与素质。然而，还有一部分贫困学生则由于不敢正视自身所面临的经济压力的现象，害怕被同学和老师看不起，不愿意让同学生知道自己的贫困学生身份，从而将自己封闭起来，不愿在社会实践中经历风雨，逐步成长，因此形成了自卑的性格。

其二，奋发向上与自暴自弃共存。

面对沉重的经济压力，贫困学生展现出两种不同的心理。一部分高校贫困学生在感受到自己家庭与社会的巨大差异后，产生了奋斗向上的心理，希望通过自己的努力改变家庭的经济状况。这类学生敢于直面困难，也能够主动出击迎难而上。在高校的资助下，他们能够通过自身努力，不断提升科学文化成绩，在学好专业课程的同时，还有意广泛参与学校组织的各种公益活动，形成了乐于助人、奋发向上，勇往直前的良好品质。与这类学生相反，另一类高校贫困学生在感受到较大的经济压力后，不愿通过勤工助学活动获得微弱的经济补贴，而是急于证明自己，轻信社会上的不良宣传，误入传销组织，其改变自身经济状况的愿望落空后，易自暴自弃，自我否定，陷入消沉中不能自拔。除此之外，还有的贫困学生意识到自身家庭经济状况与社会经济的巨大差异后，深感改变命运的艰难，从而不能良好地处理学习与工作之间的关系，导致自暴自弃。

其三，自立自强与失德现象共存。

高校贫困学生在接受资助的同时，展现出不同的道德品质。有的高校贫困学生在接受国家和高校的资助的同时，深切感受到周围人的善意，更加坚定了自立自强的心理。除学好专业知识外，通过勤工助学活动走上自立的道路，建立了正确的金钱观，形成了定期储蓄和合理消费的习惯。而另外一些高校贫困学生在接受资助的同时，不思进取，不求自立，反而想尽办法投机取巧，通过不断夸大自身家庭经济的困难程度而骗取更多国家资助，而在拿到资助款后，一些贫困学生受到周围同学的影响，大肆挥霍资助款项。有的高校贫困学生在入学时申请了国家助学贷款，然而毕业后却想尽办法延迟还贷，甚至拒绝还贷，形成贫困大学生失信行为。

面对不同的高校贫困大学生的心理，应从校园环境入手，为高校贫困学生建立良好而健康的心理环境，以引导高校贫困学生朝着积极健康的方向发展。具体来说，可以通过以下三个方面来实现。

其一，通过主题活动，引导贫困学生构建良好的心理环境。

高校资助育人工作的出发点和落脚点均为育人，为了达成这一目标，高校资助育人活动中不仅要对贫困学生进行经济资助，同时还需要对贫困学生进行心理救助。因此，高校资助育人工作应与高校心理咨询和心理辅导工作相结合。心理咨询和心理辅导工作是高校对学生思想进行有效引导的重要方式，同时也是高校贫困学生心理引导的重要方式。通过高校心理咨询和心理辅导深刻了解高校贫困学生的各种心理特征，并帮助贫困学生摆脱不良心理，朝着积极健康的心理迈进和发展。除此之外，对高校贫困学生进行心理咨询和引导，还有利于了解高校贫困学生的真正资助需求，提升高校贫困学生资助的精准性和实效性。

其二，通过高校资助队伍建设，引导贫困学生构建良好的心理环境。

高校资助工作的顺利开展离不开高校资助育人队伍的建设，高校资助育人队伍不仅包括高校资助小组或高校资助办公室成员，还包括高校各专业课程的教师、马克思主义理论和思想道德教育课的教师，以及高校心理教师、后勤工作人员等。这些教师对待高校贫困学生的态度直接关系到高校贫困学生的心理健康发展。高校贫困学生正处于心理敏感时期，能够敏锐地觉察到周围人的善意或恶意，如果高校贫困学生在申请资助、贫困学生资格认定，以及日常学习和生活中，能够感受到高校资助队伍的善意，则更易接纳其贫困学生的身份，也更易产生对高校资助人员的感恩意识。在这种友好地氛围中，高校资助队伍更易对贫困学生进行心理引导，使其能够进一步产生自立自强和奋发向上的积极心理。相反，如果高校贫困学生在受资助的过程中感受到高校资助工作人员的不耐烦、看不起等情绪，则易导致高校贫困学生陷入自卑等不健康心理。因此，高校资助队伍建设能够为高校贫困学生的良好心理环境建设提供帮助。

其三，通过强化高校激励措施引导贫困学生构建良好的心理环境。

高校资助贫困学生的激励措施，能够引导高校贫困学生逐步走出心理困境，从而构建良好的心理环境。高校传统资助育人工作中，过于重视高校经济资助，而忽视了对贫困生的精神资助，导致高校资助金额虽然逐年上涨，然而，高校资助育人效果却并不理想。新时代高校资助育人过程中，不仅应重视对贫困学生的物质资助，还应重视对贫困学生的精神资助。通过适当调整有偿资助和无偿资助的比例，不断提升高校资助育人的激励措施，通过鼓励高校贫困学生自立自强，引导贫困学生构建积极健康的心理。除此之外，还可以通过树立典型和榜样的方式，不断对高校贫困学生进行激励，营造有利于贫困学生心理成长的良好氛围。

第三节　高校资助育人的政策体系完善

制度建设是高校资助育人工作提高实效的关键所在，高校资助育人工作中的制度建设存在于高校资助工作中的各个环节。例如，高校资助育人工作中的贫困生认定制度、贫困生评选制度、贫困生资助监督制度等。

一、高校贫困生认定政策的完善

现阶段高校贫困生的认定程序可以分为六个步骤。第一步，贫困学生本人提出申请，并提交县、乡、村三级行政单位盖章的证明材料，此外，贫困学生所在班级的辅导员或班主任或学生代表组织，共同对贫困学生提交的贫困证明材料进行鉴定与核实，确保贫困学生提交材料的真实性；第二步，贫困学生所在班级的高校辅导员与贫困学生所在院系的学生组织成员对贫困生候选人的资料进行随机抽取，并核实这些材料的真伪，必要时还可以对抽中的候选人的家庭经济状况进行实地考察，以进一步核实贫困学生所提交材料的真实性；第三步，贫困学生对自身的家庭经济情况进行陈述，并签署诚信承诺书；第四步，贫困学生所在院系或班级的评议小组，结合贫困学生候选人的情况进行量化打分，其中所涉及的变量包括贫困学生家庭成员数量、贫困学生家庭年收入、贫困学生所在的地区等，通过量化打分对贫困学生进行分数排名，并以此作为贫困学生资助的标准；第五步，确定贫困学生人选及其相应的贫困等级，并对其进行公示，接受全院系，甚至全校学生的监督；第六步，发放资助金，并对贫困学生的名额实行动态管理。

明确了高校贫困学生的认定步骤后，可以对高校家庭经济困难的学生的资格认定政策进行完善，从多维度对高校贫困学生的家庭经济状况进行考察。高校传统贫困学生资格认定中过于注重对贫困学生家庭收入状况的考察，而忽略了其他因素的考察，新时代高校资助育人工作中，对高校贫困学生的认定政策可以从以下几个方面着手。

其一，改进高校贫困学生的家庭经济困难评估方式。

新时代，应进一步改进高校贫困学生的家庭经济困难评估方式。由于我国经济发展呈现出区域经济发展不平衡、农村和城市发展不平衡等现象，因此，单纯的家庭经济收入不能完全反映出家庭经济状况。高校贫困学生家庭经济困难的评估不能只考虑家庭收入，还应对家庭税收、家庭成员的职业类型、贫困学生家庭的住房类型、住房规模及家庭居住地等进行全面考察。在进行全面考察的同时还应建立起各项评价标准，以便对高校家庭经济收入进行量化，以建立健全学生信息资料库。除此之外，对学生家庭经济的综合考察还应结合高校学生基本信息、家庭经济情况调查表、家庭所在地开具的贫困证明、受资助的记录、受资助后的回访记录、学生诚信记录等，以建立起学生家庭经济动态考查表，以确保高校贫困学生资助的公平性和公正性，并根据高校贫困学生的需求确定贫困学生的资助需求，加强高校贫困学生资助的精准性和实效性。

其二，进一步规范家庭经济困难学生的认定工作。

高校传统资助育人工作中，对家庭经济困难的学生的认定出现较多的造假或大学生失信、道德失范现象，针对这些现象，2017年我国教育部办公厅出台了《关于进一步加强和规范高校家庭经济困难学生认定工作的通知》，该通知中指出，各高校应加强对高校贫困学生的精准资助，高校资助育人工作人员应正确认识国家助学金、国家助学贷款等解困型资助项目对家庭经济困难学生"保基本、兜底线"的功能定位，坚决杜绝将"助学金"变成"奖学金"或用"助学金"代替"奖学金"的行为。[①] 此外，该通知中还指出通过及时修订高校贫困生认定办法，合理确定贫困生认定标准；健全贫困学生资助认定工作机制，强化高校资助工作中的问责机制；精准分配资金和名额，明确重点受资助的学生；通过大数据分析、个别访谈等方式，深入开展对高校贫困学生的调查研究工作，保护高校受资助的学生的尊严。这一政策极大地推动了高校贫困学生认定工作的规范化。

其三，加强对家庭经济困难情况虚构的处罚力度。

针对高校贫困学生认定工作中出现的以虚假资料进行认定的情况，进一步加强处罚措施。一旦发现高校贫困学生的弄虚作假行为立即取消高校贫困学生的资助名额，同时收回高校贫困学生的资助金额，免除高校贫困学生的奖学金和助学金评选资格，除此之外，针对情节严重，对高校资助育人工作带来重大不良影响的学生造假行为，还可以对学生进行物质处罚及记过处分，以严格的处罚政策对高校资助育人工作中的弄虚作假行为进行处理，以加强对贫困学生造假行为的震慑，进一步提升高校资助育人政策的精准性和实效性。

①国务院法制办公室. 中华人民共和国教育法典 注释法典 新4版 [M]. 北京：中国法制出版社，2018：383.

其四，完善高校家庭收入状况和税收收入体系的联结。

在高校贫困学生资助体系中，需要在国家有关政策的支持下，进一步完善高校贫困学生家庭收入查证与我国税收收入体系之间的联结，打通社会税收系统与高校贫困学生资助体系之间的壁垒，以便将高校贫困学生的家庭经济状况及时反馈给高校学生资助有关部门，并使高校、政府及社会资助相关部门能够在信息相对透明的基础上进一步完成高校贫困学生的认定工作，并对高校资助信息形成一种动态管理及时更新，不断提升高校资助工作的整体效率和精准性。

二、高校贫困学生监督政策的完善

现阶段，高校传统资助育人工作中由于缺乏完善的监督机制，一方面，高校对贫困学生资助工作中的造假行为存在不核实的现象，导致高校资助育人工作精准性较低；另一方面，由于缺乏完善的监督政策和处罚机制，导致高校资助育人工作中缺乏对不诚信学生的惩罚措施，导致贫困学生犯错的成本低下，而其他学生明知贫困学生造假或违规，或因有意见而不知投诉途径，或故意视而不见，导致我国高校贫困学生的监督积极性进一步降低。

近年来，针对我国高校贫困学生现阶段存在的资助精准性不高、学生失范行为严重等现象，我国各省市教育局纷纷下发通知，要求所在辖区内的高校进一步完善高校对贫困学生的监督。例如，2018年，安徽省教育厅发布了《关于进一步加强学生资助监察工作的通知》，该通知中对高校资助育人工作的监督政策进行了详细规定，指出"进一步加强各级各类学校学生资助政策执行、资助资金管理、资助工作开展和资助政策宣传情况的监督管理，重点监管建档立卡贫困户家庭学生资助政策落实、资金发放、获助学生个人信息安全和其他危害学生资助事业健康发展的情况"。具体的监管方法则是构建学校自查、县（区）普查、市级抽查及省级抽查的"四级四查"监管体系，通过四级监管体系构建起系统的监察方式，有效改善高校资助育人工作中的不规范或不道德的现象。具体的监管方式则是通过每月巡查、第三方评估、有关部门检查或审计及受理举报投诉的形式构建全面的高校资助育人监督机制，提升高校资助育人的精准性和实效性。其中，每月巡查是指省市县和高校每月定期对高校贫困生受资助的情况进行巡查，这种日常巡查方式的建立，既能够对高校资助育人工作进行有效监督，也能够对高校资助育人工作中出现的种种不法行为或不规范行为进行震慑。三方评估，是指在高校资助育人体系之外，通过社会第三方机构对高校贫困学生的资助工作进行评估，以发现其中的不合理或不规范的环节，不断促进高校资助工作的精准化和实效性。有关部门的检查或审计工作则通过引入高校上级部门对高校资助育人工作的审计或检查，不断推动高校资助育人工作的规范化和精准化。受理举报投诉，通过开设多种投诉渠道，进一步完善高校资助育人工作中的监督机制，使得对高校贫困学生名单存疑的学生能够通过有效途径进行举报，同时，也可以对贫困生评选过程中弄虚作假的学生形成威慑作用。

除安徽省教育厅的监督政策外，其他省市也相继出台了相应的高校资助育人工作的监督政策，建立起较为完善的高校资助育人工作监督机制。高校资助育人政策的监督机制应贯穿在高校资助育人工作的全过程中，通过出台事前、事中、事后的监督政策，构建全方位的高校资助育人监督机制。其一，在高校贫困生资格认定之前，加强对高校贫困生家庭经济状况的审查，并通过对家庭经济困难的学生申请贫困生资格全过程的监督，提升高校贫困生资格认定的精准性，为之后贫困学生的资助工作奠定良好的基础。其二，在高校贫困生资助过程中，也应加强对贫困生资助工作的审查，通过成立专门的监督小组和加强群众监督的方式，双管齐下，确保贫困大学生资助过程的客观、公开、公正和透明，以不断提升高校资助的精准性和实效性。当在高校资助育人工作中发现不规范或不公正的行为时，可以通过及时查处的方式，对高校受资助贫困学生的资助结果进行纠正，及时处理高校贫困学生资助育人工作中的失范现象。其三，加强高校资助育人工作中资助金使用情况的监督。针对高校资助工作中出现的部分贫困学生在得到资助款项后，进行大肆不理性消费、大量购买奢侈品或出入高档饭店等现象，可以加强资助者在接受资助款项后的花费进行监督，对家庭经济困难的学生的受资助款项的去向、消费情况等进行追踪管理，一旦发现不理性消费或与高校资助目的相违背的现象，即可与受资助的贫困学生进行谈话，引导其建立正确的消费观；当情节严重时，还可以对受资助学生进行处罚，收回受资助的学生的救助金或取消受资助的学生的奖学金和助学金的评选资格，加强对受资助学生正确运用资助金的管理，不断提升高校资助育人工作的精准性和实效性。

三、高校贫困学生资助管理政策完善

党的十八大以来，我国十分重视贫困治理工作，出台了一系列管理系统化的制度，构建了多元化的贫困管理政策。通过构建多元主体参与格局、提升贫困人口内生动力、丰富贫困治理路径、建立扶贫工作机制、确立科学考核指标、完善监督与评估体系，逐步探索形成符合中国实际、具有中国特色的贫困治理道路。我国高校资助育人工作也是如此，通过不断完善高校贫困学生资助管理政策，推动我国高校资助育人工作进一步朝着精准和实效性方向发展。

具体来说，高校贫困学生资助管理政策的演化特点具有以下几点。

其一，从高校贫困学生资助管理政策来看，我国高校资助育人政策从线性视角朝着多维视角转变。

传统高校贫困学生资助育人工作中，对高校贫困学生的资助管理主要停留在满足高校大学生的物质和金钱需要方面，而在一定程度上忽略了对高校受资助贫困学生的精神方面的引导和管理，这就使得一部分贫困大学生在接受国家和高校的资助过程中产生了严重的依赖心理，具体表现为不愿通过自己的劳动改变家庭经济状况，而是对国家和高校的资助"等、靠、要"，这种心理对高校贫困大学生资助育人工作的实效性极为不利。

其二，我国高校资助育人政策从注重物质帮助到向"扶志"与"扶智"转变。习近平同志曾在多个场合多次强调"扶贫先'扶志'，扶贫必'扶智'"，而所谓"扶志"即是扶思想、扶观念、扶信心，帮助贫困群众树立起摆脱困境的斗志和勇气；"扶智"就是扶知识、扶技术、扶思路，帮助和指导贫困群众着力提升脱贫致富的综合素质。① 通过对高校贫困学生的精神扶助，不断培养高校受资助贫困学生自立自强的精神，从外部帮扶激发学生的内生动力。

其三，我国高校资助管理方式，从众生平等向精准化资助方式转变。我国高校传统资助育人管理中，高校资助小组的教师为了减少资助评选过程中的冲突，本着平等的原则，忽视了贫困学生对贫困需求的差异性，将高校资助款项平均分到每一个贫困生手中。这种"一刀切"式的高校资助分配方式不仅有损于真正的资助公平，而且在贫困学生中产生了极其不良的影响，许多高校贫困学生不需要努力学习即可获得与其他努力学习，不断提升自身科学文化水平和综合素质的学生相同的资助。这种现象导致部分不付出努力、得过且过的高校贫困学生产生"等、靠、要"的心理，不利于高校贫困学生自立自强精神的培养，另一方面，严重打击了部分具有上进精神的贫困学生的积极性。党的十八大以来，确立了精准扶贫、精准脱贫的基本方略，我国高校资助育人管理也开始摒弃原来的众生平等资助方式，从贫困学生的资助需要出发，对贫困学生实施精准化资助。

根据全国学生资助管理中心发布的《2019 年中国学生资助发展报告》可以看出，近年来我国国家学生资助政策持续完善，学生资助工作水平不断提

① 胡光辉. 扶贫先"扶志" 扶贫必"扶智"[N]. 人民日报，2017-02-01.

高。2019 年，财政部会同相关部门联合制定了《学生资助资金管理办法》，进一步规范和加强了学生资助资金的管理，提高了资金使用效益，确保资助工作顺利开展。制定的《本专科生国家奖学金评审办法》《中等职业教育国家奖学金评审暂行办法》，进一步加强和规范国家奖学金评审工作，确保本专科生和中等职业教育国家奖学金评审工作公平、公正、公开。研究制定部分国家学生奖助项目操作规程，形成全国统一的国家奖助政策执行规范。①

　　本节在这里主要对高校贫困生资助管理中的勤工助学管理的规范性进行重点强调和说明。加强高校勤工助学制度的管理可以从以下几个方面着手。其一，高校勤工助学方式是我国高校资助育人工作中为数不多的有偿资助方式。现阶段，高校勤工助学资助方式普遍存在岗位稀缺的现象，大部分岗位为劳动型岗位，技能型岗位较少，除此之外，部分勤工助学的校外工作岗位还存在时间不确定、报酬不规范、用人单位在聘用高校贫困生时，与其他社会聘用人员相比出现同工不同酬、将贫困大学生当作廉价劳动力等种种不良现象。勤工助学岗位中出现的这种现象不利于高校资助育人工作的展开，难以取得高校贫困学生的信任。对此，高校资助育人管理工作中，应加强对勤工助学岗位的规范，进一步明确勤工助学的目标、时间、报酬、原则、注意事项等，从而规范勤工助学的发展。其二，针对现阶段我国高校勤工助学岗位与贫困生需求严重不成正比的情况，进一步加强高校对勤工助学岗位的管理。为高校贫困学生提供充足的勤工助学岗位，此外，在勤工助学岗位的分配中，采取自主自愿和公平竞争的方法，充分发挥高校贫困学生的主观能动性，提升高校贫困学生的竞争意识。具体来说，可借助互联网平台或微信、微博平台等及时发布勤工助学岗位，以为高校贫困学生提供便捷的勤工助学岗位支持，让高校贫困学生不断通过勤工助学岗位得到锻炼，全面发展高校贫困学生的综合素质。其三，建立高校贫困学生勤工助学情况表，将高校贫困学生参与勤工助学的情况记录下来，通过了解和掌握学生思想发展动态，从中发现高校贫困学生的学习、生活、思想等情况，并针对个别学生的心理状况进行个别指导，以便加强对受资助学生的管理。

四、高校贫困学生信息传递政策的完善

　　现阶段，我国高校资助育人工作中已建立了全方位、多样化的资助方式，其中包括奖学金资助、助学金资助、国家助学贷款资助、高校学生应征入伍服

---

① 　全国学生资助管理中心.2019 年中国学生资助发展报告 [N].2020-05-21（07）.

兵役国家资助、退役士兵学费资助、高校学生基层就业学费补偿贷款代偿资助、师范生公费教育、大学新生入学资助、研究生"三助"岗位津贴、勤工助学资助、特殊困难补助、伙食补贴、学费减免资助、校内无息借款资助及"绿色通道"资助等，这些资助方式在我国高校整体资助发展体系中发挥着极其重要的作用。

当前我国高校资助育人工作中，资助信息和资助政策的传递存在一定的滞后性和不透明。近年来，这一情况受到我国各省市区及高校的重视。早在2015年，安徽省教育厅、湖北省教育厅等分别出台了关于进一步做好家庭经济困难学生资助信息报送工作的通知，要求高校加强对贫困学生经济资助的信息传递，同时加强对经济困难学生的特殊关照，遇到特殊问题时，对其进行特殊解决。然而，当前我国高校和受资助学生之间的资助信息的传递仍然存在一定的不透明和不对称性，对此，可以从以下几个方面着手，加强我国高校资助育人工作中的信息传递，进一步完善高校贫困学生信息传递政策。

其一，不断加强高校资助宣传的规范性，提升高校资助的精准性和实效性。改革开放以来，随着我国高等教育改革的深化，以及社会经济的发展，我国高校的收费方式发生了根本性的变革，从免费上大学的方式朝着全面收费的方式发展。尤其是进入21世纪以来，随着我国高校全面扩招，我国高等教育迅速从精英教育迈向大众化教育，并于2007年建立了相对较为完善的高校资助育人体系。近年来，随着我国高校资助育人工作的开展，针对其中暴露出来的种种问题，我国高校资助流程和资助内容进一步朝着规范化的方向发展。高校作为资助工作的执行单位制定了规范的资助章程和资助规则，并通过校园宣传栏中的纸质公告及高校官网上的公告形式等，将高校资助流程进行公示，并严格按照规范流程进行资助操作，杜绝在高校资助工作中出现弄虚作假行为，确保高校资助工作的公开、透明，确保高校资助信息及时传达给每一位高校贫困学生。

其二，及时公开和上报高校资助信息，以接受全体师生和社会上广大群众的监督。高校资助育人工作中，通过运用互联网及新媒体平台，及时将高校资助信息进行公开和上报，以便使受资助的学生接受全社会的监督。当前，互联网信息技术已完全颠覆了传统的信息传播形式，如果高校资助信息的公正仍然按照传统方式在校园公告栏中和学校官方网站上发布信息，则不能确保高校资助信息的覆盖面。因此，高校资助信息在传播方式上可以采用当代大学生喜闻乐见的微信、微博等传播形式，通过注册高校官方微信和官方微博，并及时发布高校贫困生资助信息，以确保信息发布后的覆盖面。除此之外，在高校官方微博和官方微信上还可以发布我国高校资助政策，或有关不良校园贷款、诚信贷款等与资助育人相关的信息，在潜移默化中完成高校资助育人工作的政策宣传。除此之外，微信平台不仅可以及时传递高校资助信息，还可以通过公众号开发实现贫困学生卡号更改、放款查询、贷款还款等实用性操作，以便有力提升资助工作效率。

综上所述，新时代高校资助育人工作实效性的提高是一个系统工程，关系到高校资助工作的方方面面，在高校资助育人工作实践中，应从政策、方法及实践等方面着手，不断提升高校资助育人的精准化，全方位提升高校资助工作中的育人效果，增强资助育人实效。

参考文献

[1] 徐子欣.高校学生资助育人功能研究 [D].四川师范大学 ,2016.

[2] 刘凤萍.高校精准资助的制度育人研究 [D].长安大学 ,2016.

[3] 顾鑫.高校"三全育人"资助育人模式及其运行机制研究 [D].东北师范大学 ,2016.

[4] 谭亚男.高校资助育人精准化研究 [D].广西师范学院 ,2017.

[5] 杨波.高校家庭经济困难学生资助与育人结合研究 [D].江西师范大学 ,2011.

[6] 康岳.我国高校资助育人实效性研究 [D].陕西师范大学 ,2018.

[7] 张岩.强化高校精准资助育人功能研究 [D].河南农业大学 ,2018.

[8] 夏博艺.高校资助工作的德育功能研究 [D].华中师范大学 ,2015.

[9] 刘畅.高校助困育人的现存问题及对策 [D].中南大学 ,2012.

[10] 凌月莲.高校助困育人体系建设的反思与完善 [D].华东师范大学 ,2015.

[11] 罗丽琳.大数据视域下高校贫困生精准资助研究 [M].北京：知识产权出版社 ,2018.

[12] 梁国平，胥海军，杨驰.高校资助育人的探索与实践.成都：西南交通大学出版社 ,2015.

[13] 黄素君.高校贫困生资助育人功能研究 [D].中国计量学院 ,2013.

[14] 桂富强.我国高校贫困生发展性资助理念及管理体系研究 [D].西南交通大学 ,2009.

[15] 程治强.高校大学生资助政策现状及发展趋势分析 [J].改革与开放 ,2016(23)：100-101.

[16] 陈有春.新中国高校学生资助制度变迁研究 [D].湖南农业大学 ,2006.

[17] 张庆祥.教育资源配置效率研究 [J].鸡西大学学报 .2004(02)：12.

[18] 胡妍.英国高等教育学生资助政策研究 [D].西南大学 ,2015.

[19] 谢泳雯.中英高等教育学生资助政策比较研究 [D].广西师范大学 ,2019.

[20] 晋铭铭，罗迅.马斯洛需求层次理论浅析 [J].管理观察 ,2019(16)：77-79.

[21] 邹树梁，黄建美，简世德.基于高校教育成本分担理论视角下的贫困生资助体系研究 [J]. 云梦学刊，2010,31(02)：133-135.

[22] 孙宇.马克思人的全面发展理论研究 [D]. 辽宁师范大学，2013.

[23] 袁贵仁.马克思主义人学理论研究 [M]. 北京：北京师范大学出版社，2017.

[24] 谢更兴.我国高校贫困生资助体系研究 [D]. 天津大学，2009.

[25] 温宝君，樊东霞，张彩秋，等.日美高校资助政策的经验及借鉴 [J]. 企业家天地，2009(06):84-85.

[26] 马晶.日本高校学生资助体系研究 [J]. 世界教育信息，2007(09):68-71.

[27] 李克明.普通高校贫困生资助工作问题及对策研究 [D]. 安徽工业大学，2012.

[28] 顾明远.学习和解读《国家中长期教育改革和发展规划纲要(2010-2020)》[J]. 高等教育研究，2010,31(07)：1-6.

[29] 段玉青.大学生资助的思想政治教育功能研究 [D]. 湖北大学，2017.

[30] 范晓婷.大学生资助管理评估研究 [D]. 北京科技大学，2016.

[31] 王林.新时代背景下的高校资助工作探析 [J]. 长江工程职业技术学院学报，2019,36(04)：59-62+69.

[32] 赵贵臣，刘和忠.试析高校学生资助体系的育人功能 [J]. 黑龙江高教研究，2010(01)：132-134.

[33] 程建平.现代德育功能论 [J]. 求实.2004(04)：84-85.

[34] 路琳.生态文明建设背景下的德育文化功能探析 [J]. 河南社会科学，2013,21(06)：77-79.

[35] 白华，徐英.扶贫攻坚视角下高校建档立卡生精准资助探析 [J]. 国家教育行政学院学报，2017(03):16-21.

[36] 张涛.大数据时代高校精准资助新模式初探 [J]. 科教导刊 (中旬刊)，2017(04)：31-32.

[37] 楚天.陕西省普通高中贫困生精准资助问题研究 [D]. 西北大学，2019.

[38] 李成飞.大数据背景下高校贫困生资助工作精准化研究 [D]. 南京邮电大学，2017.

[39] 丁正荣，刘文庆:新常态下高校学生"精准扶贫"问题分析与实施策略 [J]. 机械职业教育，2016(06)：35-37.

[40] 约翰·罗尔斯.作为公平的正义——正义新论 [M]. 姚大志，译.上海：三联书店出版社，2002.

[41] 陈斌.精准资助视野下高校发展性资助模式探索 [J]. 大庆社会科学，2018(06)：122-123.

[42] 柴玲，曹晨.精准扶贫视域下高校"多彩"资助育人路径探索——基于高校辅导员资助人工作案例 [J]. 安顺学院学报，2020,22(01)：24-28.

[43] 张耀方.大数据背景下高校资助对象精准认定研究 [D]. 山西财经大学，2018.

[44] 狄娇，姜俊玲.贫困大学生"四位一体"资助育人模式探析——基于提升育人效能的视角 [J]. 科教导刊 (中旬刊),2017(10)：182-184.

[45] 杨木，李明智，郭永欣.高校全过程资助育人"三阶段联动"模式构建 [J]. 学理论，2014(02)：179-181.

[46] 刘月，曹鹏.新时代背景下高校发展型资助育人模式的探究 [J]. 装备制造与教育，2020,34(02)：21-24.

[47] 白雪.基于全面发展角度的高校学生资助育人探析 [J]. 课程教育研究，2019(12)：254-255.

[48] 钟鸣，马英，赵建淦.高校"微资助"育人模式构建探索 [J]. 太原城市职业技术学院学报，2019(06)：110-111.

[49] 赵鹏.资助育人视角下"三位一体"发展型资助工作载体的探索与实践——以天津 G 大学 H 学院为例 [J]. 教育现代化，2019,6(73)：5-6.

[50] 李小梅.融媒体视角下高校校园媒体育人功能的实现路径研究 [D]. 山东大学，2019.

[51] 丁少龙.大数据时代大学文化育人模式研究 [D]. 中原工学院，2019.

[52] 何琼梅.多终端自适应的高校信息门户系统整合设计与实现 [D]. 广西师范大学，2018.

[53] 刘家瑶，陆遥."互联网 +"背景下高校发展性资助育人的模式探究 [J]. 广西质量监督导报，2019(11)：57-59.

[54] 申圆圆.全面收费背景下研究生资助研究 [D]. 河北大学，2016.

[55] 周明晶.发展型资助理念下高校贫困生心理扶贫探析 [D]. 浙江大学，2019.

[56] 马浚锋.基于发展性视角的高校学生资助体系研究 [D]. 云南大学，2019.

[57] 范小凤.论新时期高校"三全育人"德育模式及其运作机制 [D]. 华东师范大学，2011.

[58] 习近平在全国高校思想政治工作会议上强调：把思想政治工作贯穿教育教学全过程　开创我国高等教育事业发展新局面 [N]. 人民日报，2016-12-09.

[59] 纪书燕，林叙群.高校资助工作育人成效的保障机制研究 [J]. 湖北经济学院学报 (人文社会科学版),2016,13(01)：165-167.

[60] 黄文珊.地方高校硕士研究生新型资助体系建构研究 [D]. 江西师范大学，2014.

[61] 薛卫民.学生资助政策的实效性及可持续性研究 [M]. 福州：福建教育出版社，2017.

[62] 广东省教育厅，广东省学生资助发展研究课题组.广东省学生资助发展研究报告 2016[M]. 广州：中山大学出版社，2017.

[63] 胡光辉.扶贫先"扶志" 扶贫必"扶智"[N].人民日报.2017－2－1.

[64] 国务院法制办公室.中华人民共和国教育法典 注释法典 新 4 版 [M]. 北京：中国法制出版社，2018：383.

[65] 全国学生资助管理中心.2019 年中国学生资助发展报告 [N]. 2020.05.21(07).

[66] 向德平，华汛子.党的十八大以来中国的贫困治理：政策演化与内在逻辑 [J]. 江汉论坛，2018(第 9 期).

[67] 范先佐.教育经济学理论与实践问题研究 范先佐自选集 [M]. 武汉：华中师范大学出版社，2012.

[68] 冷向宇.大学制度育人的现状及建议 [J]. 赤峰学院学报(自然科学版),2016(第 6 期)：202-203.

[69] 刘超良.制度德育论 [M]. 武汉：湖北教育出版社 ,2007.

[70] 《国家中长期教育改革和发展规划纲要 (2010—2020 年)》节选 [J]. 教育科学论坛 ,2017(第 20 期)：3.

[71] 《行为养成教程》编写组.行为养成教程 第 2 版 [M]. 重庆：重庆大学出版社，2016：49.

[72] 李青.从连接到智能：互联网演进路径及趋势 [D]. 武汉大学 ,2018.